CUDD FY MEIAU

CUDD FY MEIAU

DYDDLYFR ENAID

gan

'Y Brawd o Radd Isel'

PENNAR DAVIES

Golygwyd gan

R. TUDUR JONES

Gyda Rhagarweiniad a Nodiadau

1998
TŶ JOHN PENRI
ABERTAWE

Argraffiad cyntaf – 1957
Ail-argraffiad – 1998

ISBN 1 871799 34 1

Rhoddwyd grant tuag at gyhoeddi'r gyfrol hon gan
Gyngor Celfyddydau Cymru

Argraffwyd gan Wasg John Penri, Abertawe

Cynnwys

tud.

Rhagarweiniad	7
Rhagair	29
Dechrau Blwyddyn	31
Y Cyhuddwr	37
Y Gweithiwr a'r Penteulu	43
Rhyddid ac Ymgysegriad	50
Cnawd ac Ysbryd	67
Angau ac Atgyfodiad	76
Cyffes	90
Ariangarwch	102
Mamon	106
Ar Daith	121
Troi a Throsi	136
Dig	153
Cenfigen	167
"Syberwyd"	180
Yr Hollt	193
Llygod	197
Ecce Homo	200
Y Mab	204
Nodiadau	211

Rhagarweiniad

Penderfynodd Gwasg John Penri y byddai'n briodol cydnabod gwaith a gwasanaeth y diweddar Brifathro Pennar Davies trwy ailgyhoeddi ei lyfr, *Cudd fy Meiau*. Manteisiwyd ar y cyfle nid yn unig i gywiro mân wallau argraffu ynddo ond hefyd i gyflwyno'r awdur o'r newydd ac i amlinellu nodweddion a phatrymau ei feddwl. A dyna yw amcan y Rhagarweiniad hwn.

Cafodd Pennar bererindod ysbrydol unigryw. Prin fod unrhyw weinidog Cymraeg wedi tramwyo'r un llwybr ag ef. Ym 1971 cyhoeddodd erthygl (y gallwn, er hwylustod, ei galw'n 'Hunangofiant')[1] sy'n codi cwr y llen ar ei flynyddoedd cynnar a chyda chymorth honno gan ychwanegu manylion o ffynonellau eraill, gallwn olrhain ei hynt.

Ganed William Thomas Davies (dyna'r enw a roddodd ei rieni arno) yn Aberpennar ar 12 Tachwedd 1911 yn fab Joseph ac Edith Anne Davies. Bu farw brawd iddo yn ifanc iawn ond yr oedd ganddo dair chwaer, Jessica, Doris May a Florence Graham, y tair wedi marw erbyn hyn. Buasai ei dad yn filwr ac ar ôl hynny'n löwr. Cafodd ddamweiniau yn y pwll a bu'n orweddiog dros saith mlynedd olaf ei fywyd. Ganed y fam yn Hwlffordd a symudodd y teulu i Hirwaun, ac yn sir Benfro hefyd yr oedd gwreiddiau'r tad. Di-Gymraeg oedd y fam ond medrai'i tad siarad Cymraeg y Rhondda ond nid oedd Cymraeg ar yr aelwyd. Ac eto, meddai'r Hunangofiant, 'rywsut neu'i gilydd llwyddodd y tad i wneud Cymro ohonof'. Oherwydd gwaeledd ei dad gwelodd Pennar dlodi gwirioneddol yn ystod ei blentyndod a bu cofio hynny ar hyd ei oes yn ysbardun i greu ynddo atgasedd dwfn at orthrwm y drefn economaidd a chymdeithasol a greodd y fath gyni.

Llac iawn oedd cysylltiad y teulu â chrefydd. Nid 'oedd Beibl yn ei gartref nes i angau ymweld â'r aelwyd, ond wedi cael un ddarllenai Pennar ef yn awchus'.[2] O ran hynny, ni chafodd Pennar ei fedyddio. Pan oedd yn blentyn bychan âi i ysgol Sul y Ffrwd, capel y Bedyddwyr, ond pan oedd tuag wyth oed symudwyd ef a'i chwiorydd i Providence, eglwys yr Annibynwyr Saesneg, yn

7

Aberpennar. Tua 1923 ymwelodd efengylydd â'r eglwys ac ail-gynnau fflam y diwygiad. Beth bynnag oedd yr argraff a wnaeth y cyffro arno ar y pryd, negyddol a braidd yn chwyrn oedd ei syniad amdano ymhen blynyddoedd. Meddai'r Hunangofiant.

It is easy to see as I look back that the resultant frenzies owed more to Dionysus than to Apollo and more to Cybele than to Christ. But Christ was the symbol, and the streams of my paradise were henceforth to be red with the blood of sacrifice . . .[3]

Yn ei arddegau cynnar aeth ati i ddarllen 'llenyddiaeth hereticaidd' a bu hynny'n foddion i chwalu'r corff bach o ddiwin-yddiaeth a drosglwyddwyd iddo. Yr oedd y chwalfa, meddai, yn drwyadl a phoenus er na chyffyrddodd ond megis ag arwynebedd ei feddwl. Trwy ddarllen T.H. Huxley pan oedd yn ddwy ar bymtheg oed daeth ar draws y gair 'agnostig' a glynodd wrtho am amser hir fel disgrifad o'i safbwynt ef ei hun.

Ond yr oedd dylanwadau eraill fel ffrwd gref yn golchi dros ei feddwl ac yn gwneud ffwlbri o'i 'agnostigiaeth'. Ymhlith y rhain yr oedd llyfrau, a gadawsant eu hôl yn drwm arno. Dyma ei ddisgrifiad ohonynt yn yr Hunangofiant,

. . . the myth-making platonism of the 'atheist' Shelley, the nature mysticism of Wordsworth, the profoundly worshipful naughtiness of Dafydd ap Gwilym, the Christian realism of Gwenallt and Saunders Lewis, the vitalism of Bergson leading me on to the disparate evangels of Nietzsche, Shaw and D.H. Lawrence, and with these a growing sense of meaningful cohesion in the long tragedy of the people of Wales and a deepening faith rooted in paradox and yet morally self-consistent in a way that the agnostic negation could never be.[4]

Rhaid bod y dylanwadau hyn yn ymestyn am flynyddoedd y tu hwnt i'w arddegau gan fod ei gyfnod 'agnostig' yn parhau hyd at ddiwedd y tridegau. Er hynny, y mae'r rhestr yn ogleisiol. Go brin y byddai neb yn argymell y fath gwrs darllen yn ei grynswth fel meddyginiaeth i agnostigiaeth!

Hyd yn oed mwy pwerus fel dylanwad ar ddatblygiad Pennar oedd ei gwrs addysg.

Dechreuodd ei yrfa addysgol yn Ysgol y Dyffryn, Aberpennar, gan symud wedyn i Ysgol Sir Aberpennar. Yno y dechreuodd ei ddiddordeb yng Nghymru ac yn y Gymraeg ddyfnhau. Ei waith printiedig cyntaf oedd soned wladgarol yng nghylchgrawn yr ysgol.

Bu ym Mhrifysgol Cymru Caerdydd o 1929 gan raddio yn y dosbarth cyntaf mewn Lladin (1932) a Saesneg (1934). Er nad oedd y Gymraeg ymhlith y pynciau a astudiodd ar gyfer y naill radd na'r llall, mynychai ddosbarthiadau W.J. Gruffydd a G.J. Williams. Aeth rhagddo wedyn i Goleg Balliol, Rhydychen, a bu yno o 1934 hyd 1936 yn gwneud gwaith ymchwil ar gyfer y B.Litt a enillodd ym 1938. Pwnc ei ymchwil oedd John Bale (1495-1563), esgob Ossory, awdur anterliwtiau crefyddol a dadleuwr Protestannaidd y bu i'w ysbryd cynhenllyd ennill iddo'r llysenw 'Bilious Bale'.[5] Aeth wedyn drosodd i Brifysgol Iâl yn y Taleithiau Unedig fel Cymrodor y Gymanwlad ac ennill ym 1943 ei ddoethuriaeth am ei waith ymchwil ar George Chapman (1559?-1634), bardd a dramodydd y cyhoeddwyd ei gyfieithiad o waith Homer ym 1616, gwaith a ysbrydolodd soned adnabyddus John Keats, 'On first looking into Chapman's Homer'. Bu Pennar yn gymrodor Prifysgol Cymru ym 1938-1940 a bu wedyn yn darllen diwinyddiaeth yng Ngholeg Mansfield, Rhydychen, y coleg y cyhoeddodd ei hanes yn *Mansfield College* (Rhydychen, 1947). Mewn sgwrs breifat yn haf 1946 dywedodd Nathaniel Micklem, prifathro Mansfield, wrthyf mai Bill Davies (chwedl yntau) oedd y dysgwr cyflymaf a fu erioed trwy ei ddwylo. Er bod William Thomas Davies yn dechrau dod yn adnabyddus yng Nghymru fel 'Davies Aberpennar', a 'Pennar' yn ddiweddarach, nid oedd y wybodaeth honno wedi cyrraedd dysgedigion Rhydychen ym 1946.

Erbyn hyn yr oedd cyfnewidiad dramatig yn digwydd yn ei argyhoeddiadau. Yn ôl Gwynfor Evans ym 1938 y digwyddodd hyn. Meddai,

> Ym 1938 y daeth y weledigaeth fawr a luniodd gwrs ei fywyd. Ymdeimlai yn ingol ag argyfwng y ddynoliaeth ac argyfwng y person unigol. Gorlethwyd ef gan y perygl enbyd i Ewrop a'r byd. Ar yr un pryd, fodd bynnag, argyhoeddwyd ef fod nerthoedd ysbrydol enfawr ym mywyd dyn ac yn symud trwy'r greadigaeth. Ni bu amser pan na charai Grist, ond yn ei gyfnod agnosticaidd meddyliai amdano fel arloeswr mawr yn bennaf; eithr yn awr gwelodd mai Crist a'i Groes a roddai ystyr i fywyd . . .[6]

Y mae cyfaill arall i Pennar, J. Gwyn Griffiths, yn dyddio'r cyfnewidiad ychydig yn ddiweddarach. Cyfeirio y mae at ddau emyn Pennar i'r duwiau paganaidd Quetzalcoatl a Balder ac y mae'n ychwanegu, 'These hymns derive from 1940, and it was only then that Pennar Davies was experiencing his conversion to Christianity'.[7] Diau nad cyfnewidiad sydyn oedd hwn a'i fod yn ymestyn tros y cyfnod rhwng 1938 a 1940 Ysgrifennodd Pennar ddarn arall o hunangofiant sydd, y mae'n ymddangos, yn amlinellu'r tro arwyddocaol yn ei yrfa. Gwell ei ddyfynnu yn ei hyd.

A gaf draethu hanes rhyw Gymro? Collais ffydd fy maboed pan gyrhaeddais lencyndod; ac er i ffydd newydd ddechrau tyfu ynof yn fuan ni bûm erioed yn fodlon ar fy nghyflwr, a *viator*, fforddolyn, ydwyf o hyd, a nôd fy mhererindod weithiau ymhell bell ac weithiau'n agos. Ar y cyntaf y fewnfodaeth ddwyfol ym mywyd llifeiriol y ddaear a'i holl breswylwyr – planhigyn, anifail, dyn – oedd prif gynnwys fy llonder. Ond yr oeddwn yn sicr o'r dechrau mai dioddefaint, aberth, marw i fyw ac i fywhau, oedd craidd y wyrth fywydol hon. Y mae ymgais i fynegi hyn mewn soned gynnar gennyf, 'Amor'. Croes Crist oedd yr arwydd-lun mawr. Dyfnhaodd y profiad yn y cyfnod byr y ceisiais gymuno ag Ysbryd y Bydysawd yn fy ymweliadau â'm cysegr arbennig fy hun ar ben y mynydd heb fod ymhell o'r Garreg Siglo rhwng Cwm Cynon a Chwm Taf, ceudwll soserog perffaith luniaidd lle yr oedd modd gorwedd a syllu i'r nwyfre heb fod neb yn tarfu ar y llonyddwch. Ar wastad fy nghefn yn fy mhantle cylchog deuthum i deimlo fod yn llifeiriant bywyd ac yn anferthedd y bydysawd ryw Dydi a oedd yn llefaru wrthyf ac yn gwrando arnaf. Dechreuais ymdrechu i amgyffred y dirgelwch trwy feddwl am lwybrau'r sêr di-rif, ond yr oedd y llus a phryfetach y mynydd yn agosach ac yn anwylach a chefais fy nhaflu'n ôl i gwmni fy nghydgreaduriaid ar y ddaear. Wrth feddwl yn arbennig am fywyd dyn deuthum i deimlo fod ei holl ystyr wedi ei chrynhoi yn nrama ddigyffelyb antur Iesu o Nasareth.[8]

Ceir yn y darn hwn blethu mewn ffordd annisgwyl syniadau yr ydys bellach yn eu cysylltu â dysgeidiaeth y Oes Newydd a'r pwyslais Crist-ganolog. Y mae ei brofiad pen y mynydd yn hynod debyg i'r profiad a fynegodd Wordsworth yn ei linellau a gyfan-soddwyd gerllaw Abaty Tyndyrn,

> And I have felt,
> A presence that disturbs me with the joy
> Of elevated thoughts: a sense sublime
> Of something far more deeply interfused,
> Whose dwelling is the light of setting suns,
> And the round ocean, and the living air,
> And the blue sky, and in the mind of man:
> A motion and a spirit, that impels
> All thinking things, all objects of all thought.
> And rolls through all things.

Fel y gwelsom eisoes, yr oedd Pennar yn cydnabod fod Wordsworth ymhlith y rhai a gyfrannodd at ei ddiddyfnu oddi wrth ei agnostigiaeth. Ond lle mae Wordsworth yn bodloni ar fod yn hynod annelwig ynglŷn â beth yn union yw'r 'presenoldeb' sy'n ei gyfareddu, y mae Pennar yn rhoi ffurf benodol, hanesyddol i'r presenoldeb, sef neb llai na Iesu Grist. Ar yr olwg gyntaf nid yw'n amlwg beth yw'r cysylltiad yn y dyfyniad rhwng y frawddeg olaf a'r brawddegau blaenorol ond cawn weld yn y munud sut mae'n datblygu'r argyhoeddiad hwn.

Yn awr penderfynodd ymgysegru i'r weinidogaeth Gristionogol. Y mae'n cyfeirio'n ysmala at y penderfyniad hwn.

> The war which brought me to a definite and unpopular political commitment also led me to give myself to Welsh rather than to English writing and, somewhat to my own amazement and to the consternation of friends on both sides of the language fence, to the quaint life work of a 'Respected' among the unspeakable chapel people.[9]

Felly, ar ôl cwblhau ei gwrs yng Ngholeg Mansfield, cafodd ei ordeinio'n weinidog yn eglwys yr Annibynwyr Saesneg yn Minster Road, Caerdydd, ym 1943. Ar 26 Mehefin 1943 priodwyd ef yng nghapel Coleg Mansfield, Rhydychen, â Rosemarie Wolff a oedd yn nyrsio yn Ysbyty Radcliffe, Rhydychen. Gan mai yn ôl y drefn gwasanaeth Lutheraidd yr oedd y briodas, Almaeneg oedd yr iaith. Ganwyd iddynt bum plentyn, Meirion, Rhiannon, Geraint, Hywel ac Owain.

Ar 7 Mawrth 1946 bu farw John Morgan Jones, Prifathro Coleg Bala-Bangor. Yr oedd y coleg eisoes wedi derbyn ymddiswyddiad yr Athro J.E. Daniel ar 31 Ionawr. I lenwi'r ddwy swydd, etholwyd Gwilym Bowyer yn brifathro a Phennar Davies yn Athro Hanes yr Eglwys. Ym 1950 symudodd i fod yn athro yn yr un pwnc ac i fod yn is-brifathro yn y Coleg Coffa, Aberhonddu. Pan unwyd y coleg â Choleg Presbyteraidd Caerfyrddin ym 1959, penodwyd Pennar Davies yn brifathro'r sefydliad newydd yn Abertawe a daliodd y swydd honno nes ymddeol ohono ym 1981.

Daliodd swyddi academaidd o bwys. Bu'n Warden Urdd Graddedigion Prifysgol Cymru, 1959-62; Deon Cyfadran Ddiwinyddiaeth y Brifysgol, 1967-70 a Deon Ysgol Ddiwinyddiaeth Aberystwyth a Llanbedr, 1980-81. Dyfarnodd y Brifysgol radd D.D. er anrhydedd iddo ym 1987. Yr un modd yn y cylch eglwysig. Bu'n

Llywydd Undeb yr Annibynwyr Cymraeg, 1973-4, ac yn Llywydd Eglwysi Rhyddion Cymru, 1964-69. Bu'n gefnogydd brwd i Blaid Cymru a safodd fel ei hymgeisydd seneddol yn etholaeth Llanelli ym 1964 a 1966.

Bu farw ar 29 Rhagfyr 1996.[10]

Y mae a wnelom yn benodol yn awr â'r gyfrol *Cudd fy Meiau*.[11] Y mae rhywbeth yn od ynglŷn ag agwedd y beirniaid tuag ati. Nofel yw hi yn ôl R.M. Jones a Siân Megan. Felly hefyd y dywed Meic Stephens wrth gyflwyno ysgrif Pennar yn *Artists in Wales*. Sylwa J. Gwyn Griffiths fod gan Stephens bob hawl i'w disgrifio fel nofel, os dyna ei ddymuniad, gan ychwanegu, 'Today almost anything can go by that name or as an anti-novel'[12] ond gwell ganddo ei disgrifio fel 'a *journal intime* of great charm'. Cytuna John Rowlands 'mai dyddlyfr personol sydd yma yn hytrach na gwaith dychmygol'[13] A dyna yw'r gwir oherwydd o graffu ar Ragair Pennar i'r gyfrol, ni ellir amau nad dyddiadur personol iawn ydyw. Ymddangosodd yn wythnosol yn *Y Tyst*, papur yr Annibynwyr, yn ystod 1955 ac i'r sawl sy'n gyfarwydd â symudiadau Pennar ac eraill yn y flwyddyn honno fe welir ei fod yn cyfeirio at ddigwyddiadau ffeithiol. Ac i bryfocio darllenwyr y papur mabwysiadodd y ffugenw 'Y Brawd o Radd Isel' – cyfeiriad at Epistol Iago 1.9. Diben y llyfr, meddai'r awdur eto, oedd 'ymchwilio yn nirgel-leoedd y "bywyd mewnol"...'

Y mae ymchwilio yn nirgel-leoedd y bywyd mewnol yn rhan o'r ddisgyblaeth Gristionogol byth er pan ysgrifennodd Paul, 'holed dyn ef ei hun' [I Cor. 11.28]. Bu i'r ymchwilio lawer ffurf. Cymerodd ffurf hunangofiannol yng nghlasur Sant Awstin, *Cyffesion*, er bod y teitl i'w ddeall yn yr ystyr Feiblaidd i olygu 'gogoneddu' Duw yn hytrach na chydnabod pechodau. Fel y datblygodd sacrament penyd yn yr Eglwys Gatholig, daeth yn angenrheidiol i'r edifeiriol chwilio'i galon cyn cyffesu ei bechodau i'r offeiriad a derbyn absoliwsion. Er i'r Diwygwyr Protestannaidd ymwrthod â phenyd fel sacrament, ni bu iddynt wadu'r angen am gyffesu pechodau, fel y gwelir, er enghraifft yn y Gyffes Gyffredin yn y *Llyfr Gweddi*. Yn yr un modd ni allai'r sawl a ddefnyddiai *Yr Ymarfer o Dduwioldeb* gan yr Esgob Lewis Bayly lai nag ystyried ei gyflwr wrth adrodd ei 'Brydnawnol Weddi' gyda'i dwyster taer,

... yr wyf yn ostyngedig yn deisyf arnat, (er mwyn y dirfawr Angau, a'r Dioddefaint gwaedlyd, a ddioddefodd Iesu Grist drosof) faddau a phardynu i mi fy holl bechodau a'm hanwireddau, ac agoryd *i mi ffynnon* [Ze. 13.1] redegog gwaed Crist, fel yr addewaist ei hagori tan y Testament Newydd i'r *edifeiriol o dŷ Dafydd:* mal y byddo fy holl bechodau a'm haflendid wedi eu trochi yn ei *waed*, eu claddu yn ei *farwolaeth*, a'i cuddio yn ei friwiau, fel na ddelent byth i gael eu gweled mwyach, i'm cywilyddio yn y byd hwn, nac i'm heuog farnu ger bron dy orseddfainc yn y byd sydd i ddyfod.[14]

Ni chymerodd neb ymhlith cyfoeswyr Rowland Fychan fwy o ddiddordeb yng nghyfrinion a phlygion y bywyd mewnol na Morgan Llwyd ac y mae'n amlwg fod sawl paragraff o'i waith yn hunan-gofiannol. Ond wedyn nid oedd yn unig yn hyn o beth oherwydd y mae llenyddiaeth y Piwritaniaid yn frith o drafodaethau ar y pwnc a chyrhaeddodd y math yma o lenyddiaeth uchafbwynt yn *Helaethrwydd o Ras* John Bunyan[15] gan gofio'r ffurf alegorïaidd ar astudio'r bywyd mewnol a geir yn ei lyfr, *Y Rhyfel Sanctaidd.* Mynnai Bedyddwyr ac Annibynwyr fod yn rhaid i ddarpar aelodau yn eu heglwysi wneud datganiad personol o'u profiad a'u ffydd, a'r un modd weinidogion wrth ofyn am gymorth gan y cronfeydd enwadol neu adeg eu hordeinio.[16] A cheid llyfrau yn rhoi cyfarwyddyd sut orau i ymarfer y wedd hon ar y bywyd ysbrydol, fel yn *Dwys-Ddifrifol Gyngor i Hunan-ymholiad* (Caer, 1713), cyfieithiad Thomas Baddy, gweinidog Annibynnol Dinbych, o lyfr Thomas Wadsworth, *Self-examination* (1687).[17] Bu diddordeb ysol y Diwygwyr Methodistaidd yng 'nghrefydd y galon' yn foddion i roi bywyd newydd yn y ddisgyblaeth ac yn llyfr William Williams, Pantycelyn, *Drws y Society Profiad* (1777) – yn arbennig Dialog 5 – ceir cyfres o gwestiynau treiddgar i archwilio 'bywyd mewnol' aelodau'r seiadau. A cheid yn emynau'r ddeunawfed ganrif ategion grymus i'r ddisgyblaeth yn ysbryd emyn trawiadol Pantycelyn

> Chwilia, f'enaid, gyrrau'th galon,
> Chwilia'i llwybrau maith o'r bron,
> Chwilia bob rhyw 'stafell ddirgel
> Sydd o fewn i gonglau hon;
> Myn i maes bob peth cas
> Sydd yn atal nefol ras.[18]

Yn wir, gallai'r emyn wneud epigraff addas ar dudalen flaen *Cudd fy Meiau*, teitl a gafwyd o emyn arall gan Pantycelyn, sef, 'Cudd fy meiau rhag y werin . . .'[19] A dywed Dr. Gwyn Griffiths wrthym fod

seiadu ymchwilgar ymhlith gweithgareddau Cylch Cadwgan.
Meddai,

> Roedd ein Seiadau Cyffesu yn codi, efallai, o'r pwyslais ar brofiad
> personol. Ar y pryd roedd dylanwad Grwp Rhydychen hefyd yn gryf.
> Dylwn ddweud bod y cyffesu yma wedi dechrau'n eithaf difrifol, a'r
> ymdrech at hunan-ddadansoddiad yn un onest i bob golwg. Yn weddol
> gynnar, fodd bynnag, dechreuodd cyffesiadau Rhydwen a Phennar fynd
> yn rhamantus o ddiddorol, a'r gweddill ohonom yn dechrau amau a
> groeswyd y ffin rhwng ffaith a ffansi...[20]

Y mae patrwm ysbrydoledd Pennar yn un anghyffredin iawn.
Yn ei Ragair i *Cudd fy Meiau* mae'n dweud,

> Ffordd y puro, ffordd y goleuo, ffordd yr uno – dyna batrwm profiad i
> lawer o frodyr yr Eneiniog. Ffordd y puro yn unig a ddisgrifir yma.

Y mae'r geiriau hyn yn ein cyfeirio ar unwaith at gyfriniaeth y
traddodiad Catholig. Adolygodd ddatblygiad ac amrywiaeth y
traddodiad hwnnw yn ei ysgrif, 'Yr Absen Dwyfol'[21] sy'n
dystiolaeth ddisglair i'w ysgolheictod cwmpasog wrth iddo
amlinellu golygiadau cynifer â 97 o awduron. Yr oedd yn sicr yn un
o'n prif awdurdodau yn y maes hwn. Pwysicach na hynny yw fod yr
erthygl yn allwedd nid yn unig i un wedd bwysig ar ei fywyd
ysbrydol ei hun ond hefyd i'w waith llenyddol. Y mae'r rhan fwyaf
o'r erthygl yn trafod y pwnc sy'n bennawd iddi – sef absenoldeb
Duw a 'Nos ddu'r Enaid'. Eir â ni trwy'r drafodaeth o ddyddiau'r
Ffug-Ddionusios yn y bumed ganrif hyd at Simone Weil, J.R. Jones
a Diwinyddion Marwolaeth Duw yn ein canrif ni. Y mae dilyn y
drafodaeth – er nad yw bob amser yn hawdd gwneud hynny – yn
anhepgor i'r sawl sy'n darllen *Cudd fy Meiau*. Trwy wneud hynny
gallwn ddeall ei gyfeiriadau at y 'Presenoldeb' neu ei absen. Ceir
llawer beirniadaeth ar syniadau'r cyfrinwyr ond casgliad Pennar
oedd, 'er gwaethaf pob beirniadaeth lem, y mae'r dystiolaeth yn
ddigon i sefydlu dilysrwydd y ffordd gyfriniol a'r profiadau
eneidiol a ddaw trwy ei dilyn'.[22] Yn hyn o beth, nid oedd yn rhannu
amheuon y Diwygwyr Protestannaidd ynglŷn â dilysrwydd a gwerth
y ddisgyblaeth gyfriniol. I'r gwrthwyneb, mynnai Pennar nad yw
ceisio dyfnhau cymundeb â Duw trwy addoli, gweddïo a myfyrio yn
gyfyngedig i gyfrinwyr. Yr 'un yn y bôn yw profiadau'r cyfrinwyr a
phob credadun addolgar arall. Nid rhyw rywogaeth brin o eneidiau

dethol, anghysbell, mo'r cynhemlwyr hyffordd' ac nid yw eu profiadau llesmeiriol wrth wynebu ysblander sanctaidd Duw ac ymdeimlo â'n halogrwydd a'n heuogrwydd ein hunain ond 'yn estyniadau ar brofiad cyffredin pawb a fu'n myfyrio o ddifrif' uwchben y cyferbyniad rhyngddynt a Duw'.[23]

Cyn gadael y drafodaeth ar gyfriniaeth, hoffwn godi mater sy'n dipyn bach o ddirgelwch i mi. Yn y drafodaeth y mae Pennar yn rhoi sylw manwl i'r cyfrinwyr Catholig ond am ryw reswm nid yw'n manylu yn yr un ffordd ar athrawiaeth y Piwritaniaid am undod â Christ. Y mae'n crybwyll enwau George Fox, Peter Sterry a Morgan Llwyd ond dyna'r cwbl. Ond y mae cwestiwn anodd yn y cyswllt hwn y byddai'n ddiddorol tros ben gwylio Pennar yn ei drafod. A dyna'r cwestiwn, sut mae cysoni profiadau'r cyfrinwyr Catholig â phrofiadau'r Piwritaniaid? Yn y traddodiad cyfriniol Catholig y mae'r uno â Christ yn uchafbwynt y bererindod ysbrydol. Daw ffordd yr uno ar ôl ffordd y puro a ffordd y goleuo. I'r Piwritaniaid daw'r uno â Christ ar ddechrau'r bererindod. Yn ôl Dr. John Owen (1616-83), gor-ŵyr y Barwn Lewis Owen a laddwyd yn Llidiart y Barwn, ger Mallwyd, ym 1555,

> Beth bynnag a weithredir gan Ysbryd Crist mewn credinwyr, y mae'n digwydd yn eu hundod â Christ ac o'i herwydd.[24]

Yr oedd ei gyd-Annibynnwr, Dr. Thomas Goodwin (1600-80) yn cytuno.

> . . . ein hundod neu ein hundeb â Christ yw sylfaen ein cymundeb a'n cymdeithas ag ef a sut yr ydym yn gyfrannog gydag ef ym mhopeth a wnaeth drosom.[25]

Ac y mae'r undod â Christ yn dod yn gyntaf, fel y dywed Isaac Ambrose wrth nodi trefn y blaenoriaethau,

> . . . yn gyntaf daw undeb â'i berson ac yna cymdeithas â'i fendithion. A bod yn fanwl, nid ydyw'r uno yn uno ag unrhyw fendithion sydd yn dod inni oddi wrth Grist; ni chawn ein huno â maddeuant pechodau, neu sancteiddrwydd, neu heddwch cydwybod, ond â pherson Mab Duw ei hunan; ac yna, yn ail, trosglwyddir yr holl fendithion sy'n tarddu o'r undeb hwn â'r Arglwydd Iesu . . .[26]

Felly nid canlyniad ymddisgyblu llym yw'r undeb â Christ i'r

diwinyddion hyn. Yn ôl Dr. John Owen, 'Canlyniad trawiadol cyntaf
ac effaith preswyliad yr Ysbryd Glân ynom yw *undeb* . . .'[27] Dyma
hefyd farn Thomas Cole, tiwtor yr athronydd John Locke a Samuel
Wesley, tad John Wesley,

> Ymafla'r Ysbryd Glân ynom a'n huno ni â Christ gan weithio Ffydd
> ynom yr eiliad honno a thrwy hynny yr ydym ninnau'n ymaflyd yng
> Nghrist gan feithrin gwir gymundeb â Christ trwy ras yr uno, nyni'n
> preswylio ynddo ef, ac ef ynom ninnau.[28]

Hoff gan y Piwritaniaid esbonio'r uno hwn rhwng yr enaid a
Christ trwy gyffelybiaeth priodas a thrwy gysyniad y cyfamod.
Iddynt hwy yr oedd tröedigaeth yn gyfystyr â'r briodas ysbrydol â
Christ ac nid oeddynt yn swil o ddefnyddio iaith erotig i ddisgrifio
perthynas yr enaid â Christ gan wneud defnydd hael o Gân y
Caniadau.[29] Nid oes angen lluosogi tystiolaethau ond, petai gofod yn
caniatáu gellid dangos mai'r un safbwynt a goleddid gan Richard
Sibbes, John Preston, William Perkins, John Flavel, John Howe,
Matthew Mead, Richard Charnock a Morgan Llwyd.[30] A byddai
Walter Cradoc ar ei fwyaf huawdl wrth delynegu uwchben undod â
Christ. Dyma ei union eiriau o un o'i bregethau y Llundain,

> Methinks it is a more *glorious Truth*, then we have judged it to be, that
> *poor Saints* are *one with Christ*. The *Lord Jesus Christ* is anointed, and
> so are *they*; we have the *same unction* with *Christ*; we have the *same
> name* with Christ . . . we have *the same love of God* with *Christ*; and the
> *same Kingdom with Christ in Heaven* . . .[31]

Yr wyf wedi ceisio dyfalu droeon ym mha ffordd y byddai *Cudd
fy Meiau* yn wahanol petai Pennar wedi craffu'n fanylach ar y wedd
hon ar y traddodiad Ymneilltuol. A fyddai'r nodyn pryderus yn llai
amlwg a'r nodyn gorfoleddus yn gliriach? Ni wn. Ni allaf ond
dyfalu.

Dyma fynd ymlaen yn awr â'r dadansoddiad o'i athrawiaeth. I
Pennar, y mae undod popeth i'w ddarganfod yn Nuw, nid fel syniad
ond fel profiad. Duw yw'r cariad 'sydd yn treiglo'r sêr',

> Ni ellir dweud 'Duw Cariad yw' yn wir ystyrlon heb feddwl am Dduw
> nid yn unig fel yr Un ond hefyd fel perthynas rhwng y Naill a'r Llall.
> Yn nwfn fy nghalon credais hyn erioed. Meddyliais amdano yn fy
> mebyd fel Dewin; wrth dyfu'n llanc deuthum i synio amdano fel Artist;

ond ym mywyd greddf a dychymyg ni chollais erioed yr ymdeimlad llawen na all y gwir mai cariad yw Duw olygu llai na mai cariadon yw Duw, y Naill a'r Llall yn un yn y traserch yr ydym i gyd yn dawnsio ynddo. Cofleidio, anwylo, caru, rhoddi'r Hunan, rhoddi'r Cyfan – dyma'r ymddiddymiad dwyfol.[32]

Yn awr, daw elfen bwysig ychwanegol i'w ddadansoddiad. Gwyddai'r cyfrinwyr beth oedd teimlo fod Duw ymhell, 'ond rhaid pwysleisio fod yr ymddieithrio hwn yn anochel ymhob defosiwn sydd yn ceisio cytgord ysbrydol rhwng yr enaid pererin a'i Dduw'.[33] Y mae'n hawdd casglu yn y profiad digalon hwn fod cymdeithas agos â Duw'n amhosibl. Ond, nid felly. Y mae dihangfa. Meddai'r awdur mewn darn o hunangofiant.

> Bu adegau – rhaid i ddyn lefaru drosto'i hun – y teimlwn i mai dyna oedd dechrau a diwedd y stori; ond trwy grynhoi fy hiraeth a'm heisiau o amgylch y ddelwedd sydd gennyf o Iesu'r Cyd-ddyn a aned dan Herod Fawr ac a drengodd dan Bontius Pilatus profais newid profiad. Aeth yn amhosibl imi bellach gael profiad bywiol, heriol, ymdrawiadol, dirfodol o 'Dduw' heb ei adnabod yn Iesu'r saer a'r gennad a'r ymgyrchwr llon a'r drylliog anorchfygol ei dosturi.[34]

Felly, down yma at nodwedd amlwg arall ar ysbrydoledd Pennar – y canoli ar Iesu Grist. Ond nid Iesu Grist y credoau na Christ y Testament Newydd, fel y mae'r eglwysi wedi arfer ei esbonio, mohono. Pwnc y credoau i ddechrau. Mewn araith i Gylch Llenyddol Maldwyn ym 1969 y mae Pennar yn sôn amdano'i hun yn cael ei wefreiddio gan 'y syniad fod pwrpas ac anturiaeth ac ardderchowgrwydd rhyw ddaioni mawr yn rhoi llewyrch i'r hen ddaear yma'. O ganlyniad, meddai, nid oedd bellach 'yn gredadun ffurfiol' ac o ran hynny nid oedd 'erioed wedi rhoi unrhyw fath o werth ar ffurfioldeb credo.[35] Y mae mynnu nad oes 'unrhyw fath o werth' ynddynt yn ddweud cryf. Y mae'n osodiad annisgwyl hefyd gan Athro Hanes yr Eglwys oherwydd mae'n anodd iawn gwneud cyfiawnder â'r pwnc heb roi sylw priodol i Gredo Nicea, Diffiniad Chalcedon, Cyffes Augsburg neu Gyffes Westminster. Ond yr wyf yn credu ei fod yn gwneud cam ag ef ei hun oherwydd gwn yn dda ei fod yn rhoi sylw addas iddynt yn ei gyrsiau coleg. Y peth y mae'n ei olygu, 'does bosib, yw nad oedd y credoau yn gallu cyfrannu at gyfoethogi a chyfeirio ei fywyd ysbrydol personol. Felly, er ei fod yn mawr brisio'r traddodiad cyfriniol Catholig, nid oedd yn gallu arddel diwinyddiaeth ffurfiol yr eglwys honno. Yr un modd gyda'r traddodiad Ymneilltuol. Edmygai sawl gwedd ar ei hanes a gallai ysgrifennu'n gynnes amdano fel yn ei erthygl ddeniadol, 'Episodes in the History of Brecknockshire Dissent'.[36] Ond y mae'n ymwrthod â'r ddiwinyddiaeth Efengylaidd a nodweddai'r eglwysi Ymneilltuol. Rhoddai le canolog i Iesu Grist yn ei ysbrydoledd a'i ddiwinyddiaeth. Dyfynnwyd eisoes y darn hunangofiant lle mae'n ei ddisgrifio ei hun yn gorwedd ar wastad ei gefn yn ei 'geudwll soserog' ar y mynydd rhwng Cwm Cynon a Chwm Taf ac yn ymwybod â 'rhyw Dydi' a oedd yn llefaru wrtho. Y mae'n gorffen y disgrifiad gyda'r frawddeg hon, 'Wrth feddwl yn arbennig am fywyd dyn deuthum i deimlo fod ei holl ystyr wedi ei chrynhoi yn nrama ddigyffelyb natur Iesu o Nasareth'.[37]

Sut y meddyliai Pennar am Iesu Grist? Ceir yr ateb yn ei erthygl, 'Y Brenin Diarwybod'.[38] Mae'n 'aruthrol bwysig'. meddai, gwybod beth yn union a ddywedodd Iesu er mwyn darganfod hanfod ei feddwl. Rhaid dechrau gyda'r adroddiadau am ei waith a'i ddywediadau yn y Testament Newydd. Yr egwyddor sy'n llywodraethu ei esboniadau a'i ddarlun o Iesu Grist yw na 'hawliai'r un arbenigrwydd . . . Wele'r Brenin na hawlia ddim'.[39] Y mae'n rhaid inni adeiladu ein hathrawiaeth am Grist 'nid ar unrhyw honiadau mawreddog a wneir amdano gan ddiwinyddion, hyd yn oed yr honiadau a briodolir i Iesu ei hun gan efengylwyr y Testament Newydd.[40]

Â rhagddo i fantoli'r 'honiadau' hyn trwy drafod yr amrywiol ddywediadau a briodolir Iesu Grist. Yn Efengyl Ioan ceir nifer o ddatganiadau trawiadol, megis, 'Myfi yw'r Crist [4.26]; 'Myfi yw bara'r bywyd' [6.48]; 'Goleuni'r byd ydwyf fi' [8.12]; 'Myfi yw'r bugail da' [10.14]; 'Myfi a'r Tad un ydym' [10.30]; 'Myfi yw'r atgyfodiad a'r bywyd' [11.25] a 'Myfi yw'r ffordd, y gwirionedd a'r bywyd' [14.6]. Mynn Pennar nad eiddo Iesu'r datganiadau hyn – 'Diwinyddiaeth a defosiwn un traddodiad mawr ymhlith Cristionogion tua diwedd y ganrif gyntaf sydd yma, nid ymwybyddiaeth ddaearol Iesu o Nasareth. Felly rhaid derbyn Efengyl Ioan fel mynegiant o fyfyrdod addolgar yn hytrach nag fel hanes ffeithiol yr ymhoniadau gogoneddus a roir yng ngenau Iesu.'[41] Creadigaeth profiad Cristionogion yw'r Iesu y mae Efengyl Ioan yn ei bortreadu.[42] Yr un modd gyda'r Efengylau Cyfolwg. Mynegi ffydd dilynwyr Iesu y maent ac y mae 'nifer o'r dywediadau a roir yng ngenau Iesu yn lleisio'r ffydd honno yn hytrach nag adrodd *ipsissima verba* (union eiriau) gwrthrych y ffydd.'[43] Cymhwysir yr un egwyddor at y teitlau a roir ar Iesu. Dyna'r teitl 'Mab Duw' i ddechrau. 'Cam dybryd â meddwl Iesu' yw dal 'fod Iesu'n honni rhyw berthynas unigryw â'r Tad na allai eraill gyfranogi ohoni.'[44] Yr un modd gyda'r teitl 'Meseia'. Ni 'honnai Iesu o gwbl yn ystod ei weinidogaeth mai efe oedd y Meseia' – 'allan o brofiadau'r disgyblion o'r Iesu atgyfodedig y tarddodd y gred mai efe oedd y Meseia'[45] (Y mae'n ddiddorol sylwi, gyda llaw, fod Pennar, er gwaethaf ei amheuon ynglŷn â dilysrwydd hanesyddol am lawer o ddywediadau Iesu, yn derbyn dilysrwydd hanesyddol y cofnodion am ei atgyfodiad). Gwir fod Iesu'n cyhoeddi dyfodiad yr oes feseianaid ond 'cymdeithas gariadus yr Ysbryd yw hanfod ei feseianaeth . . . Cymdeithasol, nid unigolyddol, oedd 'Meseia Iesu'.[46] Ac ategir hyn ym meddwl Pennar gan wir ystyr y teitl 'Mab y Dyn'. Nid unigolyn mohono ond cymdeithas – 'nid Iesu ei hunan ond y gymdeithas gyfan yr oedd yn ei harwain mewn gwasanaeth llawen i ddynion ac ufudd-dod gwynfydedig i Dduw' yw Mab y Dyn.[47] Ac am y teitl 'Crist', yr oedd hwn hefyd yn un na fynnai Iesu ei dderbyn[48] mwy na'r teitl 'Arglwydd'.[49] Ac nid yw'r dystiolaeth, meddai Pennar ymhellach, yn cyfiawnhau'r gred fod Iesu'n meddwl amdano'i hun 'yn ymgymryd â chenhadaeth swyddogol a breiniol 'Gwas yr Arglwydd' i gyflawni proffwydoliaeth a chwarae rhan dyngedfennol mewn hanes'.[50] O ganlyniad i'r drafodaeth hon dywed Pennar am Iesu, 'yr wyf fi'n berffaith siwr mai rhan o'i ogoniant yw iddo ymwrthod â'r holl deitlau mawreddog y mae ffydd ei ddilynwyr a dwysbarch ei addolwyr wedi mynnu eu rhoi iddo.'[51] Ond nid yw'n gwarafun inni ddefnyddio'r teitlau. I'r gwrthwyneb,

> I mi y mae pob un ohonynt yn llawn gras a gwirionedd. Tarddasant i gyd o ddyfnder adnabyddiaeth o'r Dyn yr oedd ei farw yn fywyd.[52]

O ystyried y drafodaeth hon, fe welir mai'r gair allweddol yw 'profiad'. Profiad y disgyblion a wisgodd y gŵr o Nasareth â theitlau mawreddog. A sut mae dilysu eu profiad? Sut y gallwn fod yn sicr nad oeddent wedi methu'n enbyd trwy anrhydeddu'r person arbennig hwn yn y modd yma? Ateb Pennar yw fod ei brofiad personol ef ei hun yn ategu eu profiad hwy. Adnabod Crist, meddai (gan ddilyn Melanchthon, cydweithiwr Luther) yw 'adnabod ei gymwynasau'.

> Y dywediad hwn yw allwedd fy Nghristoleg a'm diwinyddiaeth i gyd . .
> . Ond ofer y fath haeriad onis gwireddwyd yn ein profiad personol.
> Rhyfeddu am gariad yr Iesu drylliedig, dyrchafedig, a'i garu'n ôl, a'i
> gariad yn meddiannu hanfod a dirfod, a'i ymweliadau'n llonni'r galon
> â'i dangnefedd . . . dyma'r profiad sydd yn gwneud dyn yn gyfrannog o
> orfoledd Thomas yr hen anghrededun sur ac yn peri iddo lefain, 'Fy
> Arglwydd a'm Duw' . . .⁵³

Os mynnwn sôn felly am arglwyddiaeth Crist neu ei dduwdod, nid cyfeirio yr ydym at briodoleddau gwrthrychol ynddo, ond ceisio mynegi sut yr ydym yn prisio'r argraff y mae Ef yn ei wneud arnom. Ffrwyth ein profiad ni yw'r arglwyddiaeth a'r duwdod. Ond nid yw Iesu ei hunan yn honni meddiannu'r naill na'r llall. Meddai Pennar,

> Rhaid i mi dystio fy mod i, yn y profiad hwn o'r Atgyfodedig, yn
> methu'n lân â chlywed ei lais yn hawlio dim iddo ei hunan, dim teitl dim
> anrhydedd, dim safle arbennig mewn hanes, dim gorsedd mewn
> tragwyddoldeb.⁵⁴

Y mae llu o gwestiynau'n codi wrth fyfyrio ar y portread hwn o'r Arglwydd Iesu ond gan na welodd Pennar yn dda roi inni ymdriniaeth lawnach nag oedd yn bosibl mewn erthygl, ni wyddom beth fyddai ei ateb iddynt. Y mae ôl bysedd y diwinydd Friedrich E.D. Schleiermacher (1768-1834) yn drwm ar syniadau Pennar, er nad yw'n trafod ei olygiadau.⁵⁵ Sut bynnag, nid amcan y rhagarweiniad hwn yw cloriannu a dadansoddi ei athrawiaeth. Yr amcan yw rhoi i ddarllenwyr *Cudd fy Meiau* y cefndir angenrheidiol i ddeall beth sy'n oblygedig yn y dyddlyfr. Gan fod profiad personol mor sylfaenol bwysig i'r awdur, yr oedd yn anorfod ei fod yn bryderus ynglŷn â didwylledd a realiti ei brofiadau. Lle mae'r traddodiad Protestannaidd wedi ymddiried yn nhystiolaeth a geirwiredd yr Ysgrythur, a'r Pabydd yn pwyso ar awdurdod yr Eglwys yn ogystal â thystiolaeth yr Ysgrythur y mae Pennar yn apelio'n gyson at ei brofiad nid gan anwybyddu'r Beibl a thraddodiad hir yr Eglwys, wrth gwrs. Ond rhan o amcan *Cudd fy Meiau* yw perswadio ei ddarllenwyr i gymryd eu profiad o ddifrif trwy wrando arno ef yn croniclo pryderon a gwefr, gofidiau a llawenydd ei brofiadau ei hunan.

Yn ystod ei gwrs addysg arbenigodd Pennar ym meysydd llenyddiaeth glasurol a Saesneg ac nid yw'n syndod felly ei bod yn fwy dewisol ganddo fynegi ei argyhoeddiadau trwy gyfrwng barddoniaeth a nofelau yn hytrach na thrwy draethodau diwinyddol swmpus. Ond y mae *Cudd fy Meiau* yn unigryw ymhlith ei gynhyrchion. Fe'i cyhoeddwyd gyntaf yn wythnosol yn *Y Tyst* rhwng 20 Ionawr 1955 a 16 Chwefror 1956 o dan y ffugenw, 'Y Brawd o Radd Isel'. Y teitl a roddodd iddo'r pryd hynny oedd 'Dyddlyfr Enaid', sydd, mewn gwirionedd, yn addasach na 'Cudd fy Meiau' gan mai adolygu ei brofiadau'n gyhoeddus oedd ei amcan yn hytrach na'u cuddio 'rhag y werin', fel y dywed yr emyn. A 'dyddlyfr' y mae'n ei alw bob cynnig, nid 'dyddiadur'. Gwir fod mynych gyfeiriadau at ddigwyddiadau cyhoeddus ac elfen annwyl iawn yn y llyfr yw'r llu cyfeiriadau at ei fywyd teuluol, er cuddio enwau'r teulu o dan ffugenwau. Ond ei brofiadau ysbrydol yw thema ganolog y llyfr. Bu cryn ddyfalu pwy oedd y 'Brawd o Radd Isel' yn ystod yr wythnosau cyntaf ond ni chadwyd y gyfrinach yn hir ac fe'i datguddiwyd o'r diwedd yn *Y Tyst*, 15 Medi 1955.

Er mwyn gwerthfawrogi sawl agwedd ar *Cudd fy Meiau*, rhaid ei osod yng nghyd-destun amgylchiadau canol y pum degau. Erbyn 1955 yr oedd yn amlwg fod cilio mawr oddi wrth ffydd Crist yn digwydd yng Nghymru. Sylweddolai athro mewn coleg diwinyddol o flaen llawer fod hyn yn digwydd wrth weld nifer yr ymgeiswyr am y weinidogaeth yn lleihau. Yr un pryd yr oedd yn amhosibl i weinidog anwybyddu'r dirywiad ysbrydol ymhlith aelodau'r eglwysi. Ni allai'r arweinwyr lai na holi eu hunain a gofyn, gyda Williams Pantycelyn, 'Beth yw'r achos fod fy Arglwydd/Hawddgar, grasol yn pellhau?' Ai gwir y cwpled nesaf, 'Yn guddiedig neu yn gyhoedd/Mae rhyw bechod yn parhau'? Adleisir y pryder hwn ar bob tudalen yn *Cudd fy Meiau*. Nid Pennar oedd yr unig un o bell ffordd oedd yn cordeddu uwchben yr argyfwng hwn.

I weinidog yng Nghymru yr oedd dyfodol y genedl, ei hiaith, ei diwylliant a'i moesau'n achos pryder. Ar 1 Gorffennaf 1950 cynhaliwyd cynhadledd yn Llandrindod ac yn honno rhoddwyd trefniadau ar y gweill i drefnu deiseb genedlaethol tros senedd i Gymru. Daeth y ddeiseb i ben yn Ebrill 1956. Ar 4 Mawrth 1955 cyflwynodd S.O. Davies, aelod seneddol Merthyr Tudful, fesur yn Nhŷ'r Cyffredin i sefydlu senedd yng Nghymru. Dim ond 14 allan o

62 a bleidleisiodd drosto. Ar y pryd teimlid fod rhagolygon Cymru'n dra ansicr. Wedyn yn Rhagfyr 1955 daeth yn hysbys ei fod yn fwriad gan gorfforaeth Lerpwl i foddi Capel Celyn a Chwm Tryweryn i greu cronfa ddŵr i'r ddinas. A dyma ddyfnhau'r pryderon.

Prin bod dim wedi peri mwy o arswyd yn y cyfnod ar ôl Rhyfel Byd II na datblygiad arfau niwclear. Gollyngwyd y bom atom cyntaf ar Hiroshima yn Siapan ar 6 Awst 1945 a lladd neu anafu tros 130,000 o bobl. Hyd yn oed erchyllach oedd datblygu'r bom thermoniwclear – y 'Bom-H'. Ffrwydrwyd y cyntaf gan y Taleithiau Unedig ar Atol Eniwetok ym 1952 ac yn fuan wedyn dechreuodd y Deyrnas Gyfunol wario symiau enfawr o arian yn yr ymdrech i sicrhau ei harfau niwclear ei hunan.

Daeth cyfrwng diwylliannol newydd i ddylanwadu ar feddyliau'r cyhoedd yn y pum degau, sef y teledu. Erbyn Ebrill 1955 yr oedd 197,726 o drwyddedau teledu yng Nghymru ac yn ystod y mis blaenorol yn unig bu cynnydd o 4,797[56]. Yr oedd arweinwyr crefydd yn gyffredinol yn poeni o ddifrif beth fyddai effaith y cyfrwng ar feddyliau pobl. Yn wir, dywedodd Geoffrey Fisher, Archesgob Caer-gaint, 'Byddai'r byd yn lle hapusach pe na bai teledu wedi'i ddarganfod o gwbl'.[57] Ac i wneud pethau'n waeth, yr oedd galw croch am ddileu monopoli'r BBC trwy ganiatáu teledu masnachol ac ar 22 Medi 1955 cafodd yr ymgyrchwyr eu dymuniad. Gwelai'r arweinwyr crefyddol y datblygiad hwn fel bygythiad enbyd nid yn unig i safle Cristionogaeth yn y cyfrwng ond hefyd i safonau moesol ac esthetig.[58] Gwelwyd dylanwad teledu'n gynnar iawn yn y cylch crefyddol gydag aelodau eglwysig yn swnian eisiau newid amseroedd oedfa'r nos er mwyn iddynt gael gwylio rhaglenni poblogaidd. Yr oedd y datblygiadau hyn yn dân ar groen Pennar – gweler o dan Mehefin 12 a Hydref 18.

Dyna rai o'r elfennau yn y bywyd cyhoeddus a oedd yn peri blinder ysbryd i Pennar.

Un o'r pethau sy'n amlwg yn *Cudd fy Meiau* yw cariad Pennar at y Beibl. Yn y nodiadau ar ddiwedd y gyfrol hon lleolir ei ddyfyniadau o'r Beibl. Ceir deunaw cyfeiriad o wyth llyfr yn yr Hen Destament a 78 o un ar ddeg o lyfrau yn y Testament Newydd – dyna 96 i gyd. Gyda'r pwyslais cyson trwy'r llyfr ar Iesu Grist, nid yw'n syndod fod 53 o'r dyfyniadau'n dod o'r pedair efengyl a 22 o epistolau Paul. Ac y mae'n amlwg mai hoff efengyl yr awdur yw

Mathew gyda phedwar dyfyniad ar hugain. Y mae'r patrwm yma'n gyson â dyfarniad J. Gwyn Griffiths mai Cristionogaeth Crist yn hytrach nag eiddo Paul yw Cristionogaeth Pennar.[59] Mae'n wir na ddylid ceisio gwneud melin a phandy o ddyfyniadau achlysurol fel hyn ond hwyrach y gellid mynegi'r farn y buasid yn disgwyl mwy o gyfeiriadau at y rhannau hynny o'r Ysgrythur sy'n estyn cysur i'r ysbryd gorthrymedig.

Y mae yn y llyfr nifer o weddïau byrion – 'saeth-weddïau', fel y gelwid hwy gynt. Y mae 76 ohonynt i gyd ac yn y rhain y ceir rhai o'r darnau dwysaf yn y llyfr – fel yn y rhai o dan 13 Medi a 20 Medi. Gan mai gŵr yn chwilio cyrrau ei galon ei hun yw'r awdur, y mae'n anorfod fod yr ymbiliau a geir ynddynt yn bersonol iawn. Y mae'n deisyf arweiniad, goleuni, nerth ac, yn gymaint â dim, sicrwydd nad yw'r Presenoldeb Dwyfol wedi'i adael. Er hynny, fe geir rhyw chwe enghraifft o eiriol tros eraill, fel 'y llesg, y gwan, yr ofnus, y colledig' ar 31 Mawrth a'r 'anghenus, y trallodus, y gweddw, yr amddifad, y di-obaith, y diymgeledd' ar 8 Ebrill, dros yr Eglwys ar 29 Mai a thros Gymru a'r hil ddynol ar 13 Medi. Nid yw'r gair 'maddau' yn ymddangos yn aml – rhyw ddeg gwaith i gyd. Ond dyna yw byrdwn y weddi ferraf ganddo, 'O Dad, maddau imi' ar 29 Ebrill. Rhoddai Pennar gryn bwys ar athrawiaeth y Drindod ac adlewyrchir hyn yn y gweddïau. Offrymir 44 ohonynt i Dduw Dad, 27 i Iesu Grist a phump i'r Ysbryd Glân. Y mae'r cyfartaledd rhyngddynt yn adlewyrchu'r newid yn y traddodiad Protestannaidd. Os creffir ar y gweddïau a'r colectau yn y *Llyfr Gweddi Gyffredin*, fe welir eu bod wedi'u hoffrymu'n gyson i Dduw Dad, gyda dau eithriad, y colect ar gyfer y trydydd Sul yn Adfent a Sul cyntaf y Grawys. Nid oes gweddi wedi'i hoffrymu i'r Ysbryd Glân, er bod Rowland Fychan, Caer-gai, wrth gyfieithu 'Veni Creator Spiritus' ar gyfer *Llyfr Gweddi* 1664 wedi rhoi inni'r emyn, 'Tyrd, Ysbryd Glân i'n c'lonnau ni . . .', yn ogystal â 'Tyrd, Ysbryd Glân, tragwyddol Dduw . . .'[60] Ac yr oedd y 'Veni Creator Spiritus' yn hen iawn, o bosibl cyn hyned â'r ddegfed ganrif. Yr oedd y Piwritaniaid yn bur bendant ar y pwnc. Y mae *Catecism Byrraf y Gymanfa* (1647) yn diffinio gweddi, cwestiwn 98, fel 'offrymu ein dymuniadau i Dduw . . . yn enw Iesu Grist trwy gymorth ei Ysbryd, gyda chyffesu ein pechodau a chydnabod yn ddiolchgar ei drugaredd'.[61] Magwyd miloedd o Gristionogion Cymru ar y catecism hwn a dyfnhaodd hynny'r argyhoeddiad mai i Dduw Dad y dylid offrymu gweddi. Un peth reit drawiadol yn y gweddïau yw'r ffordd yr ysbrydolir Pennar i gyfarch Duw â theitlau anghyffredin ond nid anaddas. Nid llai trawiadol yw'r weddi o dan Tachwedd 24 lle mae'n cyfarch Duw fel 'Mam'. Beiddgar hefyd yw'r cofnod ar gyfer Rhagfyr 23, 'Gwelais ddagrau Mair. 'Ein Mam yr hon wyt ar y ddaear'.

Gwelir wrth ddarllen *Cudd fy Meiau* pa ofidiau a themtasiynau oedd yn peri blinder i Pennar. Dyheai am arwyddion sicr o bresenoldeb Duw a Christ. Pwnc arall sy'n dod yn amlwg yn fynych yw cyfanrwydd popeth sydd. Y cwestiwn yw, sut y 'cyfennir y cread', fel y dywed ar Ragfyr 10. Daw'r geiriau ar ôl rhestru nifer o enwau amrywiol. Awgryma bod Zarathustra, Amos a Mohamed yn hollti'r hollfyd ond yn Akenaton, Hosea a Dante 'cyfennir y cread'. Y mae'n gwrthwynebu pob deuoliaeth a dyna sy'n esbonio'i awydd cryf i gofleidio popeth a phawb y tu mewn i unoliaeth gynhwysfawr. Dyma hefyd beth sy'n esbonio ei ysbryd goddefgar tuag at amrywiaeth fawr o bobl a golygiadau. Yr unig fan lle mae ei oddefgarwch yn gwegian yw wrth gyfeirio at Galfiniaeth. Y 'diwygiwr crin' yw Calfin ei hun (Gorffennaf 10) a 'diffeithwch' yw ei 'athrawiaeth ffurfiol'. Y mae'n ddyfarniad annisgwyl o gofio pa mor ffrwythlon y bu'r 'diffeithwch' yn achos pobl fel John Penri, Walter Cradoc, John Bunyan, Dr. John Owen, Griffith Jones, Llanddowror, Williams Pantycelyn, Thomas Charles a Gwilym Hiraethog. Ond y mae'n lliniaru peth ar ei feirniadaeth trwy ddweud fod 'cyfraniad arhosol Calfiniaeth ym marddoniaeth ein hemynau' (Ebrill 21). Hynny yw, y mae profiadau Calfinyddion fel y mynegir hwy mewn emynau i'w parchu er bod yr athrawiaeth a goleddent yn annerbyniol. Y mae hyn yn berffaith gyson, fel sydd wedi'i esbonio eisoes, â'i safbwynt cyffredinol. Ond y mae tyndra yn ei ddyddlyfr rhwng pethau a oedd yn tynnu'n groes i'w gilydd, rhwng rhyw[62] a duwioldeb, byd natur a byd yr ysbryd, rhwng eglwys a gwleidyddiaeth, rhwng artistri a moes, rhwng corff ac ysbryd. Neu, a rhoi'r peth mewn ffrâm ddiwinyddol draddodiadol, yr oedd y tyndra rhwng Natur a Gras yn ei boeni.[63] Ac am y temtasiynau a oedd yn peri ing cydwybod iddo, daw'r rheini'r amlwg wrth ddarllen *Cudd fy Meiau*. Felly, y mae'n hen bryd troi at y llyfr ei hun.

Goddiweddwyd Pennar yn ei flynyddoedd olaf gan glefyd Alzheimer. Sylweddolai'n iawn beth oedd yn digwydd iddo, ond i'w gydnabod trist odiaeth oedd gweld y cof cyfoethog yn pallu. Yn y cyfnod hwn cyfaddefai mai Rosemarie oedd ei gof bellach. Bu farw'n dawel ar 29 Rhagfyr 1996. Bu'r gwasanaeth angladdol yng nghapel yr Annibynwyr, Heol Henrietta, Abertawe, o dan lywyddiaeth y Parchg. Noel A. Davies a thraddodwyd ei weddillion i'r fflamau yn Amlosgfa Treforys. Cwbl briodol oedd geiriau'r Parchg. F.M. Jones a fu'n weinidog iddo am flynyddoedd,

> Ffenestr bwthyn mewn plasty helaeth ei bensaerniaeth a'i oludoedd ydi'r dyddlyfr, *Cudd fy Meiau*, a hwyrach mai yno y deuwn agosaf at adnabod y Dr. Pennar. Ond byddwn yn parhau i ddyfalu. A bydd yntau yn parhau i wenu.[64]

Rhaid imi orffen gydag atodiad cwbl bersonol. Bûm yn cydweithio â Pennar am bymtheng mlynedd ar hugain. Gan ein bod ein dau'n dysgu'r un pwnc, yr oeddem yn aelodau o'r pwyllgor a oruchwyliai'r pwnc hwnnw o dan nawdd Cyfadran Ddiwinyddiaeth Prifysgol Cymru. Ef oedd y Cadeirydd a minnau'n ysgrifennydd. Byddem wrth gwrs mewn cysylltiad agos â'n gilydd hefyd am ein bod yn athrawon mewn dau goleg o eiddo'r Annibynwyr. Bu inni gyfnewid ugeiniau o lythyrau ond yr oedd a wnelont bron i gyd â manylion ein gwaith. Yn y cyfnod maith hwn cefais ddigon o gyfle i ryfeddu at ei ysgolheictod a lled ei ddiwylliant. Ond mwy na hynny, edmygwn ei amynedd, ei raslonrwydd, ei ostyngeiddrwydd a'i gwrteisi. Ond sylweddolwn hefyd fod cadernid a phenderfyniad y tu ôl i'r grasusau hyn. Gwir ein bod am y pared â'n gilydd o ran ein hargyhoeddiadau diwinyddol ond ni bu hynny'n foddion i gymylu ein cyfeillgarwch, efallai am ein bod wedi hen gytuno i anghytuno! Nid oedd lle i amau ei gariad at Grist nac ychwaith ei ymroddiad i wasanaethu Cymru, ei hiaith a'i llenyddiaeth. Gadawodd fwlch rhwth ar ei ôl a cholledwyd pawb ohonom a fu'n gydweithwyr ag ef pan ddaeth ei yrfa ddaearol ddisglair i ben.

Gan fod cyfeiriadaeth Pennar yn *Cudd fy Meiau* mor gyfoethog ac y byddai llawer ohonynt yn ddirgelwch i genhedlaeth yr aeth y Beibl yn llyfr dieithr iddi a chyfeiriadau clasurol hyd yn oed yn fwy dieithr, penderfynwyd ychwanegu nodiadau eglurhaol ar y diwedd. Cefais wybodaethau amrywiol a gwerthfawr gan Mrs. Rosemarie Davies, Dr. J. Gwyn Griffiths a'i briod, Käthe, Yr Athro J.E. Caerwyn Williams, Y Parchg. Noel A. Davies, Miss Wendy Davies,

Mr. D.R. Ap-Thomas, Mr. Dafydd Glyn Jones a'r Parchg. Derwyn Morris Jones. Yr wyf yn dra diolchgar iddynt. A diolch hefyd i Wasg John Penri am ei gwaith graenus ac am ei hamynedd.

Bangor.   R. TUDUR JONES

[1](gol. Meic Stephens), *Artists in Wales* (Gomer, 1971), 120-129, 'Pennar Davies'.

[2]Gwynfor Evans yn (gol.) Dewi Eirug Davies, *Cyfrol Deyrnged Pennar Davies* (Abertawe, 1981), 9.

[3]Op.cit., 123.

[4]Op.cit., 123.

[5]Cyhoeddodd Pennar beth o ffrwyth ei ymchwil. Gw. W.T. Davies, 'A Bibliography of John Bale', *Oxford Bibliographcial Society Proceedings and Papers*, V. (1940), 201-79.

[6]*Cyfrol Deyrnged*, 9-10.

[7]J. Gwyn Griffiths, 'Pennar Davies: more than a *Poeta Doctus*', yn (gol. Sam Adams a Gwilym Rees Hughes), *Triskel Two: Essays on Welsh and Anglo-Welsh Literature* (Llandybïe, 1973), 126.

[8]*Y Brenin Alltud* (Llandybïe, 1974), 174-5.

[9]*Artists in Wales*, 125.

[10]Am deyrngedau iddo, gw., *Y Tyst* Ionawr 16 a 30, 1997, a *Blwyddiadur yr Annibynwyr* (1998), 108-9.

[11]Am drafodaethau ehangach ar gynnyrch llenyddol Pennar, gw., John Rowlands, 'Y Llenor Enigmatig' yn (gol. D. Eirug Davies) *Cyfrol Deyrnged Pennar Davies* (1981), 15-51; Siân Megan, 'Astudiaeth Feirniadol o Weithiau Llenyddol Pennar Davies' yn (gol. J.E. Caerwyn Williams) *Ysgrifau Beirniadol IX* (Dinbych, 1976), 312-51; R.M. Jones, *Llenyddiaeth Gymraeg 1936-1972* (Llandybïe, 1975), 126-31, 307-311; J. Gwyn Griffiths, 'Meibion Darogan Pennar Davies a Chylch Cadwgan' yn *I Ganol y Frwydr* (Llandybïe, 1970), 213-223; J. Gwyn Griffiths, 'Pennar Davies; More than a *Poeta Doctus*' yn (gol. S. Adams a G.R. Hughes), *Triskel Two: Essays on Welsh and Anglo-Welsh Literature*, 111-127 – cyfrol sydd hefyd yn cynnwys ar dd. 26-48 erthygl Pennar, 'Saunders Lewis: Morality Playwright'; 'Y Daith o Aberpennar dlawd' yn *Barn* (Mawrth, 1969), *Y Gwrandawr*; a J. Gwyn Griffiths, 'Dylanwad Cylch Cadwgan adeg y Rhyfel', *Barn* (Mehefin, 1969), *Y Gwrandawr*.

[12]*Triskel Two*, 112.

[13]*Cyfrol Deyrnged*, 22.

[14]Lewis Bayly, *Yr Ymarfer o Dduwioldeb, Wedi ei gyfieithu i'r Gymraeg gan Rowland Vaughan 1630* (Adargarffiad, Caerdydd, 1930), 174-5. Gw., hefyd adolygiad G.J. Williams yn *Y Llenor* (1930), 250-53.

[15]*Grace abounding to the Chief of Sinners* (Llundain, 1666). Gw. Roger Sharrock, 'Personal Vision & Puritan Tradition in Bunyan', *Hibbert Journal*, LVI (Hydref 1957) a'i ragarweiniad i'w argraffiad o *Grace abounding* (Rhydychen, 1962); R.L. Greaves, *John Bunyan* (Gwasg Sutton Courtenay, 1969). Cyhoeddwyd cyfieithiad Cymraeg o'r gwaith ym 1767.

[16]Ceir sawl enghraifft o'r cyffesion hyn yn neisebau myfyrwyr a gweinidogion am gymorth gan y Congregational Fund Board yn LLS. Ychwanegol 383D yn y Llyfrgell Genedlaethol.

[17]Am Baddy (bu f. 1729), gw., *Bywgraffiadur* ac am Wadsworth (1630-76), gweinidog

Presbyteraidd Theobalds ym mhlwyf Cheshunt, Herts., ar ôl ei ddiswyddo ym 1662, gw., *Dictionary of National Biography* a (gol.) A.G. Matthews, *Calamy Revised* (Rhydychen, 1934).

[18](gol.) N. Cynhafal Jones, *Gweithiau Williams Pantycelyn* 11 (Casnewydd, 1891), 'Hymn DXXVI', td. 241.

[19]Ibid., 'Hymn DCCXVII', td. 320.

[20]*I Ganol y Frwydr*, 222. Sefydlwyd yr 'Oxford Group' gan Frank Buchman (1878-1961), efengylydd Americanaidd. Am yrfa Buchman a dylanwad Grwp Rhydychen, gw., *Oxford Dictionary of the Christian Church* a'r llyfryddiaeth ar waelod yr erthyglau. 'Rhydwen' oedd y Parchedig Rhydwen Williams (1916-97); gw., (gol.) Meic Stephens, *Cydymaith i Lenyddiaeth Cymru* (1997).

[21]*Y Brenin Alltud*, 121-177.

[22]Ibid., 148.

[23]Ibid., 148-9. 'Cynhemlydd' yw person a ymgysegrodd i fywyd o fyfyrio – 'contemplative' yn Saesneg.

[24]*Works*, III, 516. Am Owen, Deon Coleg Eglwys Crist Rhydychen, 1651-60, gw. *Bywgraffiadur* a Peter Toon, *God's Statesman* (Exeter, 1971).

[25]*Works*, II, 241. Am Goodwin, Llywydd Coleg Magdalen, Rhydychen, 1650-60, gw., *Dictionary of National Biography* a'r bywgraffiad yn ail gyfrol ei *Works*.

[26]*Works*, 216. Am Ambrose (1604-64), gw., *Dictionary of National Biography* a'i hunangofiant, *Looking unto Jesus* (1658), llyfr a fu'n boblogaidd iawn.

[27]*Works*, XI, 336.

[28]*Discourse on Regeneration* (1689), 85. Yr oedd Cole (1627?-1697) yn brifathro Neuadd Fair, Rhychen 1656 hyd 1660, gw., (gol.) A.G. Matthews, *Calamy Revised* (Rhydychen, 1934).

[29]Gw., G.F. Nuttall, 'Puritan and Quaker Mysticism' yn *Theology* (1975), 520-521.

[30]Cymh., yr hyn a ddywed Gordon Wakefield yn *Puritan Devotion* (1957), 160, *'Union with Christ is not the end but the beginning of the Christian life. It is not the result of a mystical technique, but of justification'*.

[31]*Divine Drops Distilled* (1650), 229.

[32]Ibid., 171.

[33]Ibid., 152.

[34]Ibid.

[35]*Barn* (Mawrth 1969), *Y Gwrandawr*, vi-vii.

[36]*Brycheiniog* (1957).

[37]*Cyfrol Deyrnged*, 174-5.

[38]Ibid., 11-41.

[39]Ibid., 38.

[40]Ibid., 13.

[41]Ibid., 15.

[42]Am drafodaeth ar Efengyl Ioan ac am y llyfryddiaeth berthnasol, gw., Catrin Haf Williams, 'Gwybod y Geiriau ac adnabod y Gair; Iesu yn ôl Efengyl Ioan', yn (gol.) Gareth Lloyd Jones, *Cenadwri a Chyfamod* (Dinbych, 1995), 206-36.

[43]Ibid.

[44]Ibid., 21.

[45]Ibid., 21-22.

[46]Ibid., 27.

[47]Ibid., 33.

[48]Ibid., 22.

[49]Ibid., 28.

[50]Ibid., 28.

[51]Ibid., 17.

[52]Ibid., 16.

[53]Ibid., 14.

[54]Ibid.

[55]Cyhoeddodd Schleiermacher ei waith mawr, *Der christliche Glaube* ym 1821 a 1822 a chafwyd trosiad Saesneg ohono gan H.R. Mackinstosh, *The Christian Faith* (Caeredin, 1928). Ceisiais wneud rhai sylwadau ar deithi ei feddwl yn 'Schleiermacher a'r Dyn Modern' yn (Gol.) G. Lloyd Jones, *Cenadwri a Chyfamod* (Dinbych, 1995), 125-148.

[56]*Y Cymro* (28 Ebrill 1955), 11.

[57]*Manchester Guardian*, (20 Medi 1952).

[58]Am fanylion y drafodaeth gw., Kenneth M.Wolfe, *The Churches and the British Broadcasting Corporation* 1922-1956 (SCM, 1984) 511-525.

[59]*Triskel Two* (1973), 126.

[60]Gw., J. Thickens, *Emynau a'u Hawduriaid*.

[61]*The Humble Advice of the Assembly of Divines, Sitting at Westminster: Concerning a Shorter Catechism* yw teitl y gwreiddiol. Cafodd ei argraffu lawer gwaith o 1647 ymlaen. Ceir y dyfyniad yn adargraffiad Philip Schaff, *The Creeds of Christendom III* (Grand Rapids, 1969), 698. Cyhoeddwyd cyfieithiad James Owen, *Catechism Byrraf y Gymanfa* ym 1701.

[62]Y mae'n werth sylwi fod canol y pum degau'n gyfnod pan oedd yr obsesiwn gyda rhyw yn dod yn amlwg iawn. Gw., Christopher Booker, *The Neophiliacs* (Llundain, 1970), 40-42. Maen sôn, tud. 40, am 'the marked public concern with sex'.

[63]Am sylwadau beirniadol ar yr hyn a ddysgai Tomos Acwin a meddylwyr yr Oesoedd Canol am berthynas Natur a Gras, gw., Herman Dooyeweerd, *Roots of Western Culture* (Toronto, 1979), 111-147.

[64]*Blwyddiadur yr Annibynwyr* (1998), 108-9.

Rhagair

Ysgrifennwyd y Dyddlyfr hwn yn ystod y flwyddyn 1995 a'i gyhoeddi'n ddognau wythnosol yn y 'Tyst' o dan y ffugenw "Y Brawd o Radd Isel". Diolchaf i'r Golygydd am gefnogaeth ac amynedd ac am gael cyhoeddi'r gwaith yn gyfrol; a diolchaf hefyd i Swyddfa Undeb yr Annibynwyr Cymraeg am lawer o gymorth. Dyledus wyf i Mrs. Curig Davies ac i'r Parchg. Glyn Richards am fy nghynorthwyo yn y gwaith o gywiro'r proflenni.

Er pwysiced ffydd a gweddi ac addoliad ym mywyd y Cymry, ni bu'n ein mysg lawer o ymchwilio yn nirgel-leoedd y "bywyd mewnol"; o leiaf, os bu ymchwilwyr, hwyrfrydig fuont i gyhoeddi ffrwyth eu hymchwil. Eithr nid ymgais i lanw bwlch mo'r Dyddlyfr; ymgais ydyw yn hytrach i ddadelfennu afiechyd y tlawd hwn ac i geisio iachâd. Ffordd y puro, ffordd y goleuo, ffordd yr uno – dyma batrwm profiad i lawer o frodyr yr Eneiniog. Ffordd y puro yn unig a ddisgrifir yma. Bu cyffes yn boen i'r dyddlyfrwr; maddeuer iddo unrhyw boen a flino'r darllenydd.

Dechrau Blwyddyn

Ionawr 1 (Sadwrn):

Tybia rhai mai ffolineb yw cadw dyddiadur, a chredaf fod llawer o wir yn y dybiaeth. Ond nid yw'n wir am bob dyddiadur. Ceisiais gadw dyddlyfrau o'r blaen, ond ni pharhaodd yr un mwyaf llwyddiannus yn hwy nag ychydig o fisoedd. Astudio byd oedd pwrpas y dyddlyfr hwnnw. Yn awr yr wyf am gadw dyddlyfr arall am ychydig o amser, a'i bwrpas fydd astudio Duw, a'i foli, a'm cymhwyso fy hunan i'w wasanaethu: Duw yng Nghrist a Duw yn gafael ynof trwy Ei Ysbryd.

Heno, cyn troi i'm gwely, bûm yn arwain y ddyletswydd deuluol mewn cartref a welodd gladdu anwyliaid yn ystod y flwyddyn, ac wrth arwain mewn gweddi clywais ocheneidiau hen wraig weddw. Angau: pa ateb sydd iddo ond Duw?

Ionawr 2 (Dydd yr Arglwydd):

Bu'n fore braf y bore yma, er ei bod mor oer. Wrth glywed yr adar yn canu'n hwyliog yn yr heulwen, dyma'r hen wraig weddw'n traethu darn o hen ddoethineb: "Os canan nhw cyn Gŵyl Fair fe lefan cyn Gŵyl Ddewi". Dangosais ddiddordeb yn yr hen ddywediad–mae'n hŷn nag enwadaeth Cymru, y mae'n amlwg–ac ychwanegodd y wraig annwyl ddywediad arall, mwy calonogol: "Fe ddaw Gŵyl Fair, fe ddaw Gŵyl Ddewi, fe ddaw Duw gwyn a phob daioni".

Duw gwyn a phob daioni! Mae gwir ddoethineb yma: gweld amrywiaeth a chyfoeth y tymhorau, adar a physgod a choed a blodau ac ambell gwmwl ar ffurfafen las a chwmwl gwybed ar y torlannau, a gweld pob daioni a Duw gwyn ym mhopeth. Mae hyn yn agos iawn at galon doethineb yr hen Gymry: gweld bywyd yn un a gweld ymhob llun a lliw a llam arwyddion o'r Presenoldeb.

Pregethais braidd yn grynedig, i gynulleidfa fechan mewn tŷ-cwrdd hynod o fach yn y bore a'r hwyr; ac yn oedfa'r nos, derbyn dan arwydd y dŵr faban dau fis oed i freintiau cymdeithas yr Eglwys. Ar wyneb y baban hefyd gwelais Dduw gwyn a phob daioni. Heb golli'r ymdeimlad o bechod rhaid meithrin y gynneddf o weld Duw yn wynebau Ei rai bychain. Llygredig yw ein bywyd ar y ddaear, ond y mae bywyd yn ei hanfod yn dda.

Ionawr 3 (Llun):

Yn y cyfarfod gweddi heno dywedodd un brawd fod Cristionogion selog yn rhy brysur ar y Sul i fod gyda Duw. Mae tipyn o wir yn hynny. Anodd *gweddïo* Gweddi'r Arglwydd wrth arwain cynull-eidfa yn y weithred o'i chydadrodd. Y mae peirianwaith addoli, hyd yn oed yn y ffurfiau symlaf ar addoliad cyffredin, yn aml yn rhwystr i addoli. Teimlaf Dduw yn nes yng ngorchwylion beunyddiol bywyd. Ac eto mor aml y neidiais o'r gwastadedd i gopa mynydd Ei sancteiddrwydd dan ddylanwad pregeth neu yn angerdd y cymundeb. Mor aml mewn oedfa dawel y rhoes yr Iesu Ei law ar fy llaw i.

Ionawr 4 (Mawrth):

Dechreuodd tymor newydd yr ysgol heddiw a bu'r tŷ'n hynod o ddistaw heb y plant. Cefais gyfle yn y bore i fyfyrio'n ddi-dor am ychydig, a daeth y Diddanydd yn agos ataf. Mae'n anodd disgrifio natur y profiad yma; ymdeimlo â phresenoldeb y Bod Mawr nid fel ymwelydd o Fro Tragwyddoldeb ond fel Bywyd y Byd, a'r Bywyd hwnnw–Bywyd y bywydau ac Ysbryd yr ysbrydoedd–yn ymdrechu yn erbyn pob drwg, yn puro, yn glanhau, yn llosgi ac yn goleuo. Dyna hyfryd yw Ei agosrwydd; y Gweithiwr mawr, ac olion chwys a baw a gwaed ar y Dwylo gwyn.

Ionawr 5 (Mercher):

Digwyddodd pob anffawd heddiw: diwrnod o ddamweiniau a chamddeall a cholli pwyll a cholli ein gilydd. Anodd byw; anos cyd-fyw. Rhaid dysgu dewis geiriau'n fwy ystyriol. Nid oes neb ohonom yn byw ymhell o Fedlam; diolch i Dduw fod Bethlehem yn agos hefyd. Hyfryd yw meddwl imi droi at Dduw a phwyso arno pan ddaeth temtasiwn i daro a chlwyfo.

O Dad pob diddanwch ac Arglwydd y dirgelion oll, dyro imi ymorffwys ynot yn holl ymdrechion a blinderau ein bywyd bach. Eneinia ein tafodau a'n dywlo yng Nghrist Iesu. Amen.

Ionawr 6 (Iau):

Un o achosion ein trafferthion ddoe oedd ein tlodi. Mae'n dal i'n blino ni heddiw. Ar ôl treuliau llawen y Nadolig, llwm yw dechreuad y Flwyddyn Newydd. Hen dro digrif yw hwn, ond i deulu gweinidog tlawd y mae difrifwch. Gwn fod llawer o weinidogion yn dlotach na mi, a dirgelwch imi yw eu bod yn llwyddo i fyw. Os llwyddwn ni i dalu ein ffordd, y mae'n sicr nad oes dim dros ben.

Amlwg yw bod yr alwad i'r weinidogaeth heddiw yn alwad i fesur o Dlodi Sanctaidd. Bûm yn darllen "Blodau Bach Sant Fransis" yn ystod gwyliau'r Nadolig, ac y mae'r hen bwyslais ar Dlodi Sanctaidd fel galwedigaeth ddwyfol i'w gael yno yn awr ac yn y man. Wrth reswm, y mae Tlodi Sanctaidd mewn cymdeithas o Frodyr Crwydrol dipyn yn haws na Thlodi Sanctaidd yng nghwmni gwraig a phlant. Y mae tlodi gweinidogion Cymru heddiw yn sancteiddiach tlodi na dim byd a wynebodd mynach erioed. Ac yn sicr y mae iddo ei ogoniant. Yn oes y cyflogau breision a'r bradychu egwyddor a delfryd er mwyn elw ac anrhydedd, nid dilewyrch yw arwriaeth dawel y gweinidog a'i wraig yn magu teulu'n gynnil ac yn raenus ar gyflog nad oes dim ohono dros ben ar ddiwedd y mis. Pob clod, yn enwedig, i'r gwragedd, a'm gwraig i yn eu plith, am y gwyrthiau a gyflawnant. Dyna orfoledd distaw yn y galon yw gweld y plantos yn tyfu a'r cartref, er gwaethaf pob helynt a phryder, yn gartref.

Ond rhaid cysegru'r cyfan, bob awr, i Dduw.

Ionawr 7 (Gwener):

Bu digon o weddïo–o ryw fath–yn wythnos y Gweddïau. Yr ydym yn dweud gormod wrth Dduw ac nid ydym yn gwrando digon arno.

O Arglwydd Achubydd, agor ein calonnau i dderbyn dy Grist. Atal ein llaw rhag Ei niweidio. Anadla Ei dosturi arnom. Amen.

Ionawr 8 (Sadwrn):

Un drychfeddwl a fu'n pwyso ar fy ysbryd heddiw: meddwl am angen Duw. Gŵyr beth yw Tlodi. Ei ogoniant yw rhoi angen Un rhwng y myrdd myrddiynau.

Onid dyna'r Creu? Onid dyna'r Iawn? Onid dyna'r Nef?

Ionawr 9 (Dydd yr Arglwydd):

Duw yr Hollgyfoethog–a'r Holldlawd.

Bu'r Tad graslon a chysurlon yn agos iawn imi yn y pulpud. Cefais yn y blynyddoedd diweddar lawer o fendith wrth feddwl mai wrth *fyw* yr ydym yn gweddïo. Byw i Dduw, byw gyda Duw–dyna yw gweddi, a'r ffordd honno'n unig y gellir gweddïo'n ddi-baid. Nid yr ymarferion defosiynol ar adegau penodedig ac ar batrymau mwy neu lai ffurfiol yw hanfod y bywyd gweddigar, ond byw i Dduw a byw gyda Duw. Meddwl, gweithio, chwarae, gwneuthur popeth gyda golwg ar bwrpas Duw a chyda blas ar Ei gariad llym a'i bresenoldeb chwyldroadol–dyna yw hanfod gweddi. Bwyta, cysgu, ymwisgo, ymdrwsio, ymolchi, ymgomio, cyfarfod â chyd-ddynion, gwylio digwyddiadau'r oes, ymroddi i fudiadau bendithiol, gwneud y gwaith beunyddiol a phob gwaith arall dros ben, ac yn y cyfan, dibynnu ar Dduw a rhoi gogoniant iddo a gwybod Ei fod gyda chwi–dyna weddïo.

Mae bendith yn yr ymarferion defosiynol cyffredin hefyd; mae bendith yn y weithred o grynhoi meddyliau gweddigar ar ffurf geiriau a brawddegau. Ond tlawd yw'r pethau hyn heb *fyw* yng ngwaith a chymdeithas yr Arglwydd. Mae'r Brawd Lorens[1] yn iawn yn ei bwyslais ar yr Ymarfer o Bresenoldeb Duw bob amser, ymhob gorchwyl. Cael gafael ar yr ymwybyddiaeth o bresenoldeb Duw– dyna hyfrydwch, dyna nerth, dyna gyfoeth–a mwynhau'r profiad yn gyson, yn barhaus, o fore hyd nos, a chysgu, hyd yn oed, yn y Breichiau Tragwyddol–dyna wynfyd a gogoniant. Ond rhaid i'r Cristion ragori, mewn un peth, hyd yn oed ar y Brawd Lorens. Canys y mae ef yn sôn unwaith am osgoi trafferthion a phethau anhyfryd y byd, ond y mae'n rhaid i Fforddolion yr Iesu wynebu'r pethau hyn–wynebu'r cyfan gyda'r Iesu, gyda Duw. Cau'r byd allan i sylweddoli presenoldeb Duw yw traddodiad y clwysty; ond y bywyd Cristionogol llawn yw bod gyda Duw yn y byd.

Diolch, er hynny, i'r brawd Lorens am fy nghadarnhau yn yr Ymarfer o Bresenoldeb Duw.

Yn rhyfedd iawn, cefais drafferth weithiau i sylweddoli presenoldeb Duw yn y weithred o bregethu. Mae'r pregethwr yn gorfod meddwl am fanylion y gwasanaeth ac yn gorfod wynebu cynulleidfa a meddwl am y genadwri ac adrannau a geiriau'r bregeth; ac er ei fod yn gwybod bod Duw gydag ef nid yw bob amser yn ymdeimlo â'r cyffyrddiad agos ac anadliadau Ei gyfeillgarwch. Ond heddiw, bu'r Tad yn agos iawn, a'r pulpud bach yn llawn ohono.

Cefais eistedd ar Orseddfainc yr Oen heddiw.
Ond nid wyf yn deilwng. Pa beth a wnaf?

Ionawr 10 (Llun):

Bûm yn meddwl heddiw am fy annheilyngdod. Daeth yr hen hunan-
gyhuddiad i'm calon: "gŵr halogedig ei wefusau ydwyf i, ac ymysg
pobl halogedig o wefusau yr ydwyf yn trigo".[2]

Y mae pechod yn llechu yn fy nghalon fel llwch mewn tŷ. Anodd
goddef y llwch, a phoenus yw glanhau'r tŷ'n drwyadl. Y ffordd
hawdd i drin llwch yw twtio ambell fan sy'n dangos y baw'n
weddol amlwg ac ysgubo cryn dipyn o sothach dan y carped.

Nid oes arwydd fwy digamsyniol o bechod na'r amharodrwyd i
gydnabod pechod; ac y mae'r amharodrwydd hwnnw'n llesteirio fy
mysedd wrth ysgrifennu'r geiriau hyn.

Hwyrach mai un o fendithion y dyddlyfr hwn i mi fydd peri imi
wynebu fy mechod fy hun.

Ionawr 11 (Mawrth):

Cefais ddiwrnod prysur heddiw. Ymdeimlais â phresenoldeb Duw
lawer gwaith, ond ysbeidiol yn hytrach na pharhaol fu'r hyfrydwch
brawychus hwn. A bu cywilydd yn rhan o'r profiad hefyd.

Teimlais unwaith fod llygaid Duw Dad yn gwylio ystumiau fy
enaid, a minnau'n aflan yn Ei olwg. Ni allai'r holl brysurdeb beri imi
fwrw'r ymdeimlad o gywilydd o'r neilltu.

Ionawr 12 (Mercher):

Cyn troi i'r gwely neithiwr ceisiais feddwl am faddeuant Duw yn
hytrach nag am fy meiau fy hunan; daeth i'm dychymyg ddarlun o'r
Iesu ar y Groes. Clywais yn fy nghalon ei weddi faddeugar dros
lofruddion Calfaria. Ond wrth geisio syllu ar dynerwch dwyfol ei
lygaid gwelais y Tân Ysol.

I'r galon aflan y mae Maddeuant yn Farn.

Ionawr 13 (Iau):

Cefais gyfle i chwarae tipyn gyda'r plant y prynhawn yma. Teimlais
ryw falchder ynof, lawer gwaith cyn hyn, wrth weld y bachgen hynaf
yn gwenu arnaf gyda serch ac edmygedd (er ei fod yn llawn direidi

ac ysmaldod ac yn gallu dweud pethau eithaf amharchus). Mae ei dad yn dipyn o arwr iddo ar hyn o bryd. Felly y mae gyda phlant, mae'n debyg. Efallai y daw cyfnod arall cyn hir, a'i dad yn llai na'r lleiaf yn ei olwg. Ond ar hyn o bryd, arwr ydwyf i'r bachgen, a chan amlaf y mae hyn yn rhoi pleser imi. Ond heddiw teimlaf yn gwbl annheilwng–annheilwng o'r edmygedd ac annheilwng o'r fraint o fod yn dad.

Cofiaf iddo ddweud ryw dair blynedd yn ôl mai ei dad oedd y dyn gorau yn y byd. Ac wedi ystyried tipyn, fe ychwanegai, "Mae'n debyg bod Duw yn well, ond dylai fod: mae'n llawer henach na Dada".

O Dduw trugarog, O Haul sy'n pelydru daioni a glendid, edrych arnaf yn dosturiol. Gorchfyga pob pechod ynof. Nertha fi i fentro allan yn erbyn pob drwg sydd yn llygru fy enaid. Tyn fy nghalon yn nes at Dy Galon Di, a gad imi ddod atat yn llawen ac nid o'm hanfodd. Rho Dy gymorth yng Nghrist yr Arglwydd. Amen.

Ionawr 14 (Gwener):

Synnais heddiw at wynder yr eira ar y meysydd.

Dyma brydferthwch; mae'r byd gwyn yn syndod bob tro y daw. Mawr ddiolch i'r eira am roddi gwedd newydd ar bopeth, ac am beri inni ailystyried maes a mynydd. Ond y mae popeth gwyn arall yn edrych yn frwnt ac yn llwyd o'i gymharu â'r gorchudd eira. Bûm yn edmygu gwynder gwlân defaid y mynydd ychydig o amser yn ôl; yn awr fe ymddengys eu gwynder yn gywilyddus o amherffaith.

Y mae cywilydd arnaf pan gymharwyf fy nhipyn daioni â'r Daioni disglair sydd yn Oleuni pur.

PENNOD 2

Y Cyhuddwr

Ionawr 15 (Sadwrn):

Treuliais ddiwrnod heddiw gyda'r Cyhuddwr, a minnau'n ceisio fy amddiffyn fy hunan. Y mae'n anodd imi'n awr osod mewn geiriau lawer o'r meddyliau a fu ynof. Gwn imi ddweud wrth y Cyhuddwr fy mod yn well dyn na chryn nifer o'm cyfoeswyr. Duw a faddeuo imi.

Ni ddywedodd y Cyhuddwr air, ond yr oedd ei ddistawrwydd yn huawdl.

Ceisiais brofi fy mod yn weddol dda, ac y buaswn yn well onibai am fy amgylchiadau. Yr wyf yn fwy haelionus na hwn-a-hwn, er enghraifft; a buaswn yn fwy haelionus fyth petai mwy o gyfoeth y byd hwn gennyf. Yr wyf yn fwy gweithgar na rhai: felly y dywedwyd wrthyf fwy nag unwaith. Ac er bod cynifer o bethau wedi'u hesgeuluso gennyf, ai arnaf i y mae'r bai? Creadur cig a gwaed ydwyf, wedi'r cyfan. Y cnawd sydd wan. Mae'r ysbryd yn ddigon parod. Yr wyf yn lân fy muchedd yn ôl safonau'r byd. O leiaf, y mae fy enw'n edrych yn barchus ar waelod llythyr cymeradwyaeth. Ac onid yw fy hunanddisgyblaeth yn berffaith, ai arnaf i y mae'r cyfrifoldeb? Onid wyf wedi etifeddu natur wyllt? Oni fu amgylchiadau fy magwraeth yn anffodus gyda golwg ar yr angen am ei dofi hi? Natur anhydrin a roddwyd imi, ac ni chefais bob chwarae teg i'w diwyllio. Ag   ystyried popeth, gwyrthiol yw fy mod i cystal ag ydwyf.

Ni ddywedodd y Cyhuddwyr ddim, ond edrych arnaf nes imi guddio fy llygaid â'm dwylo.

Wedi imi osod cymaint â hyn i lawr ar dudalennau fy nyddlyfr, hawdd yw imi weld y pydredd sy'n aros o hyd yn fy enaid.

Ac eto yn y Ffydd yr wyf yn byw, a gwn imi gael cymdeithas Duw a'i Grist a'i Ysbryd lawer gwaith. Nid gwiw gwadu hynny. Ond y mae ceunentydd ac ambell wastadedd yn fy mhersonoliaeth nas meddiannwyd yn llwyr eto gan y Gras Achubol.

Ionawr 16 (Dydd yr Arglwydd):

Bu'r Cyhuddwr wrth fy mhenelin yn oedfa'r bore, ond nid oes amheuaeth gennyf am bresenoldeb Duw yn oedfa'r hwyr.
Pwy yw'r Cyhuddwr?

Ionawr 17 (Llun):

Teimlaf weithiau mai'r Iesu yw'r Cyhuddwr, yr Iesu a phawb sy'n perthyn iddo trwy'r oesoedd. Pob dewrder, pob glendid, pob trugaredd – y mae'r rhain i gyd wedi ymgynghreiro â'r Cyhuddwr i'm herbyn.

Teimlaf brydiau eraill mai'r Gelyn Mawr yw'r Cyhuddwr, yn fy nilorni a'm dinoethi, a'i grechwen yn ing i'm calon.

Pwy wyt it, y Cyhuddwr cadarn? Tyrd ataf, imi gael ymgodymu â thi. A gaf i fendith gennyt? A gaf i ymdrechu â thi, nes clywed dy lais yn dywedyd, 'Gollwng fi ymaith; oblegid y wawr a gyfododd'?[3] Y Cyhuddwr tyrd ataf. Ni'th ollyngaf, oni'm bendithi.

Ionawr 18 (Mawrth):

Blinwyd fi'n dost gan freuddwyd cas neithiwr, a bu'r hunllef gyda mi trwy'r dydd.

Breuddwydiais fy mod i ac eraill yn byw mewn tŷ mawr unig. Daeth ffoaduriaid ataf, a chael noddfa gennyf yn y tŷ, pobl a oedd wedi ffoi rhag rhyw ormes mawr Hitleraidd. Yr oedd pistol gan un o'r merched yn y fintai hon. Rhoddodd rhywun – ni chofiaf pwy – bistol i minnau. Edrychais ar yr erfyn mileinig gydag arswyd; yr oedd yn gwbl amhosibl imi ei ddefnyddio. Yr oedd ynof awydd am gael gwared ag ef. Ond yn lle gwneud hyn rhoddais ef mewn drôr. Yr oedd ofn ar bawb ohonom y byddai gweision y gormes cas yn disgyn arnom i'n carcharu neu i'n lladd. Ond dyma newydd llawen yn dod: yr oedd y gormes wedi'i orchfygu. Trefnwyd gwledd i ddathlu'r gollyngdod. Ond ar ganol y wledd wele'r drws yn ymagor a dau adyn cas, dialgar, didosturi, yn dod i mewn – cynrychiolwyr y gormes, a'u bryd ar ein harteithio a'n lladd. Cododd y ferch ei phistol, ond yr oedd arfau lladd gan y ddau gas. Rhedais trwy ddrws arall at y drôr yn y stafell nesaf. Daeth un o'r ddau ar fy ôl. Gafaelais yn grynedig yn fy mhistol i. Taniodd y ddau ohonom yr un pryd.

Deffroais mewn dychryn. Ni wn beth a ddywedai seicdreiddiwr am y breuddwyd hwn, ond yr wyf yn argyhoeddedig o un peth. Nid ofn cael fy lladd a'm dychrynodd ond diflastodd ac arswyd rhag y weithred o geisio lladd arall.

Y mae rhyw hunangasineb ynof. "Gŵr halogedig ei wefusau." Ac er fy mod yn casáu rhyfel ac yn ymwrthod â phob peth sydd yn perthyn iddo, teimlaf heddiw fod fy nwylo'n goch gan waed.

Nid yn aml y byddaf yn cael breuddwyd cofiadwy fel hwn.

Ionawr 19 (Mercher):

Wythnos brysur yw hon, a minnau'n gorfod treulio llawer o'm hamser oddi cartref. "Gweithgarwch", medd rhai. "Gormod o heyrn yn y tân," medd eraill. Daw'r ystyriaeth gyhuddgar i'm meddwl y gall yr holl brysurdeb yma fod yn esgus dros fod yn ysbrydol ddiog.

"Holed dyn ef ei hun".[4] Gall pwyllgora a chynadledda fod yn haws na hyn. Y mae'n bosibl gwario amser ac egni'n ddiddiwedd heb wasanaethu Duw.

Nid rhinwedd absolwt yw gweithgarwch. Y mae ambell un sydd yn gweithio o fore hyd nos i wneud arian.

Mae gwasanaethu Mamon yn cymryd cymaint o amser â gwasanaethu Duw.

Pa faint o waith yr wyf yn ei wneud dros Dduw?

Ionawr 20 (Iau):

Yr oedd y mynachod gynt yn ymwybodol iawn o'r pechod a elwid "accidia": diffyg sêl a diffyg dyfalbarhad yng ngwasanaeth Duw. Rhyw sychder ysbrydol mewn defosiwn ydoedd i lawer: y meddwl yn crwydro mewn ymarferion gweddïol a rhyw wacter yn poeni'r enaid o hyd a rhyw ddiflastod ar gyfyngderau'r bywyd "crefyddol" yn anesmwytho ar yr ysbryd.

Nid yn y ffordd honno yr wyf yn meddwl am ddefosiwn a gweddi a "chrefydd." Bod gyda Duw wrth fyw a gweithio a chwarae ymhlith dynion yw'r ffordd yr wyf yn ceisio cerdded hyd-ddi; ond y mae hyn yn golygu gwneuthur popeth er gogoniant iddo Ef – "ceisio yn gyntaf deyrnas Dduw."[5] Dyna'r nod. Ystyr diogi ysbrydol yw anghofio neu anwybyddu'r nod.

'Rwy'n dechrau blino ar bresenoldeb y Cyhuddwr.

"Ceisiwch yn gyntaf." A wyf yn ceisio Teyrnas Dduw yn gyntaf? Ai Duw ai fy hunan yr wyf am ei ogoneddu?

Ionawr 21 (Gwener):

O Arglwydd pob gwaith, dyro sêl yn y gwaith a roddwyd imi. Dyro galon barod imi. Nid wyf yn bod ond i'th glodfori Di. Gwna fi'n was; canys Gwas wyt Tithau. Rhoddi ddillad i'r lili ac ymborth i'r frân. Gwas wyt i'r tywod mân a'r sêr. Yn Dy wasanaeth yr wyt yn teyrnasu. Teyrnasa, O Arglwydd ynof i. Amen.

Ionawr 22 (Sadwrn):

Teimlaf weithiau fy mod yn rhan fechan o beiriant mawr sydd ar waith o hyd, a phob olwyn a phiston a phin yn symud. Yn yr ystyr yna, yr wyf yn weithgar iawn. Ond y byd hwn yw'r peiriant, ac yng ngolwg y byd rhinwedd uchaf pob rhan ohono yw cydymffurfio â'r peiriant.

I ba raddau y mae ein bywyd "crefyddol" yn rhan o beiriant y byd?

Cynadleddau, pwyllgorau, cynghorau, cymdeithasau er hyrwyddo pob math o achos da: y mae'n rhaid wrth y pethau hyn. Diolch amdanynt. Duw a'm cynorthwyo i wasanaethu'n well ynddynt. Ond Duw a'm gwaredo hefyd rhag ymgolli ynddynt mor llwyr nes methu gweld yr Arglwydd ar eisteddfa uchel a dyrchafedig a methu gweld Ei bwrpas i mi yn argyfwng yr oes a methu ag ynganu'r geiriau "Wele fi, anfon fi."[6]

Ionawr 23 (Dydd yr Arglwydd):

Teimlais heddiw fod gogoniant yr Efengyl yn ormod imi.

Wrth ddarllen y geiriau ysgrifennais ddoe yn fy nyddlyfr gwelaf fy mod mewn pergyl o osod iechyd fy enaid fy hun uwchlaw'r gweithgareddau hynny sydd yn fy nghysylltu ag eraill yn y gwaith o ddwyn iachawdwriaeth Crist i'r byd.

Duw a'm hachubo rhag y ffurfiau "duwiol" ar hunangais!

Y mae argyhoeddiad gennyf nad oes achubiaeth i neb ond yn achubiaeth pawb.

Diolch i Dduw hefyd am yr "Oll yn Oll" a addawyd inni.

Sut y gall neb fod yn gyflawn gadwedig a'r rhai hynny a gerir ganddo ar goll o hyd?

"Bodlon" yn wir yw Duw, bodlon ar waith Ei Grist ar y Groes. Ond, ar ystyr arall, "anfodlon" ydyw nes cael Ei bobl i gyd yn ôl i'w gôl.

Cynigir inni waredigaeth hollgyffredinol yng Nghrist. "A minnau, os dyrchefir fi oddi ar y ddaear, a dynnaf bawb ataf fy hun."[7] Mae yno o hyd, ac yno y bydd nes bod y Truan Olaf wedi dyfod ato. "Hyd oni ddêl cyflawnder y Cenhedloedd i mewn. Ac felly holl Israel a fydd cadwedig."[8]

Nid yw llawenydd y Nef yn gyflawn tra bo un pechadur heb edifarhau. Nid yw iachawdwriaeth undyn yn berffaith tra bo'r brawd distadlaf yn y tywyllwch a'r oerfel.

Nid wrtho'i hunan y mae dyn y gadwedig.

Ionawr 24 (Llun):

O Dduw Dad, dyro imi Dy wasanaethu'n llwyrach. Hebot Ti nid wyf ddim. Llanw'r gwacter ynof. Dysg imi, er mwyn y Croeshoeliedig, roddi iti fy mhopeth. N'âd imi gadw dim byd ar ôl. Achub fi i achub rhagor er gogoniant i'r Enw sydd goruwch pob enw. Amen.

Ionawr 25 (Mawrth):

Nid wyf ddigon
Nid wyf ddigonol

Ionawr 26 (Mercher):

"Pwy sydd ddigonol?"[9] yw un o ofyniadau mawr yr ysgrythur. Y mae cysur ynddo. Ond ynddo ei hun nid yw'n symud fy nghyfrifoldeb am fy niffygion fy hunan. Fe garwn eu hanghofio am dipyn ond nid dyna'r ffordd i'w gorchfygu.

Ceisiais weddïo'n daerach heddiw a darllen darnau o'r ysgrythur sydd yn addas i'm cyflwr. Mae'r efengyl yn llawn cysur i'r sawl a fo'n edifarhau. Ond teimlaf fod dyfnderoedd o fethiant ynof nad wyf hyd yn hyn wedi llwyr edifarhau amdanynt.

I mi heddiw y mae'r Beibl yn llawn o gyhuddiadau.

Ionawr 27 (Iau):

Gollyngdod imi y prynhawn yma fu gorfod mynd oddi cartref. Wrth ymgomio â'm cyfaill ar y ffordd a thrafod dyrysbynciau dyfodol y weinidogaeth Gristionogol yng Nghymru teimlais (er chwerwed y dyrysbynciau) fy mod i'n dianc rhagof fy hunan.

Diwrnod prysur a helbulus fu hwn, ond y Cyhuddwr – a'r Ceidwad yntau – wedi cilio rywsut.

Ionawr 28 (Gwener):

Neithiwr yn y gwely oddi cartref methais gysgu am ychydig o oriau. Ond, trwy ryw ryfedd ras, llethwyd fy anghysur gan gysur mawr. Ni wn eto a ydwyf wedi edifarhau'n llwyr, ond yr oedd edifeirwch o ryw fath, yn ddiamau, yn rhan o'r profiad.

Daeth i'm meddwl, a minnau'n ceisio denu cwsg, y geiriau mawr yn Efengyl Ioan: "Y mae fy Nhad yn gweithio hyd yn hyn, ac yr ydwyf innau yn gweithio."[10]

Teimlais fel dyn mewn cwch yn methu rhwyfo yn erbyn y gwynt ond yn cael ei ddwyn ymlaen gan lifeiriant bendithiol; ac ymdeimlais, fel y gwneuthum o'r blaen, â phresenoldeb y Gweithiwr Mawr. Gwelais fy nhipyn gwaith fel rhan o Waith aruthrol yr hollfyd – a'm methiannau i fel rhwystrau bychain dibwys dros dro a fydd yn destun chwerthin i'r Gweithwyr pan fydd y Gwaith wedi'i orffen.

Yn y tywyllwch a'r tawelwch bûm yn ymwybodol o ryw rythm–rhythm y cread, calon Duw yn curo. Gwyddwn fod anadl Duw yn yr ystafell. Cefais ymorffwys yn yr Egni diderfyn, y Cadernid anorchfygol, y Grym graslon sydd o dragwyddoldeb yn difodi difodiant, yn creu ac yn cyfarwyddo ac yn cadw.

Gweddïais, heb eiriau. Petawn yn rhoi'r weddi mewn geiriau byddai'n debyg i hon:

Fy Nhad, fy Mrawd, fy Nghalon! Maddau bob gwendid a phob gwastraff sydd ynof. Y Gweithiwr cryf, di-wastraff wyt Ti. Meddianna Dy was. Llanw fy mywyd â'th obaith; tywys fy mywyd â'th ddoethineb. Dyro imi waith a gweithia ynof. Er mwyn Dy Enw. Amen.

Ac yn sŵn curiadau Calon pob calon euthum i gysgu.

Dyna hyfryd oedd cyrraedd adref heno a chael croeso fy anwylyd.

Hen enw rhyfedd ar y Creawdwr yw Demiwrgos, ac ystyr gyntefig y gair hwnnw oedd "Gweithiwr dros y Werin." Bu llawer o ddiwinydda ffansïol ymhlith gwybodusion canrifoedd cynnar y Gristionogaeth ynglŷn â'r Demiwrgos yma, ond yn sicr y mae'r enw yn rhoi un agwedd ar ogoniant Duw. Gweithiwr dros y Werin: ni fetha Duw â rhoi esiampl dda i'w Saint.

Llawenydd yw cael cymdeithas â'r Gweithiwr a'r Gwerinwr Goruchel.

PENNOD 3
Y Gweithiwr a'r Penteulu

Ionawr 29 (Sadwrn):

Diwrnod llawen fu hwn. Mor ddiolchgar ydwyf fy mod i ynghanol fy anfodlonrwydd arnaf fy hunan a'm tipyn gwaith, wedi cael gras i feddwl am y Gweithiwr Mwyaf.

Wrth ddarllen a gweddïo ac ymbaratoi heddiw ceisiais feddwl am y Gwaith rhyfeddol sydd yn mynd ymlaen o'n hamgylch ni. Dyna gyfoeth sydd yn y Salmau am Natur a'i rhyfeddodau. "Y nefoedd," "y lloer a'r sêr," "defaid ac ychen oll, ac anifeiliaid y maes hefyd," "ehediaid y nefoedd, a physgod y môr, ac y sydd yn tramwyo llwybrau'r moroedd."[11] Dyna Waith – yr heuliau'n mordwyo'r gwagle; y bydoedd yn troi; y creaduriaid yn hedfan, yn cerdded, yn nofio; y rhywogaethau'n ymdrechu ac yn ymgyfnewid; y planhigion yn tyfu ac yn blaguro ac yn dwyn ffrwyth; a phob gwelltyn a phob trychfilyn a phob uned o fywyd yn gyforiog o egni dirgel. Gwaith! Y mae twmpath morgrug yn dipyn o ryfeddod; y mae'r digwyddiadau a geir yng ngwaed corff dynol yn rhyfeddach fyth. A pho bellaf y treiddiwn i ddirgelion y cyfanfyd, mwyaf yn y byd y rhyfeddu a'r arswydo.

Symudiadau, ystumiau, gweithredoedd aneirif – a gwaith yw'r cyfan. Gwaith yw ystyr yr hollfyd, ac ym mhopeth y mae Duw wrthi.

Beth yw gwaith ond symudiadau ac ymdrechion a phwrpas iddynt?

Ionawr 30 (Dydd yr Arglwydd):

Y mae'n debyg bod pob pregethwr yn teimlo weithiau ei fod yn llefain yn yr anialwch, heb ddim ond cerrig i wrando arno. Teimlais fel arall heddiw. Teimlais fod holl nerth y cread y tu cefn i'r Efengyl – a mwy na hynny, llawer mwy: holl nerth y Crëwr. Wedi'r cyfan, y mae'r Testament Newydd yn cymryd golwg go obeithiol ar ddyn er gwaethaf ei fethiant a'i lygredd. Mae'n cymryd golwg go obeithiol

hyd yn oed ar gerrig. Wrth gollfarnu pechod dyn y mae'r Iesu'n
dweud "y dichon Duw o'r cerrig hyn godi plant i Abraham."[12]

Ionawr 31 (Llun):

Ni chredaf fy mod i erioed wedi cael y profiad o ymgolli yn Nuw. Y
mae rhai o'r cyfrinwyr wedi cael y profiad – ymgolli yn y Duwdod
fel diferyn yn ymgolli yn y môr. Byddaf i weithiau yn defnyddio'r
gair "ymgolli"–yn fy ngweddïau cyhoeddus, er enghrafft–ond y
mae'n amlwg nad wyf yn golygu dim byd tebyg i'r profiad hwnnw,
profiad y diferyn yn y môr.

Er hynny, cefais fwy nag unwaith y teimlad fy mod yn *rhan* o'r
Duwdod–nid ar goll fel diferyn yn y môr–ond yn rhan ohono fel y
mae thema neu un nodyn bach yn rhan o symffoni fawr. Nid yw'r
nodyn ar goll yn y symffoni; i'r gwrthwyneb y mae yn ei le priodol.
Ac eto y mae'n rhan o gyfanwaith; ac ar wahân i'r cyfanwaith
byddai'n ddiystyr.

Bu'r teimlad yma o fod yn rhan o'r Duwdod yn yr ystyr hon gyda
mi heddiw. Bûm yn meddwl am Waith mawr y cread a'i holl
greaduriaid, ac amdanaf fy hunan fel rhan o'r cyfan.

*O Dduw, O Anfeidroldeb, O Dad, O Noddwr, Egni Hollalluog, O
Gariad Anorchfygol, ni allaf ofyn am fendith fwy na bod fy mywyd
yn rhan o'th Fywyd Di. Rho imi Dy Ysbryd yng Nghrist Iesu. Amen.*

Chwefror 1 (Mawrth):

Ar un ystyr efengylaidd iawn, ni all neb fod *ar goll* yn y Duwdod. Yr
ydym ar *goll* hebddo.

Ynddo Ef yr ydym yn ein Cartref.

Chwefror 2 (Mercher):

Difyr y prynhawn yma fu gwylio'r ddau fab yn chwarae. Nid yn aml
y byddant yn chwarae gyda'i gilydd am fod yr hynaf yn chwarae
marchogion a chowbois a'r ieuaf yn ymhyfrydu mewn tynnu trên
pren dros y llawr.

Rhoddwyd enwau digrif ar y plant gan eu mam a'u tad. Rhyw
ysmaldod teuluol yw hyn. Ac ambell waith bu'r enwau hyn yn
ddefnyddiol iawn wrth drafod materion y plant yn eu presenoldeb
heb iddynt gael gwybod mai eu materion hwy sy'n cael eu trafod.

Mae hyn yn hen arfer ymhlith rhieni. Defnyddiaf yr enwau digrif yn y dyddlyfr hwn.

Bachgen eiddgar, direidus yw "McTavish" erioed, yn symud yn sionc o frwdfrydedd i frwdfrydedd. Yn yr wythnosau cyn y Nadolig bydd yn newid ei feddwl bob dydd bron ynghylch yr anrhegion yr hoffai eu derbyn. Ni welais neb yn cael mwy o flas ar chwarae gyda'i gyfeillion.

Mewn chwarae y mae'n dangos ei serch yn hytrach nag mewn cusanu a mwytho. Pleser yw dweud stori wrtho a cheisio ei dweud hi mewn ffordd ddramatig; bydd yn gwrando'n awchus ac yn ymateb yn deimladus ac yn gyffrous i bob digwyddiad cynhyrfus ynddi. Y mae ganddo hefyd y beiau sy'n arfer bod gyda chyflymder teimladol.

Mae ei frawd bach "Ap Siencyn" yn hollol wahanol. Mae'n rhy ifanc inni ddwreud ar hyn o bryd sut un fydd ef ymhen ychydig o flynyddoedd. I ddieithriaid y mae'n rhoi argraff lawer mwy serchus na McTavish. Hoff ganddo ddringo i liniau pobl a chofleidio'n dyner. A chwarae teg iddo; credaf fod ei serchowgrwydd yn hollol ddiffuant. Ond nid wyf erioed wedi gweld ystyfnigrwydd mor ddiwaelod mewn plentyn. Y mae cerydd yn effeithio'n fawr ar McTavish: bydd yn colli ei dymer neu'n torri ei galon, y naill beth neu'r llall; ond ateb Ap Siencyn i gerydd yw'r ystyfnigrwydd mwyaf anghydweithgar y gellir ei ddychmygu. Pan oedd yn iau, mi fyddai'n gwneud pob math o ddrygioni anghyfleus, megis crwydro oddi-cartref, rhedeg i ganol heol brysur, cloi drysau a chuddio allweddau, ac nid oedd modd ei ddisgyblu.Trwy drugaredd y mae amser wedi'i ddofi i ryw fesur.

Doniol dros ben yw gweld y ddau'n chwarae gyda'i gilydd – fel gwiwer chwim a draenog drwgdybus. Ffraeo a wnânt cyn y diwedd.

Rhaid iddynt aeddfedu cyn dysgu cyd-chwarae'n iawn. Ni ellir eu gorfodi i gyd-chwarae, er y gellir eu cymell a'u harwain.

Nid oes fodd gorfodi daioni.

Cyn imi briodi a chael plant yr oeddwn yn tybio y gellid magu plant yn rhwydd trwy wneud rheolau a gorfodi'r plant i'w cadw. Erbyn hyn yr wyf, yn hyn o beth, yn ddoethach dyn. Ofer pob rheol a gorchymyn heb y berthynas iawn rhwng y rhieni a'r plant. Heb y berthynas hon y mae'r cartref yn peidio â bod yn gartref ac yn troi'n garchar neu'n anialwch.

Yn Nuw y mae ein Cartref ni oll. Yn Rhagluniaeth y mae'r Penteulu Tragwyddol yn meithrin Ei blant, yn dysgu inni gydchwarae a chydweithio a chyd-fyw, yn creu'r berthynas fendithiol rhyngom ac Ef a rhyngom a'n gilydd.

Chwefror 3 (Iau):

O'r dwyrain pell daw sôn am ryfel. Mae pob bygylwr yn gweiddi mor groch nes bod yn anodd i lawer glywed llef yr Heddychwr Anfeidrol.

Atat Ti, y Tangnefeddwr sydd o dragwyddoldeb, yr wyf am droi yn awr ac ymhob cyfyngder. Achub ni rhag ofn, rhag hunangyfiawnder, rhag anwiredd, rhag dinistr. Trwy'r Croeshoeliedig. Amen.

Chwefror 4 (Gwener):

Mae fy ngwraig yn hoffi ymgomio am y plant wrth smwddio eu dillad.

Y mae Mam yn y Duwdod hefyd. Pwy sy'n smwddio Dillad Gwynion y Nef?

Chwefror 5 (Sadwrn):

Ofnaf fy mod yn esgeuluso'r dasg o chwilio encilion fy nghalon a'm cydwybod. Daeth y Cyhuddwr i ddrysu fy ngweddïau y bore yma.

Gras, Trugaredd, Maddeuant – gwn fod digon i'w gael. Ond gwn hefyd nad wyf wedi profi'r cyfan arfaethwyd imi.

Chwefror 6 (Dydd yr Arglwydd):

Yr oedd addewid hyfryd am wanwyn yn yr awyr y bore yma.

Gras, Trugaredd, Maddeuant – dyna oedd y themâu yn fy mhregethau fore a hwyr. Yr wyf yn credu yn y Cariad Dwyfol yn angerddol. Daeth ton nerthol o'r Cariad Mawr dros fy enaid cyn imi ddiweddu'r bregeth yn yr hwyr. Anodd oedd dal i lefaru.

Y fraint fwyaf a roddwyd i ddyn yw byw yn y Cariad Dwyfol. Yr ail fraint yw ei bregethu.

Gwae'r dyn a bregetho'r Efengyl heb ei byw hi.

O Batrwm o bob daioni, fy Nhad, fy Mam, fy Mrawd, fy Nghyfaill a Gwestai fy nghalon, gwna fi'n debyg i Ti dy Hun yng Nghrist Iesu. Amen.

Un peth yw credu yn y Cariad Dwyfol. Peth arall yw ymberffeithio ynddo.

Chwefror 7 (Llun):

Pa faint o Gristionogion Cymru sydd yn defnyddio eu llyfr emynau fel cymorth i ddefosiwn personol? Gan amlaf caf fwy o fendith yn y llyfr emynau nag mewn unrhyw "lyfr gweddi." Y mae'n bosibl bod hyn yn dangos diffyg disgyblaeth yn fy mywyd defosiynol, ond dyna fel y mae hi.

Teimlaf weithiau mai'r emyn mwyaf oll yn y Gymraeg yw "Dyma gariad fel y moroedd" Gwilym Hiraethog. Clywais lawer yn hawlio mai "When I survey the wondrous Cross" Isaac Watts yw'r emyn mwyaf, ac y mae'n bosibl y gellid cyfiawhau'r hawl i raddau helaeth mor bell ag y mae emynyddiaeth Saesneg yn y cwestiwn. Ond o'r ddau emyn, "Dyma gariad" a "When I survey," amhosibl dweud bod y naill yn rhagori ar y llall. Cri'r enaid unigol ger bron y Groes a geir yn emyn Watts, gweld yn y Groes y Cariad rhyfeddol sydd yn gofyn "my soul, my life, my all." Gwyrth uchaf y cyfanfyd a ddangosir yn emyn Hiraethog: daw holl ystyr Rhagluniaeth y Goruchaf i'r amlwg yng Nghalfaria, ac iachawdwriaeth yn dylifo dros y byd:

"Ar Galfaria yr ymrwygodd
Holl ffynhonnau'r dyfnder mawr;
Torrodd holl argaeau'r nefoedd
Oedd yn gyfain hyd yn awr.
Gras a chariad megis dilyw
Yn ymdywallt yma 'nghyd,
A chyfiawnder pur a heddwch
Yn cusanu euog fyd."

Dyma ogoniant. Yn yr enaid unigol y mae'r achub yn digwydd, yn emyn Watts, yn y bydysawd ac mewn cymdeithas y gwelwn y wyrth yn ôl gweledigaeth fawr Hiraethog. Mae'n rhaid wrth y ddau wirionedd, ac yn wir un ydynt.

Bu pwyslais "When I survey" yn fwy derbyniol na'r llall gan lawer o Gristionogion yn y canrifoedd diweddar. Y mae angen pwyslais "Dyma gariad" os yw'r hil ddynol i oroesi'r Oes Atomig.

Chwefror 8 (Mawrth):

Rhoddais ychydig oriau brynhawn ddoe a heddiw i ymgyrch sydd yn golygu ymweld â thai dieithriaid. Mae cysur mewn cwmni da ar gyfer gwaith fel hyn, fel mewn gwaith awyr agored. Synnais weld cymaint o ewyllys da o hyd ymhlith y bobl, yn enwedig y rhai nad ydynt yn ariannog iawn. Y mae'n amlwg fod yn rhaid inni ddod â'r Efengyl yn uniongyrchol at unigolion a siarad â hwy yn eu cartrefi.

Chwefror 9 (Mercher):

Bûm yn meddwl am fuchedd lân ac ymroddedig yr Arglwydd Iesu.
"O Iesu mawr, rho D'anian bur
I eiddil gwan mewn anial dir."
Bu mwy nag un ymgais i dynnu rhyw "reol buchedd sanctaidd" o'r hyn a wyddys am ei fywyd a'i ymarweddaid. Menter go beryglus yw honno.

Bu rhai'n pwysleisio ympryd ac ymarferion gweddi a'r bywyd dibriod a'r tlodi a chymundeb ysbrydol yn unigedd Natur –
"Y Gŵr a garai'r ffridd
Ac erwau'r unigeddau wedi nos"[13]
– ac o'r pwyslais yma y tyfodd mynachaeth a'r fuchedd ymgosbol. Dyma orbwyslais ar rai o'r agweddau allanol ar fuchedd yr Iesu. Anghofiodd y rhai a ddilynodd yr agweddau hyn fod yr Efengylau'n cyflwyno bywyd yr Iesu fel rhywbeth hollol wahanol i fywyd asgetig Ioan Fedyddiwr. Rhywbeth i'w fwynhau i'r eithaf yn llawenydd y Newyddion Da – dyna oedd bywyd i'r Iesu, ac ni ddisgwyliai i'w ddisgyblion ddilyn arferion llym disgyblion Ioan. Digiodd lawer o grefyddwyr yr oes trwy fwyta ac yfed, a bwyta ac yfed, yn aml iawn, yng nghwmni'r rhai amharchus. Nid oes dim byd "ymgosbol" yn ei dlodi a'i weddigarwch. Tarddodd y rhain o'i fabolaeth i Dduw a'i genhadaeth achubol a'i werthoedd efengylaidd.

Ar y llaw arall, y mae buchedd yr Iesu yn dra gwahanol i'r darlun ohono a ymffurfiodd yn nychymyg rhai o'r beirdd rhamantus a rhai o'r rhyddfrydwyr diwinyddol. I'r rhain apostol y bywyd naturiol a'r awyr agored ydyw, gŵr a heriai safonau cul ei oes, gŵr a dorrai'r rheolau wrth ymserchu yng ngogoniant dyn a daear, gŵr a fynnai ryddid i ddaioni cynhenid y natur ddynol.

Y gwir yw mai Achubydd oedd ac yw, yr Arglwydd Iesu Grist. Gwelai wir ogoniant dyn a daear – gwelai eu hangen hefyd, gwelai eu cyflwr llygredig, gwelai nad oedd obaith iddynt heb yr Aberth Mawr.

Y mae ei fuchedd bersonol, felly, yn batrwm o ryddid ac ymgysegriad – rhyddid rhag llyffetheiriau safonau amherffaith, llygredig, caethiwus, ac ymgysegriad i'w waith achubol.

Rhyddid ac ymgysegriad: i ba raddau y mae fy muchedd bersonol i'n dangos fy mod i'n perthyn i'r Arglwydd Iesu?

Chwefror 10 (Iau):

Dyna hyfryd yw myfyrio am yr Iesu yn nyddiau ei gnawd: y bys a ysgrifennodd ar y llawr, y dwylo a fendithiodd y plant, y coesau a gerddodd i gyfeiriad Jerwsalem, y cefn a suddodd dan y croesbren, y llygaid a edrychodd ar y lleidr edfeiriol, y pen a ymgrymodd mewn angau. Ceisiaf mewn myfyrdod agosáu ato a syllu ar grychion a chreithiau ei groen a chlywed ei anadliadau a'i chwerthiniadau a chyffwrdd â'i law.

Dyn ydoedd, cig a gwaed, a'r Cariad Dwyfol yn rhoi ei lewyrch i bob ystum a gair, i bob gwg a gwên.

Chwefror 11 (Gwener):

O Arglwydd Iesu, O Ysblander y Tragwyddol, O Gyd-ddyn, tyn fi'n agos atat Dy hun. Y Ffordd wyt Ti, a'r Gwirionedd, a'r Bywyd. O Ryfeddod yr Oesoedd, yr wyf am fod yn gyfaill iti. Derbyn fy llaw i'th law Di. Yr wyf am fynd gyda Thi bob cam o'r ffordd. Amen.

PENNOD 4

Rhyddid ac Ymgysegriad

Chwefror 12 (Sadwrn):

Nid ydyw'r gaeaf am lacio ei afael ynom eto. Bu'n rhaid teithio trwy'r oerfel i gadw cyhoeddiad y Sul mewn eglwys annwyl a digon enwog; ac ar y ffordd, a minnau'n edrych unwaith eto mewn syndod ar wynder yr eira, myfyriwn am fuchedd lân yr Iesu. Yn sydyn ymdeimlais ag agosrwydd blin y Cyhuddwr.

I ba raddau y mae fy ·muchedd bersonol i'n adlewyrchiad o'r rhyddid a'r ymgysegriad a ddarlunnir yn yr Efengylau?

Chwefror 13 (Dydd yr Arglwydd):

Pregethais heno am yr Ymgnawdoliad, a'r syniad cyfoethog a geir yn y Testament Newydd bod grymusterau'r Ymgnawdoliad yn parhau yn y rhai y mae cariad Duw yng Nghrist yn eu huno'n deulu cysegredig. Mae'r syniad yn rhy feiddgar i lawer iawn o'r diwinyddion: yr Ymgnawdoliad fel ffaith bresennol. Mae'r Beibl yn llawer mwy beiddgar na'r rhan fwyaf o'i esbonwyr.

I rai y mae holl syniad "Imitatio Christi"[14] yn rhy feiddgar. Ond y mae yn yr Efengyl. Gofynnir inni ddilyn Crist a bod yn berffaith yn ei gariad. Wrth gwrs, y mae'r enaid euog yn arswydo rhag yr her, ond y mae'n rhaid inni ei hwynebu. Bod yn debyg i Grist, bod yn debyg i Dduw – dyna'r maen praw.

Arswydaf innau rhag yr her. Rhyddid Crist, rhyddid oddi wrth bopeth sydd yn cyfyngu ar ein gwasanaeth ac yn gwyrdroi ein crefydd a'n buchedd; ymgysegriad Crist, yr ymroddiad a'r ymddisgybliaeth sydd yn amodau gwaith gwaredigol Duw yn ein bywyd ni – i ba fesur y mae'r rhyddid a'r ymgysegriad i'w gweld yn fy mywyd i? Ymhle yr wyf yn methu?

50

Chwefror 14 (Llun):

Crist yw'r Dyn Rhydd. Fy enaid, edrych arno, ei noethni, ei waed, ei chwys. Y Carcharor Tragwyddol! Mae'r milwyr yn ei guro, dan regi a chwerthin yn feddw. Teimlant eu bod yn cynrychioli gwareiddiad uwch na'r eiddo ef a diwylliant cyfoethocach a hil anhraethol well. Ymhob curiad y mae dirmyg a thrachwant. Onid meistri'r byd yw milwyr Rhufain?

Hyd yn oed yn ei ing a'i waradwydd y mae'r Crist yn tosturio wrth y milwyr yn eu caethiwed.

Efe yw'r Dyn Rhydd. Sylla arno, fy enaid. A oes ganddo gyfoeth, gallu bydol, safle dylanwadol yn nhrefniadaeth y wlad? Nac oes. Nid oes dim byd ganddo ond corff yn awr, ac y mae'r milwyr yn trin y corff hwnnw fel y mynnant. Cnawd, gwaed, croen, esgyrn, gwallt – y pethau hyn yn unig sydd ganddo'n awr, ac y mae Teyrnas y Fall am ddwyn y pethau hyn oddi arno.

Edrych arno, fy enaid. Dyn Rhydd ydyw: yr unig ddyn rhydd yn Jerwsalem.

Carchar yw ymerodraeth Peilat; carchar yw crefydd Caiaffas: carchar yw breuddwyd Jwdas; carchar yw dryswch Pedr; carchar yw uchelgais Herod; carchar yw mudiad gwrthryfelgar Barabbas, er bod Barabbas wedi'i ryddhau o'i gell. Crist yn unig sydd yn rhydd.

Fy enaid, saf gydag ef. Y fan honno, wrth ei ochr, dan lach y milwyr, y mae rhyddid i'w gael.

Chwefror 15 (Mawrth):

Bûm yn darllen "Iesu o Nasareth" Dyfed a chael bendith. Cefais fyfyrio gydag ef uwchben rhyfeddod yr Ymgnawdoliad:

"Sylwedd y nef iselwyd, – a Brenin
Pob rhinwedd wacâwyd;
Ar hyd oer lawr daear lwyd, –
Greawdwr heuliau'n greadur welwyd!"

Sylwais y byddai ei eiriau am Fam yr Iesu – "Wele fam i Ddwyfol Fod!" – yn dderbyniol gan lawer heblaw'r Pab. Ond y mae rhywbeth anochel yn y disgrifiad o Fair "a'r Brenin ar ei bronnau."

Trawiadol iawn yw'r disgrifiad o lawenydd yr Iesu ieuanc ymhlith ceinion natur – a phwerau'r Fall yr un pryd yn gweithio hyd yn oed yn y byd naturiol i baratoi'r croeshoelio:

"Hardd natur ddiniweitiaf,
Yn bywiol drin blodau'r haf;
Gan eu gwisgo'n goronau
O liw nef i'w lawenhau;
Ond heb wybod fod y fall
Ar greu'n wir goron arall,
I'w dodi gan dlawd adyn
Yn boen gwawd ar ei ben gwyn."

Dilyn y ddiwinyddiaeth draddodiadol, gyda'i phwyslais ar Dduwdod Crist yn hytrach na'i ddyndod, y mae Dyfed, gan amlaf, a hynny yn y dull rhethregol sydd wedi rhoddi inni fwy nag un darn trawiadol yn y Gymraeg:

"Rhoi drain barn ar Deyrn y byd!"

Ond clywir tant gwahanol weithiau:

"Anghenus yn fy nghyni, – er dioddef,
    Ni raid heddiw ofni;
    Yn gydymaith gwawd imi,
    Gwelaf Frawd ar Galfari."

Teyrn y byd yn frawd; y Brenin ar y bronnau. Rhaid myfyrio llawer ar y dirgelwch yma, dirgelwch yr Ymgnawdoliad. Nid trwy ddadansoddi y cawn ni ei ddeall. Dyna yw camgymeriad llawer o'r diwinyddion: dadansoddi – anghofio'r gwahaniaeth rhwng dirgelwch a phôs. Rhaid bod yng Nghrist i ddeall Crist; rhaid bod yn yr Ymgnawdoliad i amgyffred yr Ymgnawdoliad.

Chwefror 16 (Mercher):

O Arglwydd Iesu Grist, yr wyf am fod gyda thi.

Yr wyf yn ceisio dy ddilyn di. Ond gwn na allaf dy ddilyn heb ymgysegru'n llwyr i'th achos gogoneddus. Teimlaf fod llawer o gymhellion yn fy nal i'n ôl, ac arswydaf rhag edrych arnynt. Ond gwn dy fod di, wrth gamu ymlaen yn disgwyl imi dy ganlyn.

O Arglwydd Iesu, tyrd yn ôl i wenu arnaf, i ddweud wrthyf am ymwroli a'th ddilyn. Tosturia wrthyf. Yr wyt ti'n fy adnabod yn well nag yr wyf yn fy adnabod fy hun. Dyro imi dy law. Dyro imi dy law.

Gwelais yn fy nychymyg yr Iesu'n cerdded o'm blaen i Jerwsalem. Yr oeddwn yn un o'r disgyblion. Sylwais fod Pedr yn cerdded yn ddistaw wrtho'i hunan. Yr oedd rhai o'r disgyblion yn siarad â'i gilydd yn dawel wrth droedio ymlaen ar ôl yr Arglwydd. Yr oedd

Iago ac Ioan, meibion Sebedeus, yn dweud wrthynt weithiau am gerdded yn gyflymach.

Ceisiais yn fy nychymyg weld yr Iesu'n unig. Yn wir, ymdrechais i frysio ymlaen i fod gydag ef; ond yr oeddwn yn ymwybodol o hyd o ofnau ac amheuon y disgyblion.

Wrth geisio gweddïo yn fy nghalon teimlais fy mod yn diffygio ar y ffordd. Collais olwg ar yr Iesu. Bu'r weddi farw yn fy nghalon.

Methais ailafael yn y darlun a oedd wedi cyffroi fy myfyrdod ac wedi diflannu. Credaf fy mod yn gwybod i ryw raddau beth yw ystyr bod ar goll.

Diffrwyth ydwyf heddiw.

Chwefror 18 (Gwener):

"A ellwch chwi yfed o'r cwpan yr wyf i yn ei yfed? A'ch bedyddio â'r bedydd y'm bedyddir i ag ef?"[15]

Chwefror 19 (Sadwrn):

Hoff gan lawer o Gristnogion gynorthwyon allanol i'w harwain i gymdeithas agosach a chyfoethocach â'r Arglwydd Iesu. Gweddïant o flaen croesbren, efallai, a hwnnw'n dwyn delw o'r Iesu Croeshoeliedig. Un o beryglon y math yna o addoli yw meddwl am ddioddefiannau'r Groes ac anghofio'r Cariad a'u dug a'r Pwrpas a gyflawnwyd ynddynt. Mae'r perygl hwn yn bresennol wrth edrych hefyd ar lawer o'r darluniau o'r Croeshoeliad a beintiwyd gan arlunwyr. Yn narlun enwog Grünewald, lle y mae digon o angerdd a nerth ysbrydol, y mae perygl inni weld clwyfau gwaedlyd yr Iesu cyn gweld y Cariad a'r Aberth. Credaf fy mod i wedi cael mwy o fendith o fyfyrio uwchben darluniau sy'n dangos yr Iesu'n gwneuthur ei waith ymhlith dynion, yn iacháu, yn bendithio, yn galw. Gwn fod y cyfan yn y Groes ond Bywyd a Llawenydd yw hanfod gwaith yr Iesu, a methiant, ar un ystyr, yw hyd yn oed darlun o'r Croeshoeliad onid yw'n cyfleu'n gyntaf oll y Bywyd a'r Llawenydd hwn.

Daw un darlun bendigedig o'r Iesu gan Rembrandt yn aml i'm meddwl. Rhyfeddaf at y nerth a'r tynerwch. Nid oes yr un o arwyddluniau defodol y Duwdod yn y darlun: dim ond ardderchowgrwydd y Bendigedig ei hun.

Ond fy nychymyg i fy hunan yw'r cyfrwng gorau y gall yr Ysbryd weithio trwyddo. Ceisiaf ddychmygu'r wyneb a'r corff a'r dwylo. Ceisiaf edrych ym myw llygaid yr Iesu a gweld glendid ei wên a gafael yn dyner yn ei freichiau. A thrwy wneuthur hyn yn aml deuthum yn gyfarwydd â'i wedd.

Erbyn hyn yr wyf yn adnabod ei beswch, a gwelaf bob amser un graith fechan dan ei lygad chwith.

Ac mor hyfryd yr wyneb a'r llais. "O llefara, addfwyn Iesu."

Chwefror 20 (Dydd yr Arglwydd):

Wrth arwain yr addoliad a phregethu'r Gair cefais ymwybyddiaeth sicr o'r Presenoldeb yn oedfa'r hwyr. Daeth y sicrwydd yn sydyn ar ganol y bregeth: yr Iesu a'i gariad. Ond wrth weddïo'n ddistaw wedi'r oedfa ymdeimlais â'r Cyhuddiad.

Nid wyf yn pregethu mor rhydd ac mor ddewr ag y dylwn. Nid wyf yn pregethu'n hollol ddi-dderbyn-wyneb. Byddaf weithiau'n lliniaru ar fy neges i beidio â thramgwyddo hwn neu'r llall.

Rhaid bod yn gall, rhaid bod yn ddoeth, meddent hwy. Ac y maent yn iawn, mae'n debyg. Ond y gwir a saif. Ac y mae pregethwr a fo'n lleddfu tipyn ar ei genadwri mewn perygl einioes o lurgunio'r gwirionedd i foddhau ei gynulleidfa.

Duw a'm gwaredo rhag hyn.

Mae'r bobl yn gwybod lle'r wyf yn sefyll ar lawer o bynciau mae'n wir; ac felly y maent yn gwybod fy mod i, wrth siarad am gariad Crist, yn golygu rhywbeth mwy na theimlad meddal oddi mewn inni. Ac y mae hyn yn fwy effeithiol na rhygnu ar yr un tannau o hyd ac o hyd. (A wyf yn ymesgusodi?) Ond y mae'n rhaid llefaru'n groyw weithiau.

Daw llais yr Iesu'n glir ac yn gadarn dros y canrifoedd: "O genhedlaeth anffyddlon, pa hyd y byddaf gyda chwi? Pa hyd y goddefaf chwi?"[16]

Chwefror 21 (Llun):

O Aruthredd Gogoneddus, yr hwn wyt cyn bod cof a chyn bod amser, rho imi Ryddid y Crist, Rhyddid yr Ysbryd Glân, Dy Ryddid sofran Dy hun. Nid oes ryddid imi ond yn Dy wasanaeth. Buost yn fy rhyddhau o'r clai, o'r llwch, o dywyllwch croth fy mam, o'm hunangais ffôl. Rhyddha fi'n awr o bob ofn a phob anghariad. Er mwyn Dy enw. Amen.

Chwefror 22 (Mawrth Ynyd):

Mae tymor y Grawys ar fin dechrau. Ni'm denir gan ddull rhai o gadw'r tymor. Ond nid amhriodol fydd imi barhau i'm holi fy hun. A heddiw yr holiad yw: A wyf yn rhydd? "Eithr yr Arglwydd yw yr Ysbryd: a lle mae Ysbryd yr Arglwydd, yno y mae rhyddid."[17] "Sefwch gan hynny yn y rhyddid â'r hwn y rhyddhaodd Crist ni."[18] "Yr hwn a edrych ar berffaith gyfraith rhyddid, ac a barhao ynddi."[19] "Dan obaith y rhyddheir y creadur yntau hefyd, o gaethiwed llygredigaeth, i ryddid gogoniant plant Duw."[20]

Chwefror 23 (Mercher Lludw):

Darllenais mewn gweddi rywle yn ddiweddar – yn *Rheol Buchedd Santaidd* Elis Wynne, mi gredaf – fod Duw yn rhydd ac nas rhwymir ond gan reffynnau Ei gariad Ei hun.

Ceisiais feddwl am demtiad yr Iesu yn yr anialwch. Ceisiais sefyll gydag ef ymhlith y cerrig ac ar ben y mynydd uchel ac ar binacl y deml. Ofnaf imi fethu â chael sefyll gydag ef. Rhaid imi geisio eto. Ond er mor ddiffrwyth fy myfyrdod ar un ystyr, cefais argraff ddyfnach nag erioed o ryddid cyflawn yr Iesu. Efe oedd yr Arglwydd, – yr Arglwydd ar y byd naturiol, tra safai ymhlith cerrig yr anialwch; yr Arglwydd ar wareiddiad dyn, tra syllai o ben y mynydd uchel ar deyrnasoedd y ddaear; yr Arglwydd ar y byd ysbrydol, tra edrychai i lawr o binacl y deml. Rhydd ydoedd. Ganddo ef yr oedd y Rhyddid sydd yn creu, yn achub ac yn teyrnasu.

Chwefror 24 (Iau):

I ba raddau y mae bywyd Cristionogion yn gaeth fel bywyd rhagrithiwr o Pharisead gynt? Canys dyna un gwahaniaeth rhwng moesoldeb y Phariseaid a moesoldeb yr Iesu, y gwahaniaeth rhwng caethiwed a rhyddid.

Daeth i'm cof y pennill olaf yng nghân W.J. Gruffydd, "Y Pharisead":

"Mae'r holl Rabbiniaid duwiol wrth siarad wrth y plant
    Yn codi hwn yn batrwm o Iddew ac o sant;

Dirwest a byw yn gynnil a'i gwnaeth yn fawr fel hyn,
Ond hwn a yrrodd f'Arglwydd i ben Calfaria fryn."[21]
I ba fesur y mae rhinweddau pobl barchusaf ein heglwysi'n debyg
i rinweddau'r Pharisead – yn negyddol, yn waharddol, yn fydol, yn
gaeth? A minnau (a fynnwn unwaith fod yn rhyddfreiniwr ym myd
moesoldeb), i ba fesur yr wyf yn gyfrannog o'r caethiwed hwn?

Chwefror 25 (Gwener):

Cawsom flas arbennig ar ein bywyd teuluol yr y wythnos hon. Bu
Anna yma, mor annwyl ag erioed, a'r plant yn ei chroesawu'n frwd;
ac y mae wedi dod i aros. A chawsom gwmni Blodwen hefyd, a
"Flanagan" – dyna ein henw ysmala ar ein merch fach – yn ei
meddiannu hi'n llwyr. Bu'r plant yn anarferol o fwyn a llon.

Ond wrth flasu'r llawenydd teuluol ni allwn i lai na chofio bod
rhwymau cartref yn gallu bod yn gaethiwus hefyd. "Canys pwy
bynnag a wnelo ewyllys Duw, hwnnw yw fy mrawd i, a'm chwaer,
a'm mam i,"[22] meddai'r Dyn Rhydd.

Chwefror 26 (Sadwrn):

Bûm yn fy myfyrdod gyda'r Crist yn yr anialwch, a cheisiais
wynebu'r demtasiwn gyntaf gydag ef.

Ceisiais feddwl, a meddwl gyda'r Iesu. "Canys bydded ynoch y
meddwl yma, yr hwn oedd hefyd yng Nghrist Iesu."[23] Onid yw hyn
yn agos i hanfod gweddi Gristnogol? Ac onid ydym yn dueddol i
esgeuluso'r dull hwn o weddïo?

Gwyliais ef. Yr oedd yn eistedd ar garreg fawr, dan fyfyrio'n
ddwys a gwneud llinellau ar y pridd â gwialen. Cododd ei ben ac
edrych yn synfyfyriol ar y tir diffaith.

Ymdrechais i feddwl gydag ef: meddwl am fwyd, am gynhaliaeth,
am ddillad a thai, am reidiau bywyd; ym Mhalasteina gynt, yng
Nghymru heddiw; ymhlith pobloedd Arabia a Mesopotamia a'r hen
fyd Rhufeinig; yng ngwledydd y Dwyrain a'r Gorllewin yn ein hoes
gythryblus ni. Angen dyn; yr ymdrech i fyw; newyn a noethni;
trachwant ac eiddigedd; plant yn marw; torfeydd yn crochlefain;
llywodraethwyr yn cynllwyn – daeth y cyfan i'm meddwl, a daeth
rhywbeth tebyg i dosturi i'm calon.

Edrychais ar lygaid fy Nghyd-ddyn. Yr oedd y gwir dosturi
ynddynt.

Daeth y geiriau rhyfedd i'm gwefusau: "Os mab Duw wyt ti, arch
i'r cerrig hyn fod yn fara."[24]
Troes yr Iesu ei ben ataf a gwenu.
Collais rediad fy myfyrfod. Darllenais drosodd o Efengyl Mathew
y geiriau bendigedig, "Nid trwy fara yn unig y bydd byw dyn, ond
trwy bob gair a ddaw allan o enau Duw."

Chwefror 27 (Dydd yr Arglwydd):

Pregethais heno am weddi fel cyfrwng nid yn unig i dderbyn nerth
ysbrydol ond i dywallt nerth ysbrydol ar fywydau eraill.
   Gweddïo nes bod y chwys yn llifo: dyna'r unig ffordd i achub enaid
a chenedl a byd. Methu a wna pob pregethu nad yw'n tarddu o weddi
ac yn ymollwng mewn gweddi. Ni bu Pentecost heb oruwchystafell.
   *O Ysbryd Glân, gweddïa ynof. Llefara ynof, O Grist. Fy Nhad,
dyrchafa fy nghalon.*
   "A'r un ffunud y mae yr Ysbryd hefyd yn cynorthwyo ein
gwendid ni. Canys ni wyddom ni beth a weddïom megis y dylem:
eithr y mae yr Ysbryd ei hun yn erfyn trosom ni ag ocheneidiau
anhraethadwy."[25]

Chwefror 28 (Llun):

Bûm yn meddwl trwy'r dydd am Demtiad yr Iesu. Y mae rhyw
ryddid rhyfeddol iddo hyd yn oed yn argyfwng y Temtiad. Yn yr
anialwch, ar y mynydd tra uchel, ar binacl y Deml – ym mhobman
Efe yw'r Dyn Rhydd, rhydd i ddewis a rhydd i ddewis y gwir.

Mawrth 1 (Mawrth: Dydd Gŵyl Ddewi):

Bûm yn dathlu'r ŵyl yng nghwmni cymdeithas o "Gymry alltud" yn
Lloegr. Yr oedd bwcedeidiau o "hiraeth" yn yr areithiau, yn gymysg
â digonedd o weniaith i'r Maer lleol. Poenus i'r gwesteion i gyd oedd
fy nghlywed i'n dweud rhywbeth am gyflwr Cymru heddiw a'r
angen am symud yn wleidyddol i achub ein hetifeddiaeth. Edrychent
i lawr eu trwynau pan soniais am fil S.O. Davies i gael Senedd
daleithiol i Gymru. Ar wahân i un gweinidog ac un dyn ifanc, nid
oedd rhithyn o wir gariad tuag at ein Cymru ni heddiw yn ei pherygl
a'i chyfle. Mor hawdd yw sôn yn ddagreuol am yr hen bentre annwyl
a'r iaith a anghofiwyd bron, heb ymdeimlo â'r smicyn lleiaf o
gyfrifoldeb.

Ychydig iawn hefyd oedd y diddordeb yng ngwaith Dewi Sant. Soniais am ei amcanion a'i ddulliau a cheisio eu cymhwyso at ein sefyllfa heddiw. Diolchwyd imi gan rywun am fy mhregeth a dilynwyd fy sylwadau gan ddetholion o'r "Desert Song" yn cael eu lleisio'n nwydus gan ddau aelod o'r cwmni opera lleol (un ohonynt â rhyw gysylltiad â Chymru).[26]

Achwynodd un o'r aelodau wrthyf (mam i blentyn a fydd eleni'n eistedd arholiad mynediad i'r Ysgol Ramadeg) fod plant Cymru yn cael manteision annheg gan fod mwy ohonynt y cant yn cael mynd i'r Ysgol Ramadeg, llawer mwy nag yn Lloegr. Dywedodd ei bod hi'n gwybod am deuluoedd o Gymry "alltud" yn Lloegr sydd yn danfon eu plant i fyw gyda mamgu neu ryw fodryb yng Nghymru nes llwyddo i fynd i'r Ysgol Ramadeg, ac wedyn, wrth gwrs, yn trosglwyddo i'r Ysgol gyfatebol yn yr ardal yn Lloegr lle mae'r rhieni'n byw. "Rhaid symud yr anghyfiawnder," meddai hi mewn digofaint cyfiawn a Saesneg bras. "Dylai ein plant ni gael yr un siawns â phlant yng Nghymru."

Ni wn paham yr wyf yn cofnodi pethau fel hyn yn y dyddlyfr hwn. Gwn yn unig ddyfod o'r dathliad gyda rhyw ddiflastod fel plwm yn fy enaid.

Mawrth 2 (Mercher):

Cefais noson aflonydd neithiwr. Trois i weddïo a myfyrio. Cododd llun Dewi Sant yn fy meddwl – y fuchedd gysegredig, mynydd yr Efengyl yn codi dan ei draed, amynedd a dyfalbarhad a mwynder yn trechu gelyniaeth, a llawenydd y deffroad yn llamu o fan i fan yng Nghymru annwyl. Wrth geisio gweddïo gyda Dewi teimlais unwaith eto fy mod yn anadlu awyr yr anialwch a'r Iesu ei hunan ger fy mron.

Yr Iesu oedd yno, a'r Gelyn Mawr yn ceisio ei dwyllo yn ei demtio.

"Cofia angen y corff," meddai'r Temtiwr. "Anghofia angen yr enaid. Ymborth, dillad, addysg i'r plant, parchusrwydd, swydd, cyflog, anrhydeddau. Nid i ti'n unig, wrth gwrs, ond paid ag anghofio bod gennyt ti gystal hawl â phawb arall. Yn wir, y mae gennyt fwy o hawl na neb. Onid mab Duw wyt ti?"

"Nid trwy fara yn unig y bydd byw dyn, ond trwy bob gair a ddaw allan o enau Duw."[27]

Yn sydyn ciliodd yr Iesu oddi wrthyf, a gadael y Gelyn yn unig gyda mi – ac ynof i.

Clywais bregeth heno am gariad Duw a Christ. Dyna yw pwrpas bywyd, a dim byd arall. Ond y mae'r Gelyn ynof yn cnoi ac yn gwenwyno.

Mawrth 3 (Iau):

Ynof i y mae'r Gelyn. Ynof i y mae'r Temtiwr. Ynof i y mae'r Cyhuddwr yntau.

Mawrth 4 (Gwener):

O Iesu Mawr, llefara ynof. Traetha ynof bob gair a ddaw allan o enau Duw. Ymgodyma â'r Gelyn ynof. Boed i'w nerth a'i nwyd droi'n ogoniant i'r Goruchaf yn awr a thros byth. Amen.

Mawrth 5 (Sadwrn):

I ba raddau y mae Cristionogaeth yr oes yn gyfrannog o ryddid yr Iesu?

I'r Iesu yr oedd y Phariseaid yn gaeth dan ormes allanol y Gyfraith – deddfau seremonïol a deddfau moesegol o natur ffurfiol dros ben, a'r cyfan ymhell oddi wrth gyfiawnder Duw. "Eithr gwae chwi y Phariseaid! Canys yr ydych chwi yn degymu y mintys a'r ryw a phob llysieuyn, ac yn myned heibio i farn a chariad Duw."[28] Felly yn Efengyl Luc. Ac eto, ym Mathew: "Gwae chwi, ysgrifenyddion a Phariseaid, ragrithwyr! Canys yr ydych yn degymu y mintys a'r anis a'r cwmin, ac a adawsoch heibio y pethau trymach o'r gyfraith, barn a thrugaredd a ffydd."[29] Dyma gyhuddiad y gellid ei ddwyn yn erbyn llawer o'n Cristnogaeth heddiw.

Y mae cymunedau Cristionogol sydd yn disgwyl i'w haelodau ufuddhau i reolau am ympryd ond yn porthi eu chwant am wneud arian trwy hapchwarae; y mae cymundebau eraill a all daranu yn erbyn hapchwarae ond sydd yn fud neu'n wamal yn wyneb anfadwaith rhyfel.

Mor amherffaith yw ein cyfundebau o werthoedd; ac mor gaethiwus yw unrhyw gyfundrefn o werthoedd heb yr Ysbryd. Dyna yw cyfrinach Rhyddid yr Iesu: Rhyddid yr Ysbryd ydyw. "Y mae y gwynt yn chwythu lle y mynno."[30] "Eithr yr Arglwydd yw yr Ysbryd: a lle y mae Ysbryd yr Arglwydd, yno y mae Rhyddid."[31]

O Ysbryd Rhydd, chwythed dy Wynt trwof. Llanwer fy nghalon â Rhyddid yr Arglwydd.

Mawrth 6 (Dydd yr Arglwydd):

Bu un thema fawr yn fy mhregethau heddiw: natur yr Eglwys a'r gwahaniaeth rhwng yr Eglwys a'r Byd.

Y mae dau gyfeiliornad mawr yn bosibl i Eglwys Crist. Un yw cydymffurfio â'r byd hwn. Dyma'r pechod cyffredinol: y Gwrthgiliad trychinebus, y Methiant mawr. Derbyn safonau a gwerthoedd y byd a darostwng Crist a llurgunio ei Efengyl i wasanaethu drygioni a llygredd – dyma'r pechod y mae pob aelod o Eglwys Iesu Grist yn gyfrannog ohono.

Daw'r cyfeiliornad arall pan welo Cristnogion fod yr Eglwys wedi ymdebygu i'r Byd a cheisio gwneud yr Eglwys yn wahanol i'r Byd trwy osod rhyw reolau caethiwus, rheolau defodol neu foesegol caethion, ar aelodau'r Eglwys. Mor aml y bydd Cristionogion yn rhoi pwys ar allanolion, defodau a chredoau a gwaharddiadau, er mwyn gwneud eu buchedd yn wahanol i fuchedd y Byd. Ond ffordd caethiwed yw honno, nid ffordd rhyddid.

"Sefwch gan hynny yn y rhyddid â'r hwn y rhyddhaodd Crist ni; ac na ddalier chwi drachefn dan iau caethiwed."[32]

Mawrth 7 (Llun):

Hoff gan lawer o Gristionogion feio'r "Eglwys", a gall hyn fod yn esgus dros beidio â chwilio eu beiau eu hunain.

Yr wyf wedi diflasu arnaf fy hunan heddiw Ceisiais ddilyn myfyrdod ar Demtiad yr Iesu; ceisiais wynebu dichellion y drwg gydag ef. Ond methais yn lân â phrofi ei agosrwydd. Teimlais fod yr Iesu ymhell, a minnau'n crwydro'r anialwch. O'r diwedd gwneuthum ymgais i anghofio'r diflastod trwy ddarllen cylchgronau amrywiol. Ond ni lwyddais i ddianc rhagddo: bu'r ymwybyddiaeth o anghyfanedd-dra'r anialwch gyda mi trwy'r dydd.

Onid anialwch yw bywyd "Homo Sapiens" yn yr ugeinfed ganrif?

Mawrth 8 (Mawrth):

Unig obaith "Homo Sapiens" yw ffolineb Duw.

"Ubi sapiens? . . . Nonne stultam fecit Deus sapientiam huius mundi?"[33]

Fy nheimlad heddiw yw fy mod i ym mhydew anobaith.

Y mae pechod y ddaear fel baich arnaf.

Teimlaf na all y Crochenydd Dwyfol lai na blino ar y ddaear. Onid yw'r ddaear yn gwrthod cyfarwyddyd y Dwylo di-fai?

Mawrth 9 (Mercher):

Er bod pwl o anobaith am y ddaear wedi dod drosof y mae fy ymwybyddiaeth o Dduw yn fwy bywiog rywsut: nid yr ymdeimlad â phresenoldeb y Crëwr a'r Diddanydd a fu'n rhan gyson o'm profiad yn y blynyddoedd diwethaf, ond ymdeimlad arswydus â nerth a sofraniaeth Duw.

Y mae'r gwyddonwyr yn yr oes atomig hon yn chwarae â deunydd y greadigaeth. Nid yw eu hanwybodaeth yn llawer llai na'm hanwybodaeth i, ac ni allant roi sicrwydd i neb na fydd y ddaearen hon yn ymffrwydro ac yn ymdoddi o ganlyniad i ryw arbraw atomig. Onid ffordd arall yw hyn o ddweud y gall y Crochenydd daflu'r llestr anhydrin i'r llawr?

Nid oes ryfedd bod Dirfodwyr heddiw fel Sartre a Heidegger yn sôn am fywyd dyn fel rhyw ysmotyn o ewyllys ac egni ynghrog mewn gwagle diamgyffred o digysur.

Y Crochenydd, trugarhâ wrth y llestr, a thosturia wrthyf i. Arnat Ti yr ydym yn llwyr ddibynnol. Gall un symudiad o'th Law ddryllio ein daear dros byth. Achub ni, cadw ni. Trwy Grist yr Arglwydd. Amen.

Mawrth 10 (Iau):

Ceisiais gysur trwy fyfyrio am emynau a cherddi sy'n sôn am Ragluniaeth Duw. Bu pryddest Cynan *Yr Ynys Unig* (am ynys y Tad Damien)[34] yn gymorth imi yn y gorffennol, ac y mae'n gymorth imi o hyd. Nid dibwrpas oedd helynt yr ynys cyn iddi weld aberth Damien.

Nid dibwrpas ychwaith yw gwaith Duw yn galw'r ddaearen hon i fod. Y mae rhyw wirionedd yn ffansi hyfryd Hiraethog:

"Pan y galwyd yn y bore
　　Rhestr enwau sêr y nen,
Deuent oll gan ganu a dawnsio
　　Heibio i'r orseddfainc wen:
Yn ei thro, ymysg y lliaws,
　　Ymddangosai'n daear ni,
Cododd gwrid i wyneb Cariad
　　Dwyfol, pan y gwelodd hi.

Pwyntiodd bys Doethineb ati;
　　Wrth Drugaredd, d'wedai hi,
Dacw'r etholedig dalaith,
　　Talaith d'etifeddiaeth di:
Saethodd llygad mwyn Trugaredd
　　Olwg cariad ar ei hôl,
Ac ni thynnodd byth hyd heddiw
　　Mo'r edrychiad hwnnw'n ôl."

Ie, cariad ac nid mympwy sydd yng nghyffyrddiad y Dwylo Nefol.

Mawrth 11 (Gwener):

Profais awr o dangnefedd neithiwr wedi ysgrifennu yn fy nyddlyfr, a daeth yr ymdeimlad â phresenoldeb Duw Dad yn ôl. Y mae Dante'n iawn. Cariad sy'n symud y sêr. Y mae cariad Duw fel planced gynnes yn cysuro fy enaid heddiw.

O Arglwydd pob hyfrydwch, dyro imi hyder y caiff y byd hwn, er gwaethaf pob llygredd, ogoneddu Dy enw; y caiff Eglwys y Crist, er gwaethaf pob gwrthgiliad, hysbysu Dy gariad trwy'r ddaear; y caiff fy enaid i, er gwaethaf pob siom, bwyso ar Dy dosturi yn oes oesoedd. Amen.

Mawrth 12 (Sadwrn):

Profiad dwys fu darllen rhai o emynau Martin Luther a Paul Gerhardt. Amhosibl peidio â dirnad y gwahaniaeh rhwng y ddau.

Cadarn ac, ar dro, ymladdgar yw Luther (er bod smotyn tyner ynddo, megis pan fo'n sôn am y baban Iesu). Utgorn o emyn yw "Ein feste Burg ist unser Gott",[35] ac y mae'n drueni nad oes fwy o ganu arno yng Nghymru. Ond cadernid yr addolwr ydyw, cadernid ymddiriedaeth yn Nuw: nid oes dim hunanddigonedd ynddo. Trwy ymddarostwng ger bron Duw (megis yn yr emyn "Aus tiefer Not schrei ich zu dir")[36] y cafodd Luther nerth i wynebu'r peryglon mwyaf. Pynciau'r ffydd a geir ganddo, gan amlaf.

Ym Mhaul Gerhardt y mae rhywbeth benywaidd o'i gymharu â Luther wrywaidd. Y mae angerdd a chynhesrwydd yn ei ymlyniad wrth yr Iesu, a swyn a hyfrydwch anghyffredin yn ei ganmoliaeth i geinion natur. Teimlaf fod rhywbeth afiach yn ei emyn enwocaf "O Haupt voll Blut und Wunden",[37] emyn a roes hwb i'r ddiwinyddiaeth Waed a Chlwyfau; ond y mae nerth a dewrder a ffydd yn yr emynau gorau, megis "Ist Gott für mich, so trete";[38] a dyna brydferthwch eneiniedig sydd yn ei emyn natur mwyaf adnabyddus, "Geh aus, mein Herz, und suche Freud".[39]

Mae Gerhardt[40] yn llawenhau yng ngheinion y byd gweledig ac yn gweld ynddynt ryw ddrych o geinion gwynfydus y nef anweledig. Y mae doethineb yma. Pechod yw gwadu glendid y ddaear i fawrhau glendid y nef, a phechod yw gwadu gogoniant y trigfannau tragwyddol i anrhydeddu ysblander môr a mynydd daearol. Duw biau'r cyfan.

Mawrth 13 (Dydd yr Arglwydd):

Pregethais heno am y Nef, y bywyd tragwyddol yng nghymdeithas Duw. Nid gwobr i'w derbyn ar yr ochr arall i Iorddonen, ond bendith i'w mwynhau'n awr, ac nid i'w mwynhau'n unig ond i'w rhannu a'i lledaenu nes bod y ddaear yn llawn ohoni.

Mawrth 14 (Llun):

Ymddisgyblaeth, ymgysegriad, ymroddiad llwyr i waith yr Arglwydd – dyma a ddisgwylir gan y sawl a fo'n perthyn i Iesu Grist. Gwn mai'r cymhellion mewnol sydd bwysicaf, a bûm yn chwilio'r rheini ac yr wyf am eu chwilio eto. Ond rhaid ystyried y manylion allanol hefyd – bwyta, a chysgu, a pharchu'r corff er gogoniant i'r Crëwr.

Rhoddwyd gormod o le i'r manylion hyn gan foesegwyr Cristionogol – am ddau reswm. Un yw bod arferion allanol y fuchedd gysegredig yn haws eu gweld na'r gogoniannau mewnol: y mae penlinio mewn gweddi trwy oriau'r nos yn brawf digonol o angerdd ymgysegriad i lawer o grefyddwyr, ond amhosibl yw mesur uchder a dyfnder y Cariad Dwyfol yng nghalon dyn a fo, efallai, yn dirgel-addoli ei Dduw wrth wneuthur ei waith beunyddiol. Rheswm arall yw bod allanolion buchedd yn bwysig nid yn unig i sant ond hefyd i fydolddyn, ac y mae Cristionogion a dderbyniodd werthoedd y byd yn dueddol yn aml i roi pwys mawr ar gynildeb a diwydrwydd, ar godi'n fore a bwyta'n gymedrol, hyd yn oed pan fyddont yn gwrthod cenadwri ganolog y Bregeth ar y Mynydd.

Gorchymyn mwyaf yr Iesu yw Cariad. Gwell torri holl reolau parchusrwydd a dyfod-ymlaen-yn-byd na thorri'r gorchymyn hwnnw. A gwell gweddïo mewn gwely na phenlinio'n ddi-weddi o flaen croeslun.

Ond bydd yn rhaid imi ystyried yr allanolion hefyd rhag esgeuluso dim a all fod yn rhwystr i'm gwasanaeth.

Mawrth 15 (Mawrth):

Fy mwriad heddiw, yn y dyddlyfr hwn, oedd nodi'n fyr rai o ffeithiau fy muchedd allanol ond rhaid imi sôn yn hytrach am fy myfyrdod. Ceisiais fod gyda'r Gwaredwr ar binacl y Deml. Yr oedd yn sefyll a'i lygaid ynghau. Er imi ei weld, yn fy nychymyg, mor agos ataf, eto yr oedd ymhell oddi wrthyf. Edrychais i lawr a gweld wynebau llawer o bobl. Er na ddywedasant ddim, gwyddwn eu bod yn disgwyl gwyrth, eu bod chwennych gweld rhyw arwydd allanol o weithgarwch Duw.

Edrychwn i lawr a gweld rhyw ffurfafen o wynebau, myrddiynau o bobl, wynebau disgwylgar, wynebau ofergoelus, wynebau diflas, wynebau anghrediniol. Y ddynoliaeth ddiymadferth a ymestynnai o'm blaen fel rhyw gors o bydredd. Ac eto yr oedd ynof ryw hiraeth am eu hachub. Estynnais fy mreichiau i lawr atynt. Daeth rhyw bendro drosof.

Teimlais fraich yr Iesu o amgylch fy nghefn, a chredaf imi weld ei wên cyn i'r profiad ddiflannu'n raddol-gyflym.

O Arglwydd Iesu Grist, cadw fi rhag syrthio. Nid wyf yn well na'm gwerin fy hun; nid wyf yn well na'm gelynion. Cadw fi rhag syrthio, canys cryfach wyt na mi.

Mawrth 16 (Mercher):

Nid wyf yn cysgu gormod. Yn wir, erbyn heddiw yr wyf wedi meithrin y ddawn o fyw ar lai o gwsg na'r rhan fwyaf o'r bobl yr wyf yn eu hadnabod. Gallaf astudio'n rhwyddach yn y nos nag yn y bore, a'm tuedd pan oeddwn yn iau oedd gweithio hyd oriau mân y bore a chysgu ymlaen ar ôl amser codi. Erbyn hyn, dysgais y gelfyddyd o losgi deupen y gannwyll, er bod y pen boreol ychydig yn anos ei danio na'r llall. Ond rhaid codi. Rhaid i'r plant fynd i'r ysgol, ac y mae f'anwylyd yn mwynhau diwrnod o waith yn well wedi cael cwpanaid o dê yn y gwely. *Laborare est orare.*[41] Diflas gennyf bellach yw aros yn y gwely'n rhy hir.

Mater arall yw a wyf yn defnyddio fy holl amser a'm holl egni megis y dylwn. Ni byddaf yn darllen er mwyn difyrrwch, er fy mod yn cael difyrrwch wrth ddarllen. Ychydig iawn o amser y byddaf yn ei wario uwchben y papur newydd a nofel. Gwn am weinidogion gweithgar sydd wedi llwyddo i gael amser i dyfu'n awdurdodau ar nofelau ditectif. Nid oes gennyf amser i ddarllen llyfrau dianghenraid nac i wrando ar ddarlleniadau dianghenraid. Ni byddaf yn mynd i'r sinema ond ar yr adegau prin y dangosir ffilmiau sydd yn werth eu gweld, ac nid bob amser ar adegau felly . . . Nid oes amser chwaith i ymddiddori llawer ym myd sbort. Nid wyf am ymffrostio yn fy mhrysurdeb: gellir dadlau bod bywyd yn anghyflawn heb ryw gymaint o adloniant dianghenraid.

Ond nid yw fy niffyg gwybodaeth am ffilm a sbort ar fy nghydwybod. Blinir fy nghydwybod yn hytrach gan brinder yr amser yr wyf yn ei roi i'm teulu.

Sonia rhai pregethwyr am "roi amser i Dduw." Ond dysgais i fod gwaith a gweddi'n un. Diolch am yr Ymarfer o Bresenoldeb Duw.

Aeth Anna a Taranwen allan gyda'i gilydd heno, a rhoddais yr hwyrnos i'r plant. Ar ôl chwarae tipyn gydag Ap Siencyn a'i roi yn y gwely, euthum trwy'r llyfr "Pethau Tlws" gyda Flanagan. Yr oedd McTavish am imi ddweud stori o'r frest heb lyfr. Am ryw reswm rhoddais iddo stori Romeo a Jwliet. Chwarddai'n iach-ddirmygus am ben y cariadon ffôl.

Mawrth 17 (Iau):

Cefais ddiwrnod o ymgynghori a thrafod, o gynnig ac eilio, o gefnogi a rhybuddio. Ond bu'r Crist gyda mi, fel cân yn fy nghalon.

Mawrth 18 (Gwener):

Daeth hen gyfeillion atom, cyfeillion yr oedd amgylchiadau wedi'u dieithrio i ryw raddau. Hyfryd oedd teimlo pob dieithrwch yn toddi mewn eiliad o ymgom.

Mawrth 19 (Sadwrn):

A oes fodd olrhain Gweddi'r Orsedd yn ôl i'w ffynonellau?

Mae'n sicr gennyf fod yr ymadrodd "Duw a phob daioni" yn hen ac yn cynrychioli rhywbeth cynoesol yn y ffordd Gymreig o edrych ar fyd Anian.

"Dyro Dduw Dy Nawdd . . ." Nawdd, Nerth, Deall, Gwybod, Gwybod y Cyfiawn, Caru'r Cyfiawn, Caru pob Hanfod, Caru Duw . . . Nid digon esbonio hyn trwy sôn am Ddeistiaeth a Chrefydd Natur y ddeunawfed ganrif. Beth bynnag fo dyddiad y weddi y mae'n cynrychioli math o gyfriniaeth sydd yn gyntefig yng Nghymru. Y mae'n drueni bod ein hysgolheigion yn osgoi pwnc mawr Doethineb yr Hen Gymry.

Mawrth 20 (Dydd yr Arglwydd):

Pregethais am y realaeth Gristionogol, yr unig ffydd a all edrych ym myw llygaid y Drwg heb ddiffygio.

Cefais ymgom hir gyda Maredudd. Mae'n rhyfedd mor obeithiol ydyw. Y Gristionogaeth, y Mudiad Ecwmenaidd, Annibyniaeth, Cymru a'r Gymraeg – ym mhopeth ni fyn gael ei lethu gan ddigalondid. Nid yw'n ffôl o oroptimyddol chwaith. Ond bodlon yw ar wneud ei waith dros ei hoff achosion yn ddirwgnach ac yn ddi-siom, a gadael y diwedd i ragluniaeth. Y mae gwir ddoethineb yn ei fuchedd ef.

PENNOD 5

Cnawd ac Ysbryd

Mawrth 21 (Llun):

Bu'n rhaid imi deithio ymhell heddiw. Ar y ffordd darllenais nifer o emynau o lyfr emynau Almaeneg. Diddorol oedd sylwi ar y diddordeb arbennig mewn Tragwyddoldeb ymhlith rhai o'r emynwyr cynnar yn yr ail ganrif ar bymtheg. Yr oedd yr olygfa gyfoes mor atgas ac mor arswydus fel y troes cynifer o ysbrydoedd addfwyn eu golygon i gyfeiriad y Digyfnewid. Ond dyna dristwch yw eu bod yn methu gweld unrhyw ddull o wasanaethu Crist ar wahân i gadw'r nwydau i lawr, darostwng "des Fleisches Lüste"[42] fel y dywed Johann Heermann. Mae llwydni negyddiaeth ar gryn lawer o'n duwioldeb Cristnogol.

Mawrth 22 (Mawrth):

Nid yw'r geiriau a ysgrifennais ddoe yn gòlygu nad oes rheidrwydd arnaf arolygu fy methiannau cnawdol. Bûm yn darllen hen hanes y Santes Pelagia a'r Sant Nonnus: Nonnus, yn annhebyg i'r ymgosbwyr eraill, yn cydnabod godidowgrwydd prydferthwch y butain enwog, a hithau, trwy ystyried Nonnus, yn canfod godidow-grwydd uwch ei brydferthwch ef, prydferthwch sancteiddrwydd. Dyry'r stori fendith ar waith Pelagia, ar ôl ei thröedigaeth, yn dinistrio ei harddwch ei hunan trwy ympryd.[43] Ni fyn Duw hyn: rhaid inni ystyried pob harddwch daearol fel rhan o'r moddion gras a roddwyd i'n tywys ni at yr Harddwch Tragwyddol. Ond rhaid sancteiddio'r cnawd i'w wneuthur yn gydymaith da i'r ysbryd.

"Y Gair a wnaethpwyd yn gnawd ac a drigodd yn ein plith ni."[44] Dyna yw holl ogoniant y cnawd.

Ym mha ystyr ac i ba raddau y mae ympryd yn rhan o ymgysegriad Cristionogol? Rhaid condemnio'r ympryd ymgosbol ac eithafol a gafodd gymaint o glod ymhlith y mynachod cynnar a'u hedmygwyr. Rhaid condemnio hefyd yr ympryd ffurfiol a rhwydd a pheiriannol a seremonïol sydd yn rhan o'r ddisgyblaeth a osodir gan gyrff eglwysig hierarchaidd ar eu ffyddloniaid. Mae'r pethau hyn yn groes i ryddid a llawenydd yr Iesu. Iddo ef gwledd yw bywyd. Rhoddir lle i ympryd ganddo'n unig fel cymorth i'r bywyd gweddigar: nid fel rhywbeth i ddenu sylw dynion ond fel cymorth i fyfyrdod dwys ar adegau neilltuol. Gan amlaf y mae bywyd o wasanaeth i Dduw yn gofyn bwyta digon i'n cynnal ni'n iach yn ein gwaith, a'r rhinwedd bennaf yma yw dirwest, sef derbyn a defnyddio a rhannu holl roddion Duw er gogoniant i'r Rhoddwr.

Yr oedd ympryd yr Iesu yn yr anialwch adeg y Temtiad yn rhan anochel o'r myfyrdod arbennig hwnnw ac yn fynegiant o gydymdeimlad â gwerin y wlad yn ei hangen. Pan oedd diffyg gwaith yn hunllef i lawer o'r Cymry cyn y rhyfel diwethaf yr oedd nifer o wladgarwyr yn arfer colli un pryd o fwyd bob wythnos a'i roi i un o'r rhai di-waith. Dyma enghraifft o ympryd sydd yn her i mi.

Rhaid imi gyfaddef ger bron Duw fy mod wedi esgeuluso ympryd fel gweithred a all mewn amgylchiadau arbennig roi angerdd i weddi gariadus. Rhaid imi gydnabod hefyd nad wyf bob amser yn bwyta ac yn yfed gyda'r diolchgarwch a'r ymwybyddiaeth Gristaidd sydd yn gwneud pob pryd o fwyd yn sagrafennol.

O Dduw Dad, llanw fy mywyd â diolch a moliant. Dyro imi dderbyn dy ddoniau'n llawen a'u defnyddio'n wasanaethgar. Gwna fy nghorff yn deml i'th Ysbryd Glân.

Mwynheais ymgom heno gyda gweinidog ifanc. Y weinidogaeth oedd y pwnc. Cyn hir bydd llawer o achosion Cristionogol yn peidio a bod o achos prinder gweinidogion a phrinder arweinwyr a gweddiwyr cyhoeddus. Camgymeriad fu crynhoi holl ddoniau'r weinidogaeth yn y gweinidog a methu gweld mai i'r Eglwys gyfan y rhoddwyd doniau'r ysbryd.

Mawrth 23 (Mercher):

Teimlaf gywilydd wrth feddwl am angerdd ymgysegriad yr ymgosbwyr Cristnogol – "athletiaid Duw,"[45] fel y'u gelwid gynt. Anghydwelaf yn llwyr â'u credo sylfaenol, sef, yng ngeiriau un ohonynt, "yr wyf yn lladd fy nghorff, canys y mae fy nghorff yn fy lladd i." Gwn mai Duw biau'r corff yn ogystal â'r ysbryd. Tardda'r atgasedd at y corff o'r hen ddeuoliaeth a roes fod i Gnostigiaeth a Manicheaeth. Peth afiach ydyw. Ond hiraethaf am yr un angerdd aberthol a yrrodd selogion Cristnogol i wynebu unigrwydd y diffeithwch a chaledi ympryd a llafur a gwylnos.

Unwaith eto euthum gyda'r Iesu i'r anialwch a cheisiais yn fy myfyrdod feddwl gydag ef. Cydiais yn ei freichiau a chwilio dyfnderoedd y llygaid brown. "Iesu Mawr," meddwn i, "gwn mai Ti yw ewyllys Duw i mi." Ac yn y llygaid ni welais ond y Cariad Diderfyn, y Tosturi Eithaf. Yr oedd yn ymbaratoi i'w waith achubol ond nid oedd yn ceisio perffeithrwydd ei enaid ei hun. Angen dyn a lanwai ei galon. Bara yn yr anialwch, gwyrth yn y Deml, goruchafiaeth ar y byd; cynhaliaeth bywyd, nerth Duw, achubiaeth y ddynolryw – y rhain oedd yn angerddoli ei wedd.

O angerdd y llygaid hynny! Wrth edrych arnynt, ffieiddiais fy mhydredd fy hunan. Daeth llef o'm calon: "Iesu, achub fi." Ac er i'r profiad fynd heibio, teimlaf, wrth ysgrifennu'r geiriau hyn, gyffyrddiad dwylo'r Iesu ar fy nwylo i.

Mawrth 24 (Iau):

Wedi imi ddychwelyd adref ddoe, bu bywyd yn llawn helyntion mân, a bu un pryder go fawr, afiechyd cymdoges annwyl. Mae Taranwen gyda hi'n awr, yn ceisio ei chysuro.

Mor dost yw dioddefaint un; ac yn y byd y mae miliynau o ddioddefwyr.

Fy Nuw, fy Nuw, Dy Galon Di'n unig sydd yn ddigon mawr i ddioddef pob dioddefaint a wêl y ddaear gron; ond dyro imi galon a fo mewn cytgord â'th Galon Di. Dyro imi galon fel calon Crist, imi gael dioddef gydag ef a chyda Thi.

Mawrth 25 (Gwener):

"Mi lyna'n dawel wrth Dy draed,
Mi ganaf am rinweddau'r Gwaed;
Mi garia'r Groes, mi nofia'r don,
Ond cael Dy anian dan fy mron."

Mawrth 26 (Sadwrn):

Dyma fi heddiw yn myfyrio am ofal y corff fel rhan o wasanaeth dyn i'w Dduw.

Marweiddio'r corff yw nod y traddodiad asgetig, ac yn aml iawn dehonglwyd y ddyletswydd hon mewn dull gwrthun a gorffwyllog.

Er enghraifft, nid oedd cadw'r corff yn lân yn nod o gwbl i'r ymgosbwyr Cristionogol cynnar. I'r gwrthwyneb, yr oedd glanhau'r corff yn arwydd o wendid ysbrydol. Yng ngolwg y pencampwyr rhyfedd hynny yr oedd rhinwedd mewn baw, a heresi fuasai'r dywediad bod glanweithdra'n nesaf at dduwioldeb. Yr oedd corff drewllyd a lleuog yn rhagori llawer ar gorff glân fel trigfan i enaid pur. Nid oes yr un stori fwy blasus na honno am y sant enwog a wrthodai lanhau ei gorff ac a barai, trwy hynny, i lawer o ddoluriau bawlyd ymddangos ar ei groen. Yn y crach crawnllyd yr oedd pryfed yn ymlusgo, a phan syrthiodd pryfetyn ar y llawr unwaith, cododd y sant ef a'i roi yn ôl ar y man dolurus, gan ddywedyd "Cymer y bwyd a roes Duw iti."

Duw a'n hachubo rhag y fath farweiddio. Rhaid parchu'r corff – parchu dannedd a thrwyn, parchu ewinedd ac ymysgaroedd – a pharchu dŵr a sebon ac awyr iach. Pechadur fûm lawer gwaith hyd yn oed yn y pethau hyn. Y mae meithrin arferion da ac ymlynu wrthynt yn gofyn cryn dipyn o ddisgyblaeth. Rhaid ymdrechu a chydnabod ambell fethiant hyd yn oed yn awr. Ond Duw a'm hachubo nid yn unig rhag y marweiddiad afiach a chableddus, ond hefyd rhag ceisio glanweithdra ac iechyd corff o flaen glendid ac iachawdwriaeth enaid.

Mawrth 27 (Dydd yr Arglwydd):

Mewn darn o bregeth yr hwyr soniais am nodweddion dyn a ymgysegrodd o lwyrfryd calon i wasanaethu ei Dduw. Teimlaf yn flin wrth feddwl mor annigonol ydwyf o ran sêl ac ymroddiad a theyrngarwch i'r gwir. Ni allaf lai na meddwl am yr Iesu'n edrych ar Bedr wedi i hwnnw ei wadu. Cefais gip ar wedd yr Iesu. Drylliwyd pob hunangyfiawnder gan y tosturi ar wyneb fy Nghyfaill Mawr.

Mawrth 28 (Llun):

Wele fi mewn dinas estron, mewn cyfarfod niferus o bwyllgorwyr Cristionogol. Nid lle i ddianc rhag y byd mo hwn. Yma, fel yn y byd, y mae rhyw gymaint o ymgiprys am swydd a dylanwad, rhyw gymaint o ymrafael rhwng plaid, a phlaid, rhyw gymaint o guddio cymhellion a ffugliwio bwriadau, rhyw gymaint o weniaith frathog ac o eiddigedd egwyddorol.

Nid oes dianc rhag casineb a brad hyd yn oed ymhlith y "saint". Teimlaf fy mod mewn rhwyd, ac ni wn sut i ymryddau rhagddi. Eithr hen stori yw hon hefyd. Amhosibl darllen hyd yn oed Llyfr yr Actau heb weld bod cynllwyn ac uchelgais ac ymbleidio yn halogi'r Eglwys yn gynnar yn ei hanes.

O Arglwydd Grist, yn yr hwn y crynhowyd daioni Duw a holl obaith bywyd dyn, maddau inni bob anwiredd a phob llygredd. Maddau inni trwy ein meddiannu. Llanw ni â'th Ysbryd. Bydd fyw ynom. Amen.

Mawrth 29 (Mawrth):

Nid oes gennyf archwaeth at gyfrifon ariannol, a thra oedd fy nghyd-saint yn trafod mantolen a thrysorfa a llog yr oedd fy meddwl y prynhawn yma'n ystyried unwaith eto bwnc mawr yr Ymgysegriad Cristionogol. Bûm yn meddwl o'r blaen am gwsg ac ymborth a glanweithdra. Heddiw trois i gyfeiriad arall: y bywyd rhywiol.

Rhaid gwrthod yn llwyr ac yn derfynol un syniad a wnaeth ddrwg mawr yn y traddodiad Cristionogol, y syniad bod cenhedlu a geni yn weithredoedd halogedig a bod y *damnosa haereditas*[46] a elwir pechod ac euogrwydd yn cael ei throsglwyddo o genhedlaeth i genhedlaeth yn y serch rhywiol sydd yn sicrhau atgynhyrchu bywyd. I'r gwrthwyneb, y mae serch rhywiol yn rhan o arfaeth fendithiol Duw. "Felly Duw a greodd y dyn ar ei ddelw ei hun, ar ddelw Duw y creodd efe ef: yn wryw ac yn fenyw y creodd efe hwynt. Duw hefyd a'u bendigodd hwynt, a Duw a ddywedodd wrthynt, Ffrwythwch, ac amlhewch, a llenwch y ddaear . . ."[47] Wele'r Crëwr yn rhannu Ei nerth creadigol â'i greaduriaid: y mae cysylltiad bendigedig rhwng natur rywiol dyn a'r *Imago Dei*[48]. Ac y mae'n rhaid imi dystio yn y dyddlyfr hwn fod gwirionedd gogoneddus yma'n rhan o'm profiad fy hun. Y mae cyfathrach agosaf mab a merch yn llawn rhin sagrafennaidd; nid oes dim sydd yn arddangos yn fywiocach holl odidowgrwydd bywyd, ac ym mhenllaw'r gorfoledd y mae priodas daear a nef, cnawd ac ysbryd, natur a gras.

Eithr nid oes enghraifft fwy trawiadol na serch rhywiol i ddangos mai *corruptio optimi pessima*, mai llygriad y gorau yw'r gwaethaf. Trais, gorffwylltra, eiddigedd, bryntni, dirboen, ymgreinio, ymfawrygu, ymdrybaeddu, – daw'r rhain i gyd pan lygrer serch. Y mae hyd yn oed y rhai a ymgadwodd rhag y llygriadau mwyaf erchyll yn gorfod cydnabod bod y nwydau rhywiol yn afreolus, ac y mae digwyddiadau rhywiol yn hanes pob un ohonom na allwn sôn amdanynt wrth ein cyfeillion agosaf.

Moddion gras, sydd yn cyfryngu inni orfoledd sêr y bore – dyna yw'r nwydau rhywiol, ar y naill law. Ar y llaw arall, ysgogiad cadarn ac angerddol yw'r chwant bywydol hwn, ysgogiad y mae'n rhaid ei ddisgyblu a'i ddofi a'i arwain. Y mae'n debyg i farch buan-droed ardderchog. Dyna hyfrydwch, dyna hoen yw marchogaeth ar ei gefn dros y llethrau yn y gwynt; ond ni ddaw'r llawenydd ond i'r sawl a ddysgodd y gelfyddyd o'i farchogaeth. Awdur Bywyd yn unig a all ein hyfforddi yng ngwyddorau Ei Ogoniant Ef.

Bywyd wyt, fy Arglwydd, Bywyd a Llawenydd ac Angerdd pob Creu. Llanw Dy was â lleufer Dy nefoedd, llanw fy nghorff a'm henaid, fy ngwaed a'm dychymyg, llanw fy mywyd â'th Fywyd Di. Pâr imi ymhoywi ac ymorffwys yn llifeiriant Dy Nerth creadigol a chymodol, ac yn y Cariad sydd o dragwyddoldeb i dragwyddoldeb. Amen.

Mawrth 30 (Mercher):

Ymwelais heddiw ag Eglwys Gadeiriol fawreddog, adeilad Normanaidd a'i bwâu mewnol o gerrig Caen yn esgyn ar ysgwyddau'n gilydd mewn mawl adeiniog. Cyfystyr syllu ag addoli mewn tŷ fel hwn. Celfyddwaith i'w ryfeddu mewn perlesmair oedd y cyfan – diolch i'r Pensaer Nefol amdano.

Mor wahanol oedd y tŷ cwrdd hynafol yr ymwelais ag ef ddoe; tŷ cwrdd pobl yr Arglwydd, a'r Gair agored yn y canol o flaen llygaid yr addolwyr.

Dyma'r gwahaniaeth rhwng awdl gywrain a rhyddiaith blaen. Ymhyfrydwn yng ngorchest yr awdl ond diolchwn hefyd am y rhyddiaith feunyddiol yr ydym yn hollol ddibynnol arni.

Mawrth 31 (Iau):

Cyrhaeddais adref wedi blino'n lân, a chlywed newydd da a newydd drwg.

O Dduw Dad, y Penteulu Cariadus, esmwythâ ar drueiniaid y ddaear – y llesg, y gwan, yr ofnus, y colledig. Una ni yn Dy Gariad Dy hun. Trwy Iesu, y saer, mab Mair, brawd Iago, a Ioseff, Iwdas a Simon a'u chwiorydd annwyl. Amen.

Ebrill 1 (Gwener):

Daeth cyfaill ataf, un o ragorolion y ddaear, gŵr praff ei feddwl a glân ei ysbryd, a dweud wrthyf ei fod yn sicr mai myfi yw'r Brawd o Radd Isel. Gwenais fel Ffŵl Ebrill a chydnabod fy euogrwydd. Diolch gyfaill, am graffter a haelioni a thrugaredd.

Ebrill 2 (Sadwrn):

Aeth fy myfyrdod unwaith eto at Demtiad yr Iesu. Hwn oedd pwnc fy ymgais gyntaf i bregethu. Fel Milton yn *Paradise Regained* a Dostoieffsci yn stori'r Pen Chwiliadur teimlaf mai dyma gnewyllyn bywyd a gwaith yr Iesu. Ni ellir deall na'r Ymgnawdoliad na' r Iawn ar wahân i Ewyllys y Crist, yr Ewyllys sydd yn mynegi'r Daioni Dwyfol ac yn gwrthod pob drwg. Po amlaf yr â'r meddwl yn ôl at hanes y Temtiad, mwyaf yn y byd yr arwyddocâd a'r her.

Mae trefn y temtasiynau ym Mathew yn wahanol i honno yn Luc. Yn y naill Efengyl dilynir y demtasiwn "faterol" (y Cerrig) gan y demtasiwn "ysbrydol" (Pinacl y Deml), ac wedyn rhoddir fel uchaf-bwynt yr ornest rhwng Crist a'r Gelyn am oruchafiaeth ar deyrnasoedd y ddaear. Yn yr Efengyl arall, y demtasiwn "ysbrydol" yw'r uchafbwynt, y demtasiwn gyfrwysaf, a'r Gwrthwynebydd yn chwarae megis ei garden olaf. Hwyrach mai hwn yw'r dehongliad dwysaf, canys y mae'r demtasiwn i'w fwrw ei hunan i lawr o binacl y Deml yn fath ar barodi ar Aberth y Groes ei hun. Os derbynnir y drefn hon rhaid dosbarthu'r tair temtasiwn fel hyn: y demtasiwn economaidd ymhlith cerrig yr anialwch, y demtasiwn wleidyddol ar ben y mynydd uchel, a'r demtasiwn grefyddol ar binacl y Deml.

Ceisiais feddwl am yr Iesu ar y pinacl, ac fe'm cefais fy hun yn un o dyrfa fawr a oedd yn edrych arno'n ddisgwylgar ac yn gweiddi arno. Yn fy nghalon yr oedd hiraeth mawr am dröedigaeth y byd, am dywalltiad o'r Nerth Achubol ar blant dynion, am rywbeth a allai argyhoeddi pob calon a phob cydwybod mai'r Crist a'i gariad yw'r unig Ffordd. Ac er croched y bloeddio, clywais sibrwd o rywle: "Os mab Duw wyt ti, bwrw dy hun i lawr."[49] Ond arhosodd yr Iesu'n ddisyfl yn ei le.

Wrth feddwl am yr Iesu'r ail waith gwelais ef nid ar binacl y Deml ond ar y Groes; a minnau fel o'r blaen yn un o nifer o bobl yn syllu arno. Mor unig ac mor ddewr ydoedd. A chlywais megis o'r gorffennol y sen: "Gwared dy hun, a disgyn oddi ar yr Groes." Ond arhosodd y Croeshoeliedig ar ei groes.

Ni cheisiodd yr Iesu erioed argyhoeddi dynion trwy arwyddion allanol. Yr unig arwydd o'i Dduwdod yw ei Gariad, ac y mae ei weithrediad daionus yn "arwyddion" o'i Gariad.

Trwy'r Cariad hwn yr argyhoeddir y byd. "Fel y byddont oll yn un; megis yr wyt ti, y Tad, ynof i, a minnau ynot Ti; fel y byddont hwythau un ynom ni: fel y credo y byd mai Tydi a'm hanfonaist i."[50]

Ebrill 3 (Dydd yr Arglwydd):

O na bawn i'n deilwng o'r Croeshoeliedig yr wyf yn ei bregethu.

Ebrill 4 (Llun):

Mynyddoedd bywyd Iesu: Mynydd y Bregeth, Mynydd y Gweddnewidiad, Mynydd y Croeshoelio; Mynydd yr Athrawiaeth, Mynydd y Fabolaeth, Mynydd yr Iachawdwriaeth – a Mynydd yr Olewydd hefyd, a Mynydd y Temtiad – rhaid pregethu ar y rhain rhyw ddiwrnod.

Rhaid imi sefyll gyda'r Iesu ar Fynydd y Temtiad cyn cael sefyll gydag ef ar y mynyddoedd eraill. Ac eto y mae ei weld ar y mynyddoedd eraill yn dwyn nerth i drechu'r drwg yn fy enaid fy hun.

Gweld holl deyrnasoedd y byd a'u gogoniant a chlywed y sibrwd, "I ti y rhoddaf yr awdurdod hon oll, a'u gogoniant hwynt: canys i mi y rhoddwyd; ac i bwy bynnag y mynnwyf y rhoddaf innau hi. Os tydi gan hynny a addoli o'm blaen, eiddot ti fyddant oll"[51] – dyna demtasiwn y mae'n rhaid i minnau ei hwynebu gyda'r Iesu. I ennill goruchafiaeth ar y byd, medd y Temtiwr, rhaid derbyn dulliau'r byd, cydymffurfio â'r byd, addoli'r Gallu sydd yn rheoli'r byd. Ond celwydd yw'r cyfan. Gwag a diflanedig yw pob goruchafiaeth nad yw o Dduw, a gwag a diflanedig yw'r ymhoniad mai i'r Drwg y rhoddwyd y gallu a'r gogoniant ar y ddaear hon – er bod nifer o ddiwinyddion praff wedi llyncu'r ail ran hon o'r Efengyl yn ôl Satan.

Un ateb sydd: "Addoli yr Arglwydd dy Dduw, ac ef yn unig a wasanaethi."[52]

Ebrill 5 (Mawrth):

Un *vade mecum* bychan sydd gyda mi ymhob man yw *Emynau'n Gwlad*, llyfr anrheg Undeb Cymru Fydd i'r Cymry a oedd ar wasgar

yn y lluoedd arfog yn y rhyfel diwethaf. Y mae digon yn y llyfr i'n
codi hyd y nef – ac yn sicr y mae digon i ddileu'r lluoedd arfog dros
byth.

Hyfrydwch dwys yw mynd trwy'r llyfr a chofio'r Iesu ar y Groes.

"O Iesu mawr, pwy ond tydi
A allai farw drosom ni,
A'n dwyn o warth i fythol fri?
Pwy all anghofio hyn?"

"Mae'r Gwaed a redodd ar y groes
O oes i oes i'w gofio;
Rhy fyr yw tragwyddoldeb llawn
I ddweud yn iawn amdano."

"Y ddaear â'n dân a'i thrysorau,
Ond geiriau fy Nuw fydd yr un;
Y bywyd tragwyddol yw 'nabod
Fy Mhrynwr yn Dduw ac yn ddyn."

"Mi lyna'n dawel wrth dy draed,
Mi ganaf am rinweddau'r gwaed,
Mi garia'r groes, mi nofia'r don,
Ond cael dy anian dan fy mron."

Angau ac Atgyfodiad

Ebrill 6 (Mercher):

Anodd yw imi ysgrifennu yn fy nyddlyfr heddiw. Gwelais wendid a llesgedd mawr yng ngwedd un annwyl a bûm ym mhresenoldeb pryder a galar cyfaill.

Meysydd brwydro yw ein bywydau. Yr Angau Du, y Carnfwrdrwr, Pencadfridog lluoedd y Fall, a gaiff godi, ei faner ddychrynllyd dros bob corff daearol a gorymdeithio'n erch urddasol dros bob aelod. Ond y Crist a gaiff deyrnasu.

O Arglwydd Grist, yr Atgyfodiad a'r Bywyd, y Cyntafanedig oddi wrth y meirw, cymer y bywyd gwerthfawr hwn i'th fynwes. Yr Iesu, tydi a wylaist gynt, derbyn ein dagrau ni'n dystiolaeth i nerth y Cariad Tragwyddol a fyn alw ei anwyliaid o afael y llwch. Cysegra ein galar er gogoniant i'r Enw sydd goruwch pob enw. Amen.

Ebrill 7 (Iau):

Chwerw dost yw galar y cyfaill a adawyd. Ond y mae ing angerddol y rhwyg yn tystio i nerth y bartneriaeth. Nid ofer y cyd-fyw a fu; y mae'n rhan o'r Cydfywyd a fydd hyd dragwyddoldeb maith.

Onid yw'r gri "Fy Nuw, fy Nuw, paham y'm gadewaist?"[53] yn ein hargyhoeddi ni nad yw Duw byth yn ein gadael ni?

Ebrill 8 (Gwener):

O Arglwydd, Iesu, Brenin yr Iddewon, Brenin y brenhinoedd, Brenin y byd, derbyn ein gwrogaeth; canys ynot Ti y mae pob rhinwedd a phob clod. Mae Dy Groes yn rhan o wead yr holl fyd, yn rhan o batrwm hanes dyn, yn rhan o dystiolaeth ein cydwybod – y rhan sydd yn rhoi ystyr a llewyrch i'r cyfan.

Un fuom mewn pechod; un ydym mewn anwiredd. Ond hwn yw undod uffern, yr undod marwol sydd yn ein rhannu yn erbyn ein gilydd ac yn ein herbyn ein hunain! Gwared ni rhag drwg. Una ni yn dy Gariad Dy hun.

Gwelwn y ffug-undod yn nirmyg y rhai a oedd yn myned heibio ac yn dweud, "Gwared dy hun, a disgyn oddi ar y groes"; yng ngeiriau'r archoffeiriad, "Eraill a waredodd; ei hun nis gall ei wared. Disgynned Crist, Brenin yr Israel, yr awr hon oddi ar y groes, fel y gwelom ac y credom"; yng nghabledd y drwgweithredwr a groeshoeliwyd gyda Thi, "Os tydi yw Crist, gwared dy hun a ninnau"; yng ngwatwar y milwyr, "Os tydi yw Brenin yr Iddewon, gwared dy hun."[54] Gwelwn y ddynoliaeth ranedig yn ymuno i sarhau Dy Gariad!

Ond yr wyt yn eiriol drosom ar y Groes. O Ryfeddod yr Hollfyd, una ni dros byth yn y Maddeuant diderfyn sydd yn gogoneddu nef a daear.

Cysura holl Fforddolion y Groes y dydd heddiw. Yr anghenus, y trallodus, y gweddw, yr amddifad, y di-obaith, y di-ymgeledd – cymer ni oll. Tydi a ddyrchafwyd oddi ar y ddaear, tyn bawb atat Dy hun. At bwy yr awn ond atat Ti?

Ebrill 9 (Noswyl y Pasg):

Ceisiais fynd gyda'r Croeshoeliedig i dywyllwch y bedd.

Y mae rhyw ias oer yn y gair "claddu." Y mae rhywbeth terfynol, rhywbeth darfodedig, ynghylch y gair. Pan ddarllenais esboniad cyntaf Barth ar Gredo'r Apostolion dyna un o'r pethau a'm trawodd fwyaf, y pwyslais ar y gair "sepultus."[55] Fe gafodd yr Iesu nid yn unig ei groeshoelio ond ei gladdu – ei roi i gadw yn naeardy'r gorffennol.

Eithr y mae llinell fawr Ann Griffiths yn gyrru holl gysgodion bygythiol y bedd ar ffo ac yn gwatwar yr hen Elyn: "claddu'r Atgyfodiad mawr."

Mewn myfyrdod ymlusgais i'r bedd a theimlais y caddug fel clogyn o'm cwmpas. Synhwyrais y tywyllwch dudew a gafaelodd arswyd y peth yn fy nghalon. A chyda'r tywyllwch yr oedd tawelwch cynyddol. O dipyn i beth aeth y distawrwydd yn llethol ac yn ingol nes troi fy enaid yn ysgrech fud am ymgom a chân a chwerthin. Ni ddaeth ymwared. Am ychydig o funudau ni wneuthum ddim ond gwrando'n daer ar ddiseinedd gwag y diddymdra du. Ond wrth wrando deuthum i glywed yn fwyfwy eglur guriadau Calon, y Côr Cordium, a'u rhythm yn pwnio ynof fel morthwyl. Ac yn raddol daeth y tywyllwch yn olau. Nid bod goleuni yn tywynnu o'r tu allan, ond bod corff y tywyllwch ei hunan yn llewyrchu fel gwawr newydd.

Gwelais fod tywyllwch mor hanfodol â goleuni – y tywyllwch a glywodd y gorchymyn, "Bydded goleuni,"[56] tywyllwch dyfnderoedd y môr, tywyllwch y pridd, tywyllwch y groth.

Ymdeimlais â grymusterau yn y tywllwch disglair. Cerddai bywyd yn grynedig dros fy ngwefusau, yn fy ngwddf ac ar hyd asgwrn fy nghefn. Bywyd, poen, atgof; meddwl, profi, adnabod; ffydd, gobaith, cariad – yn y cyfan teimlais fod rhyw haul yn disgleirio ynof. Yn sydyn yr oeddwn yn ymwybodol o fyrddiynau o freichiau'n ymestyn tua'r nef, breichiau noeth, erfyngar, hiraethlon, a gwynder rhyfeddol y wawr arnynt.

"Oni syrth y gronyn gwenith i'r ddaear, a marw, hwnnw a erys yn unig: eithr os bydd efe marw, efe a ddwg ffrwyth lawer."[57]

Ebrill 10 (Sul y Pasg):

"A'r pwll glo nid oedd mwyach."

Pan oeddwn fachgen, yr oedd gweld fy nhad yn mynd i'r lofa yn debyg i weld yr haul yn machlud. Cas gennyf oedd meddwl amdano'n suddo i'r tywyllwch. Gwelais ofn creulon ar ei wyneb lawer gwaith yn y blynyddoedd rhwng ei ddwy ddamwain gas. Yr oedd ei ddamwain olaf, er mor atgas ydoedd, yn rhyddhad iddo gan iddi ei achub rhag mynd i lawr i'r pwll byth eto. Y mae'n sicr gennyf nad oedd dim pwll glo yn ei nefoedd ef. "A'r pwll glo nid oedd mwyach."

Gwelais ef wedi hynny, ar ôl blynyddoedd o boen a llesgedd ac ymdrech i fyw, yn disgyn i'w fedd, i gaddug a gosteg y pridd.

Wrth feddwl am yr Iesu atgyfodedig ni allaf lai na meddwl am fy nhad, a'i gorff bychan yn oleuni i gyd.

Pregethais heddiw am y gronyn gwenith.

"O ynfyd, y peth yr wyt ti yn ei hau, ni fywheir oni bydd efe marw. A'r peth yr wyt yn ei hau, nid y corff a fydd yr ydwyt yn ei hau, ond gronyn noeth, ysgatfydd o wenith, neu o ryw rawn arall. Eithr Duw sydd yn rhoddi iddo gorff fel y mynnodd efe, ac i bob hedyn ei gorff ei hun."[58]

Ebrill 11 (Llun y Pasg):

Galar, hiraeth, tor calon – gwelais y rhain yn wynebau rhai annwyl.

Ar adegau melltithiais yr Angau, ond cefais gipolwg hefyd ar y Fendith sydd yn gorlethu pob melltith.

"Efe a heuir mewn llygredigaeth, ac a gyfodir mewn anllygredigaeth: efe a heuir mewn amarch, ac a gyfodir mewn gogoniant: efe a heuir mewn gwendid, ac a gyfodir mewn nerth: efe a heuir yn gorff anianol, ac a gyfodir yn gorff ysbrydol."[59]

Ebrill 12 (Mawrth):

"Boed hyn mewn cof gan Israel Duw,
Mae'r Oen a laddwyd eto'n fyw!"[60]

Bûm yn edrych dros rai o'r emynau am atgyfodiad a buddugoliaeth ac esgyniad Crist.

Nid y bedd gwag sy'n rhoi'r dystiolaeth argyhoeddiadol i'r atgyfodiad, ond yn hytrach y weledigaeth nefol a gafodd Paul ar y ffordd i Ddamascus: gweld, profi, adnabod yr Iesu.

Yn y dyddiau hyn y mae'r gwanwyn yn neidio arnom fel anifail ieuanc. Anwyldeb a thynerwch y briallu hardd, arwriaeth osgeiddig y cennin Pedr, ysmaldod gwerinol y llygaid Ebrill – nid oes yr un blodeuyn mwy Cymroaidd na'r llygad Ebrill – a'r coed a'r perthi'n amlygu nerth ac ireidd-dra a'r haul duwaidd yn herio arglwyddiaeth y gwynt oer – dyna ragorfraint yw cael byw ar y ddaear. Mae'r ŵyn yn prifio – ac y mae Oen Duw ar allor y cread byth. Ac y mae'r Oen a laddwyd eto'n fyw.

Ebrill 13 (Mercher):

Euthum i Ardd yr Atgyfodiad gyda Mair Magdalen. Y mae'r Fair afradlon hon yn gwenu arnaf o droi i dro allan o ddudalennau'r Efengylau. Yn ei llywethau goludog a'i dwyfron luniaidd a'i llygaid a all ddawnsio fel yr heulwen ar donnau Môr Galilea gwelaf holl hoen a harddwch y cnawd. Gwelaf olion ei hynfydrwydd arni hefyd. Nid eiddi hi mo brydferthwch gwelw diniweidrwydd. Harddwch un a wariodd ei bywyd ac a achubwyd i fywyd newydd yw harddwch hon. Gwario: yn ei sancteiddrwydd fel yn ei phuteindra y mae rhyfeddod y gwario i'w weld. Un afradlon yw hi. Nid oes dim cybydd-dod yn ei phechod nac yn ei daioni. Rhoi, gwario, afradu – dyna yw ei dawn. Ond wrth ddynesu ati teimlaf fod gogoniant yr ennaint o nard gwlyb gwerthfawr wedi cusanu holl beraroglau ei gorffennol hi, ac yn ei llaw y mae hi'n dwyn peraroglau i'w eneinio ef.

Chwilio am y corff y mae hi, yn ddall gan ddagrau. Ond wrth glywed y llais yn galw ei henw try at ei Harglwydd a gweld ei ogoniant trwy ei dagrau. A hon yw'r gyntaf a gaiff weld ac adnabod y Cyntafanedig oddi wrth y meirw.

O Iesu Hawddgar, na thro oddi wrthyf. Yr wyf i am dy weld a'th adnabod. Buost gyda mi lawer tro, yn cyffwrdd â mi, yn gwenu arnaf, yn chwerthin yn dyner am ben trwstaneiddiwch fy muchedd. Ond yn awr yr wyf am dy weld di a llewyrch yr Orsedd Wen ar dy glwyfau glân. Na thro oddi wrthyf, Iesu Mawr. Gad imi dy ofleidio di, Di Lendid daear a nef., Ynot ti y mae nawn a nos, hydref a gwanwyn, ysictod yr angau a jiwbil y nef, gobaith dyn a goruchelder Duw. Na thro oddi wrthyf. Aros gyda mi. Y Bywyd Tragwyddol wyt ti, fy Arglwydd a'm Duw.

Ebrill 14 (Iau):

Nid oes dim byd harddach na seren unig uwchben y gorwel pan fo'r nos yn agosáu ond yr wybren heb dywyllu eto.

Wrth edrych arni, gwn mai Duw a gynhesodd fy ngwaed. Y mae nerth, sefydlogrwydd, sicrhad ynddi. Ie, ac yng Nghrist, fel y byddai'r hen saint yn dywedydd, y mae Duw wedi cynhesu'r bedd inni.

O Aruchelder, eiddot Ti wyf i.

Ebrill 15 (Gwener):

Myfyriais am Gorff Crist: y Corff a gyffyrddai â'r cleifion, a symudai o fan i fan i wneuthur daioni ac i gyhoeddi blwyddyn gymeradwy yr Arglwydd, y Corff a gurwyd ac a hoeliwyd ar bren; a'r Corff a gyfododd o feirw, a roes lawenydd i Fair, a anadlodd fendith ar y disgyblion, a ddaeth at y dilynwyr er bod y drysau yn gaead, y Corff ysbrydol a syfrdanodd Baul ac a ddaeth mor agos ataf i; a'r Corff y mae holl garedigion yr Efengyl yn aelodau ohono, yr Eglwys lân honno nad ydym yn deilwng ohoni, yr Eglwys sydd yn fwy catholig na'r holl Gatholigion ac yn fwy rhydd na'r holl Ryddion!

Ebrill 16 (Sadwrn):

Mae Arglwydd yr Atgyfodiad ymhob man; ymhob gronyn byw, ymhob pelen dân, ymhob uned ynni, ymhob gwagle.

Cefais gyfle heddiw i edrych ar olygfa eang. Ar wahân i'r môr a'r cymylau a'r wybren nid oedd dim prydferthwch natur ynddi; tref fawr a'i gweithfeydd a'i thai, a'r tu draw iddi, y môr llwydaidd a tharth a chwmwl ac anferthwch tyner yr wybren; dynionach a'u prysurdeb cyfyng ac amrwd, ac o'u hamgylch helaethrwydd syfrdanol yr hollfyd; clebran a thuchan a glaswenu a gweflu ac o gwmpas y cyfan holl odidowgwrydd y tosturi diderfyn. A theimlwn nad oeddem yn deilwng o'r Crist sydd yn y cread. Pob symud, pob anadlu, pob crisialu, pob ymateb i haul a chysgod – onid yr un grym sydd yma ag yn yr Atgyfodiad?

Ebrill 17 (Dydd yr Arglwydd):

Y mae Bywyd yn drech nag Angau oherwydd ei fod yn fwy byw. Y mae tybio y gall Angau arglwyddiaethu ar Fywyd yn gyfystyr â thybio y gall Anfod herio Bod.

Daw pennill syfrdanol Edward Jones, Maes-y-plwm, i'm meddwl. Nid oes bennill mwy aruchel yn llenyddiaeth y byd.

> "Mae'n llond y nefoedd, llond y byd,
>   Llond uffern hefyd yw;
> Llond tragwyddoldeb maith ei hun,
>   Diderfyn ydyw Duw;
> Mae'n llond y gwagle yn ddi-goll,
>   Mae oll yn oll, a'i allu'n un;
> Anfeidrol annherfynol Fod,
>   A'i hanfod ynddo'i Hun."

Ni ellid dim mwy arswydus na mwy cysurlawn.

A daw i'm meddwl nad oes dim gwahaniaeth rhwng Anfod a Hanfod ond anadl, yr anadl sydd yn creu, yr anadl a gyhoedda "Bydded Goleuni" a'r anadl a leda ffroenau dyn ac a ddaw iddo oddi wrth Dduw.

Darllenais yn ddiweddar am y drydedd waith yr ymdriniaeth drawiadol gan Vernon Lewis yn y rhifyn diwethaf o *Ddiwinyddiaeth*, â'r Di-Fod, *Das Nichtige*[61]. Rhaid gwahaniaethu rhwng Anfod a Di-Fod.

Hollol ddiniwed yw'r Anfod, yr hen anghreadur: rhyw hurtyn bach a ddefnyddir gan y Di-Fod er ei ddibenion ei hun, rhyw fwgan brain a osodwyd yn yr Ardd i'n brawychu ni.

Rhaid ymgodymu â'r Di-Fod hwnnw, a'i osgorddlu mileinig, y

Temtiwr, y Cyhuddwr, y Gelyn, y Cableddwr, Tad y Celwyddau, Brenin y Budreddi, Cancr y Cread, Teyrn y cosfeydd a'r crach a'r celanedd.

Bu fy mhregethau i gyd heddiw yn cyffwrdd â'r frwydr yn ein bywyd rhwng y Rhoddwr a'r Ysbeiliwr.

Ebrill 18 (Llun):

Blynyddoedd yn ôl gwneuthum restr o'm hoff emynau yn y *Caniedydd.* Diddorol yw edrych drosti a sawru'r emynau eto. Mae'n debyg y byddai'r rhestr dipyn yn wahanol ped awn ati i wneud un heddiw.

Mae'r hen Bant yn amlwg yn y rhestr. Mae fy newisiad o'i emynau yn y *Caniedydd* yn dangos fy mhwylais fy hunan nifer o flynyddoedd yn ôl:

> "'R wy'n chwennych gweld Ei degwch Ef,"
> "Iesu, difyrrwch f'enaid drud,"
> "Boed fy nghalon iti'n demel,"
> "Dechrau canu, dechrau canmol,"
> "Mae Crist a'i w'radwyddiadau,"
> "O llefara, addfwyn Iesu,"
> "Marchog, Iesu, yn llwyddiannus,"
> "Anweledig! 'R wy'n dy garu."

Dyna gyfoeth sydd yn yr emynau hyn: undod cyfriniol â'r Iesu; cariad angerddol tuag ato; awydd am fod yn debyg iddo; gogoniant tragwyddol ei aberth; digonedd ei waith a'i fendith; hyfrydwch ac awdurdod ei eiriau; ysblander diderfyn ei fuddugoliaeth; mawredd ei ymgnawdoliad a'i gymdeithas a'i bresenoldeb.

Cefais fendith trwy fyfyrio uwchben yr emynau hyn, a daeth yr Iesu'n agos ataf – mor dyner, mor gadarn, mor hawddgar – fy Nghydymaith, fy Nghyfaill, fy Arglwydd a'm Duw.

Y Bendigaid Anorchfygol, tywynned Dy belydrau cynnes arnaf byth!

Ebrill 19 (Mawrth):

Mae llawenydd y Bywyd Newydd a thristwch yr hen fywyd pechadurus yn ymwau trwy'i gilydd yn fy nghalon megis yn y byd. Ar ôl pob profiad dyrchafol, ar ôl pob gorfoledd llesmeiriol, yr wyf yn gorfod wynebu'r llygredd sydd ynof ac o'm cwmpas.

"Tyn fy enaid o'i gaethiwed,
Gwawried bellach fore ddydd;
Dryllia'n chwilfriw ddorau Babel –
Tyn y barrau heyrn yn rhydd."

Ebrill 20 (Mercher):

Cawsom dro yn y wlad y prynhawn yma – a chi ein cyfaill yn chwilio'n ofer am gwningod. Mae'r gwyrddlesni'n dyfod yn rhyfeddol erbyn hyn. Gwelsom frân yn ymlid hebog, yn hedfan ar ei ôl ac o'i amgylch ac yn ymwthio i'w bigo ambell waith. Ni wn i beth onid i fynegi atgasedd. Ni cheisiai'r hebog wneud dim ond ffoi. Gwyliem yr adar nes iddynt ddiflannu o'n golwg. Tro rhyfedd oedd hwn.

Dirgelwch yw bywyd. Ni ellir esbonio'r dirgelwch ar wahân i'r pwrpas. O oes i oes y mae Bywyd y greadigaeth yn ymdrechu, yn ceisio nef newydd a daear newydd. Ganed dyn i fod yn agosach i Dduw nag yw'r bwystfil. Yng Nghrist y mae'r agosrwydd yn fabolaeth lawn.

I weld arwyddocâd y Crist rhaid rhyfeddu ato nid yn unig o'r lleufer ond hefyd o'r llaid.

Ebrill 21 (Iau):

Trois at yr emynau eraill ar y rhestr a wneuthum gynt. Y mae "O Arglwydd dyro awel" Dafydd William ynddi – hollol nodweddiadol o'r awdur, a'r adroddiadau o'r geirau "awel" ac "awelon" a "Mynydd Seion" fel curiadau taer ar ddrws y nef. Mae dau emyn gan Forgan Rhys ar y rhestr – emynydd mawr yw hwn – sef "Agorodd ddrws i'r caethion" a "Helaetha derfynau Dy deyrnas." Gwelaf hefyd bedwar emyn o waith David Charles, "O Iesu mawr, rho'th anian bur" – mor fendigedig – a "Cawn esgyn o'r dyrys anialwch" ac "O na chawn ni olwg hyfryd" a "Rhagluniaeth fawr y nef" – pedwar emyn rhyfeddol mor wahanol i'w gilydd.

Mae Robert ap Gwilym Ddu yno unwaith gyda'i "Mae'r gwaed a redodd ar y Groes," a Phedr Fardd ddwywaith, gyda "Mi af ymlaen o nerth i nerth" a "Cyn llunio'r byd, cyn lledu'r nefoedd wen."

Arfaeth a Rhagluniaeth Duw ar y naill law, a Rhyfeddod Tragwyddol yr Aberth mawr ar y llaw arall – mae'n amheus gennyf a oes yn llenyddiaeth y byd ddatganiadau eraill mor angerddol o'r themâu hyn ag yn yr emynau Cymraeg. Dyma gyfraniad arhosol Calfiniaeth, ac ym marddoniaeth ein hemynau y mae diffeithwch yr athrawiaethau ffurfiol yn gorfoleddu ac yn blodeuo fel rhosyn.

Y mae cymysgedd o emynau eraill yn yr hen restr: "Dyrchafer enw Iesu cu" Ieuan Glan Geirionydd; "Llefara, Iôr, nes clywo pawb" R.J. Derfel; "Er nad yw'm cnawd ond gwellt" Ehedydd Iâl; "Ymledodd glân belydrau'r wawr" David Lewis; "Gwêl uwchlaw cymylau amser" Islwyn; "O Iesu croeshoeliedig" Ieuan o Leyn; "Dyma gariad fel y moroedd" Hiraethog; "Efengyl tangnefedd" Eifion Wyn; "Wele'r dydd yn gwawrio draw" John Thomas; "Ti Greawdwr mawr y nefoedd" Ben Davies; a dau gan Elfed, "Yr Arglwydd a feddwl amdanaf" a "Caed baban bach mewn preseb." Synnaf weld un yn unig gan Ann Griffiths, "Melys gofir y Cyfamod." Mor aruthrol ei gweledigaeth hi!

Ebrill 22 (Gwener):

"Rhoi Awdur bywyd i farwolaeth
Claddu'r Atgyfodiad mawr!
Dwyn i mewn dragwyddol heddwch
Rhwng nef y nef a'r ddaear lawr."

Ebrill 23 (Sadwrn):

Teimlaf o hyd fy mod yn cuddio fy mhechodau rhagof fy hunan.

Daeth rhyw don o ddigalondid drosof heddiw: rhyw deimlad mai afreal yw'r profiadau gorau a gefais, hyd yn oed y profiadau mwyaf sanctaidd. Bu wythnos y Pasg a'r wythnos o'i blaen hi yn ysbaid o brofiadau dwys, galarus a gorfoleddus. Ond wele fi heddiw'n methu trin dim o ddifrif. Rhyw *ennui* ysbrydol sydd arnaf: yr wyf yn methu gafael rywsut ar ddim byd, methu credu hyd yn oed yn fy mhrofiadau diweddar fy hun.

Mae popeth yn bell oddi wrthyf.

Ni wn a oes gysylltiad rhwng y teimlad hwn a'm cyflwr corfforol. Profais ddwy noson boenus yn ddiweddar ac ymgynghorais â'r meddyg. Ni bûm yn pryderu dim wedi hynny, na meddwl dim am y poenau, yn ymwybodol, beth bynnag; ond hwyrach bod rhyw bryder yn llechu o dan yr wyneb. Yr wyf wedi blino hefyd.

Ond y mae'r teimlad o fethiant ynof heddiw yn frathog. Wrth feddwl am obeithion fy ieuenctid blinir fi gan siom; wrth feddwl am eilunod yr oes llethir fy nghalon gan ddiflastod; wrth feddwl am y bydolrwydd pwdr a'r ymlwybro swrth i gyfeiriad rhyfel a dinistr a'r diffyg dychymyg a'r diffyg cydymdeimlad sydd yn y gymdeithas yr wyf yn byw ynddi, teimlaf fy mod yn boddi mewn môr o ddiymad-ferthedd.

Ebrill 24 (Dydd yr Arglwydd):

Bu rhyw anghysur a rhyw aflwydd ymhob oedfa heddiw. Teimlaf fy mod wedi mynd trwy ystumiau pregethu, wedi rhoi rhyw berfformiad diddrwg-didda, wedi llesg-gyhoeddi barn a gras mewn ymadroddion a aeth yn ystrydebol ar fy ngwefusau.

Yr wyf wedi blino arnaf fy hun.

Ni chefais ymdeimlad o bresenoldeb Duw heddiw, er ceisio'n daer.

Arglwydd, Arglwydd, maddau imi. Tŷ cwrdd, y saint yn eu seti, yr organ yn canu emyn, llith, emyn, gweddi, emyn, pregeth, emyn, bendith a minnau'n eistedd yn fethiannus, ac ynof ryw wacter mawr, heb ddim gair ynof heblaw rhyw sibrwd o felltith ar y dydd y'm ganed – maddau imi, O fy Nuw. Holl fawredd yr Efengyl, holl odidowgrwydd yr Ysgrythur Lân, holl urddas Eglwys fawr y nef a'r ddaear, a minnau'n gweld y cyfan yn cilio fel rhith – O Dad trugarog, maddau imi, achub fi.

Y mae gwenwyn ynof.

Ebrill 25 (Llun):

Dyna flinder yw ceisio'r Achubydd a chael yn unig y Cyhuddwr didostur. Nid wyf wedi beiddio edrych ar fy mhechodau mwyaf aflan eto. Y mae mudandod erchyll y Cyhuddwr yn dangos imi nad wyf eto'n bur.

"Gwyn eu byd y rhai pur o galon; canys hwy a welant Dduw."[62]

Ebrill 26 (Mawrth):

Y mae gwacter ynof. Y mae gwagedd o'm hamgylch. Yn ôl yr emynau, Crist sydd yn llanw'r gwacter ac yn troi gwagedd yn ogoniant. Er gwaethaf pob diflastod gwn heddiw fod hyn yn wir.

> "Mae'i ddawn a'i ras a'i gariad drud
> Yn llanw'r nef, yn llanw'r byd."

"Ymaflodd mewn dyn ar y llawr,
Fe'i dygodd â'r Duwdod yn un!
Y pellter oedd rhyngddynt oedd fawr
Fe'i llanwodd â'i haeddiant Ei hun."

"Iesu, llawnder mawr y nefoedd."

"Pa le, pa fodd dechreuaf
Foliannu'r Iesu mawr?
Olrheinio'i ras ni fedraf –
Mae'n llenwi nef a llawer."

Ebrill 27 (Mercher):

Cofiais ddarllen rhyw ysgrif wyddonol yn ddiweddar am y gwagleoedd syfrdanol sydd yn y cyfanfyd. Wrth feddwl am y Crist yn llanw'r pellteroedd a'r gwacteroedd trois i fyfyrio am eangderau rhyfedd y byd naturiol. Dywed Eddington mai nifer y sêr yn y cyfanfyd yw 10^{22} (sef miliwn wedi ei liosi â miliwn wedi ei liosi â miliwn wedi ei liosi â deng mil): y syndod gennyf yw bod neb yn beiddio gosod y rhif mor isel. Wrth reswm, mae llawer yn dibynnu ar yr ystyr a roir i'r gair "cyfanfyd."

Y mae gwacter y cyfanfyd yn fwy syfrdanol hyd yn oed na rhif y sêr. Nid yw sêr y cyfanfyd yn cymryd mwy o le nag ychydig smotiau o lwch ym mhabell fawr yr Eisteddfod Genedaethol. Ac yn annhebyg i wagleoedd pabell fawr yr Eisteddfod y mae gwagleoedd y cyfanfyd yn wirioneddol wag – mor bell ag y gall y gwyddonwyr ddweud.

Y mae'r un gwacter aruthrol ym myd dieithr y molecwl a'r atom. I gael gwybod nifer y molecylau mewn gwydraid o ddŵr rhaid lliosi nifer sêr y cyfanfyd drigain o weithiau. Petai modd gosod y nifer hon o folecylau mewn llinell union byddent yn ymestyn am bellter milwaith fwy na'r pellter rhwng yr haul a'r ddaear . Ond y mae eangderoedd o wacter ymhob molecwl ac atom. Ymhob darn o "fater," chwe rhan yn unig o gan miliwn sydd yn bod: gwacter yw'r gweddill i gyd.

Natura abhorret a vacuo, meddai'r gwyddonwyr gynt – "Ymwrthyd natur â gwacter." Y gwrthwyneb sydd yn wir, yn ôl dysgeidiaeth y gwyddonwyr heddiw. "Ymhyfryda natur mewn gwacter" – dyna'r gwirionedd erbyn hyn, er bod y gosodiad arall yn dal yn wir o fewn terfynau.

Ni all neb deall yn iawn y gosodiadau uchod, gosodiadau'r gwyddonwyr heddiw, ac ni all neb amgyffred y rhifau a ysgrifennais mor ddiniwed. O achos hynny nid yw arswyd y gwacterau'n ein meddiannu ond ychydig. Mae'r dychymyg yn pallu yn ei ymgais i amgyffred yr aruthredd.

Wedi ysgrifennu'r geiriau uchod gwneuthum ymdrech i brofi'r gwagle. Yn fy nychymyg hwyliais allan mewn llong-wagle annelwig a thramwyo'r "eang dangnef": gadael Cymru, Prydain, Ewrop ar ôl; llithro heibio i'r lloer ac ymlaen, a'r Llwybr Llaethog odditanaf ac uwch fy mhen ac o'm hamgylch; a rhyw ffug-symud ynghanol tanau afrifed y sêr nes teimlo fy mod ar goll rhwng myrdd o ryfeddodau. Pallodd fy nychymyg.

Pwy all fyw yn y gwacter mawr?

Cefais ryw deimlad fel petai fy enaid yn llewygu. Daeth cwestiynau ffôl i'm calon.

A oes Rhywun yn byw yma? A oes Rhywun sydd yn gyfrifol am y lle yma? Ple mae'r Gofalwr, y Rheolwr, y Perchennog?

Trois yn ôl at y geiriau a ysgrifennais ddydd Mawrth:

"Pa le, pa fodd dechreuaf
Foliannu'r Iesu mawr?
Olrheinio'i ras ni fedraf –
Mae'n llenwi nef a llawr."

O Dduw fy Nhad a'm Gwaredwr, argyhoedda fi fod Gras yn achub lle y bo Natur yn methu. Ti yw'r Preswylydd mawr, y Perchen Tŷ Tragwyddol. Nodda fy ngwendid yn awr ac hyd byth. Trwy Iesu Grist. Amen.

Ebrill 28 (Iau):

"Mae'i ddawn a'i ras a'i gariad drud
Yn llanw'r nef, yn llanw'r byd."

Ebrill 29 (Gwener):

Rhaid wrth ddiwinyddiaeth atomig.

Gwelais y Crist ynghrog ar yr wybren a'i ddwylo'n cyffwrdd â phellafoedd y rhod.

"O Dad, maddau iddynt."
"O Dad, maddau imi."

Ebrill 30 (Sadwrn):

Gwelais damiad blasus o brydferthwch Cymru y bore yma, a godidowgrwydd awyr a môr yn gwneud yr harddwch mor agos. Mae'r eithin fel tân yn mudlosgi ar dwyn a llethr. Mor ofer yw ymgais dyn i ddarlunio'r byd â brws ac â chamera.

Rhyfeddais lawer gwaith ger bron campweithiau arluniol, ond y mae'r ddedfryd yn anochel: "wele, ni fynegasid imi yr hanner."[63]

Yn wir y mae darluniau meirwon wedi andwyo ein hamgyffred o harddwch natur. Syrthiasom i'r arfer o geisio gweld natur "yn llonydd fel mewn llun" – rhyw foment ddigyffro, annaturiol, farw, wedi ei thynnu'n dreisgar allan o lifeiriant, byth-symudol bywyd. Yr ydym mewn perygl, wrth werthfawrogi golygfa, o golli golwg ar ystum a gwingiad, ar ymdrech a chodwm, ar gryndod amrywiol y greadigaeth – ar fywyd ei hun a'i holl ddyheadau ymwthgar yn rhannau o fenter syfrdanol y Creu.

Pinio iâr fach yr haf yn farw ar fwrdd – ni all yr arlunydd "cynrychiolaidd" gymaint â hyn. Cyflwyno'r wawr fel celain yn ei gwaed, cyflwyno'r machlud fel cig-eog-tun wedi'i golli ar garped – O na allai'r arlunydd gyflawni cystal gorchest â hyn!

Llawenhawn mewn arluniaeth – a gochelwn rhag iddi ddyfod rhyngom a natur.

Ni allwn lai nag ymollwng i ddigofaint wrth glywed am y ddedfryd ar fy nghydwladwr ifanc Chris Rees.[64] Bydded yr Ymladdwr Glân yn agos iddo yn ei gaethiwed.

Calondid mawr yw cofio ei ddewrder ef ac eraill yng Nghymru.

Wrth weddïo drosto fe'm cefais fy hun yn cenfigennu wrtho. Cafodd y fraint o ddioddef fel carcharor dros Gymru. Chwenychais innau'r fraint droeon. Ofnaf fod pechod yn llechu hyd yn oed yn y chwant hwn. Yn sicr nid wyf am fychanu creulondeb y brofedigaeth: y misoedd didostur yn ceisio llarpio'r enaid.

Mai 1 (Dydd yr Arglwydd):

Cefais fwy o fendith wrth bregethu heddiw. Bu'r Iesu tosturiol wrth fy ochr i'm nerthu yn fy ngwendid.

Teimlaf nad wyf wedi dweud y cyfan wrtho am fy anwiredd a'm methiant; ond teimlaf hefyd ei fod yn gwybod y cyfan a'i fod yn barod i esmwytháu arnaf.

Mai 2 (Llun):

Myfyriais unwaith eto am wacteroedd y cyfanfyd. Trawyd fy ysbryd megis o'r blaen gan y pennill rhyfedd gan Edward Jones, Maes-y-plwm, a theimlaf imi gael profiad o'r Hollbresenoldeb. Rhwng seren a seren, rhwng electron ac electron, rhwng enaid ac enaid, y mae Duw yn ymestyn yng nghyflawnder Ei ogoniant. Rhwng haul a deilen, rhwng clogwyn a thafod, rhwng asgell a chrisial, rhwng griddfan ac atgyfodiad, Efe sydd yn teyrnasu.

> Mae'n llond y nefoedd, llond y byd,
> Llond uffern hefyd yw;
> Llond tragwyddoldeb maith ei hun,
> Diderfyn ydyw Duw;
> Mae'n llond y gwagle yn ddi-goll,
> Mae oll yn oll, a'i allu'n un;
> Anfeidrol annherfynol Fod,
> A'i hanfod ynddo'i Hun.

Y mae yng ngharchar Abertawe yn awr, ymhob carchar yn y byd.

O fy Arglwydd mwyn, a fuost yn garcharor gynt, bydded dy gariad yn hysbys i bob un a fo'n dihoeni rhwng muriau. Ymwêl â'th frawd a'th chwaer a fo mewn caethiwed. Cadw dy ffyddloniaid yn hy. Gwna dy drigfan ymhob calon friw. Er mwyn dy Groes. Amen.

PENNOD 7

Cyffes

Mai 3 (Mawrth):

Teimlaf fod yn rhaid imi wynebu fy mhechod yn llwyrach cyn cael cynnydd mewn gras. Mae ynof weithiau awydd am gyffesu fy mai ger bron dynion; ond nid wyf eto, wedi ei gyffesu'n gyfan gwbl gerbron Duw.

Cefais afael ar hen ffurf ar gyffes a aferid gan Gristionogion a fyddai'n cyffesu'n ddirgel o flaen offeiriad:

"Yr wyf yn cyffesu gerbron Duw Dad Hollalluog, a'i Uniganedig Fab Ef Iesu Grist, a Duw Ysbryd Glân; a cherbron holl lu y nef, ac o'ch blaen chwithau fy nhad, fy mod wedi cyflawni'r pechodau hyn . . . Y mae'n ddrwg gan fy nghalon am y pechodau hyn, ac eraill nad wyf yn eu cofio, ac yr wyf yn penderfynu gwellhau fy muchedd rhagllaw; yr wyf yn ostyngedig yn gofyn pardwn gan Dduw; ac oddi wrthych chwi fy nhad ysbrydol yr wyf yn deisyf cael dioddef penyd, a chael cyngor a gollyngdod. Gan hynny yr wyf yn gweddïo ar Dduw Dad Hollalluog, a'i Uniganedig Fab Ef Iesu Grist a Duw Ysbryd Glân i drugarhau wrthyf, ac yn gofyn i chwithau fy nhad weddïo drosof ar yr Arglwydd ein Duw. Amen."

Ofnaf fod y weddi ffurfiol hon yn hollol wag imi yn fy nghyflwr presennol. Ond y mae cyffes yn bwysig – nid y gyffes ddirgel ond y gyffes frawdol. "Cyffeswch eich camweddau bawb i'ch gilydd, a gweddïwch dros eich gilydd, fel y'ch iachâer. Llawer a ddichon taer weddi y cyfiawn."[65] Dyna ran o bwrpas y dyddlyfr hwn; cyffes – cydnabod fy mai ger bron Duw a cherbron fy enaid fy hun a cherbron fy mrodyr a'm chwiorydd yng Nghrist. Mae'n debyg y daw pob un a fo'n ymdrafferthu i ddarllen y cyffesion hyn i wybod pwy ydwyf; a hyderaf fod rhai ohonynt yn gweddïo drosof.

Mai 4 (Mercher):

> "Cudd fy meiau rhag y werin,
>   Cudd hwy rhag cyfiawnder ne':
> Cofia'r gwaed un waith a gollwyd
>   Ar y croesbren yn fy lle."

Nid cuddio er mwyn twyllo sydd gan Williams yn y geiriau hyn, ond cuddio'r drwg trwy ryfeddu at y da. Ac i guddio'r drwg fel hyn rhaid ei ddatguddio yng ngoleuni'r Aberth.

"Rho fy nwydau, fel cantorion,
Oll i chwarae'u bysedd cun
Ar y delyn sydd yn seinio
Enw Iesu mawr Ei hun."

Mai 5 (Iau):

Mae gennyf hen lyfr Anglo-Gatholig sydd yn cynnwys rhestr o bechodau. Rhestr amrywiol dros ben ydyw. "Caniatáu ein cariad at rywun arall i ymyrraeth â'n dyletswydd tuag at Dduw. Caniatáu i gariad at y byd, at bleser neu arian i gael meddiant o'r galon . . . Gosod fy marn fy hun uwchlaw athrawiaeth yr Eglwys. Meddwl fod crefydd yn beth trafferthus . . . Gwrthod cydnabod fy meiau fy hun . . . Talfyrru y gweddïau, oherwydd methu codi mewn pryd . . . Peidio diolch ar ôl cymuno . . . Edrych o amgylch yn yr Eglwys . . . Myned i leoedd o addoliad heb fod yn perthyn i'r Eglwys . . . Adrodd ystraeon cellweirus oddi ar ryw hanes neu bwnc Ysgrythurol . . . Bod yn amharchus tuag at weinidogion Duw . . . Torri'r Dyddiau Gwylion trwy orfwyta neu orblesera . . . Gweithio, neu beri i eraill weithio yn ddianghenraid ar y Sul . . . Diffyg parch at fy uwchafiaid . . . Barnu'r cyfoethog neu y rhai sydd uwchlaw imi yn galed . . . Dymuno marw . . . Llawenhau wrth glywed drwg i eraill . . . Ymuno mewn siarad anweddiad. Darllen y Beibl oddi ar gymhellion llygredig. Darllen llyfrau llygredig, a hanesion llygredig yn y newyddiaduron . . . Hapchwarae . . . Rhedeg i ddyled heb obaith talu . . . Osgoi'r trethi . . . Rhoddi cyflog rhy fechan . . . Ymhelaethu ar ystraeon wrth eu hail-adrodd . . . Darllen llythyrau pobl eraill . . . Ceisio ymddangos yn waeth nag ydwyf . . ." Y mae digon o waith dadlau ar rai o'r rhain . . .

Mai 6 (Gwener):

"Gosodaist ein hanwiredd ger dy fron, ein dirgel bechodau yng ngoleuni dy wyneb."[66]

Mai 7 (Sadwrn):

O Arglwydd da, Gogoneddwr Tragwyddol y llwch a'r llaid, Tad yr hollfyd afradlon, Brawd a Cheidwad y pechaduriaid, Diddanydd y proffwyd a'r apostol a'r sant, y Cymodwr mawr, wele fi'n ceisio cymod â Thi. Mor aml y caseais fy mechod ac eto methu yn y weithred, a chuddio fy mhechod rhag fy llygaid fy hunan. Fy Nuw graslon, dyro imi gyflawnder edifeirwch. Triga yn fy nghalon; sefydla Dy Deyrnas yno; goresgyn fy mywyd oll â'th rymusterau glân; gwna fi'n eiddo llwyr i Ti. Dyro imi Dy adnabod fel yr wyt a byw bob awr o'm hoes yn Dy bresenoldeb. Dyro imi'r melyster anhraethadwy'n hyfrydwch parhaol. A dyro imi weld y byd yn drigfan i'r Goruchaf a'm cyd-ddynion yn frodyr a chwiorydd i'r Ceidwad a wnaeth Groes a Gorsedd yn un. Er mwyn yr Enw sydd goruwch pob enw. Amen.

Mai 8 (Dydd yr Arglwydd):

Ymosodais yn weddol hwyliog o dro i dro ar fydolrwydd a llwfrda'r "Eglwys" fel y mae hi yn ei chyflwr llygredig, amherffaith. Ond yr oedd fy ymwybyddiaeth o'm pechod fy hun yn rhwystr imi heddiw. Ac eto ymdeimlais â'r Presenoldeb. Y Ceidwad a'r Cyhuddwr oedd yno, ac yr oeddynt yn un.

Yn Ei gariad y mae Ei gerydd.

Mai 9 (Llun):

Wrth edrych yn ôl ar fy nyddlyfr gwelaf fy mod wedi sôn yn bennaf am bechodau'r cnawd. Os oes graddau mewn pechodau, dyma yn ddiamau, y pechodau lleiaf. Soniais am weithgarwch a'r ffordd iawn i ddefnyddio amser; am fwyta a chysgu; am ofal y corff; am y bywyd rhywiol. Byddai mynachod yr Oesoedd Canol yn ystyried methiannau a chyfeiliornadau yn y pethau hyn yn enghreifftiau o bechodau'r cnawd – diogi corfforol, syrthni enaid, glythineb a moethusrwydd, trythyllwch ac aflendid. Y mae pechodau eraill, pechodau'r Byd a'r Diafol.

Ofnaf, wrth ailddarllen darnau o'r dyddlyfr, fy mod wedi dangos rhyw gymaint o fodlonrwydd ar fy mhrysurdeb fy hun. Anghofiais un peth: yr wyf yn brysur yn y gwaith sydd yn ddiddorol imi ac yn y gwaith y mae'n rhaid imi ei wneud. Llosgaf ddeupen y gannwyll yn ddirwgnach pan fo blas ar y gwaith. Pan fyddo'r gwaith yn ddiflas ni byddaf mor ddirwgnach, ond fe'i gwnaf os bydd rhaid. Ond y mae'n gas gennyf feddwl am waith a esgeuluswyd am ei fod yn anniddorol ac am na fu dim rheidrwydd anorfod arnaf i'w wneuthur.

Nid angof gennyf yr ieithoedd yr wyf wedi methu â'u dysgu. Arswydaf wrth feddwl am y fath wastraff amser a fu yn fy mywyd. Bu ymgais ofer ar ôl ymgais ofer i ddysgu ieithoedd, a methiant yn dilyn methiant o achos diffyg dyfalbarhad.

Ai pechod yw hyn? (Onid pechod pob gwastraff?) – Ai'r cnawd sydd wan? (Onid pechod pob gwendid?)

*   *   *   *

Efallai fy mod yn gwastraffu amser yn awr trwy sôn am y pechodau bach – os pechodau hefyd. Ond yr wyf am fod yn onest.

Ni chyffyrddais â thiriogaeth y Brenin Tybaco. Byddaf yn ysmygu, a byddaf yn rhoi'r gorau i ysmygu yn waradwyddus o aml. Ysmygwr cymedrol ydwyf – llai nag owns o faco yr wythnos weithiau, ac ambell i sigaret. Ond o na bai gennyf, i brynu llyfrau Cymraeg newydd, yr arian a weriais ar fwg.

Nid wyf am fod yn anghytbwys. Mae gennyf edmygedd mawr at rai Cristionogion ymroddedig sydd â'u bywyd mor fyglyd ag uffern, ac y mae'n bosibl dadlau y byddent yn llai ymroddedig ped ymwrthodent â'r mwg cysurlawn. Ac yn sicr y mae credu bod tanio cetyn neu sigaret yn waeth pechod na gwneuthur bom heidrogen yn llawer gwaeth pechod na threngi trwy orysmygu.

Ond gan fy mod yn ceisio bod yn berffaith onest, yr wyf am osod hyd yn oed y pethau hyn ar gof a chadw. Ac nid wyf am fanwl gyffesu'r cyfan.

Creadur cig a gwaed wyt ti, y Brawd o Radd Isel, creadur gwan, diog, caeth, hollol ddiffygiol dy reolaeth ar lwnc ac archwaeth, ar deimlad a greddf. Cofia hynny, pan demtir di i feddwl dy fod yn gryfach ac yn brysurach ac yn fwy hunanfeddiannol nag eraill. Rhyw gydgasgliad o chwantau cyntefig ydwyt, rhyw gwdyn chweinllyd o ysfeydd anifeiliaid a blysiau lleidiog.

Un cysur sydd iti yn dy gyfog a'th ddrewdod.

Y gair a wnaethpwyd yn gnawd, ac a drigodd yn ein plith ni.

Y Croeshoeliedig, yn dy waed a'th syched annioddefol, trugarha wrthyf. Cyfarwydda fi. Sancteiddia fi. Gwna fy nghnawd innau'n gyfrannog o ogoniant y Groes.

Mai 10 (Mawrth):

Y mae dwy ffordd o roi trefn ar anhrefn: trwy ofn a thrwy gariad. Gellir dofi'r cnawd, i ryw fesur, trwy osod gorfodaeth haearnaidd a chaethiwus arno. Neu fe ellir ei gymell a'i arwain a'i ddisgyblu trwy osod nod o'i flaen: y Crist, a fflam ei ddaioni diderfyn yn ein denu ni ac yn goleuo ein llwybr.

Ofn a chariad, gormes a chyd-ddeall – dyna'r dewis. Ond methu a wna ffordd ofn a gormes yn y diwedd; a ffrwydra'r nwydau a gaethiwyd ac ymwasgaru'n ddinistriol dros y byd.

Mai 11 (Mercher):

Mae Flanagan fach yn hollol ddigywilydd o anystyriol pan fydd bwyd ar y bwrdd wrth ei bodd. Pan fydd ei mam yn dweud y drefn wrth McTavish am feiddio gofyn am y drydedd gacen, bydd Flanagan yn cyfrwys ddwyn ei phedwaredd neu ei phumed heb ofyn caniatâd neb.

Iach yw'r chwant am fwyd blasus, wrth gwrs. Daw drwg i mewn pan anwybydder hawliau brawd neu chwaer i fwynhau'r un pleser.

Pan geryddais Flanagan ni allwn lai na chofio nad wyf innau, hyd yn oed yn awr, yn gwbl rydd o'r un drwg.

Ond dyna ddigon o onestrwydd tila am heddiw.

Un o'r pethau doniolaf yn nofelig ddychan Tegla, *Gyda'r Glannau*, yw'r disgrifiad o'r arwr ifanc yn penderfynu mynd i'r weinidogaeth wedi gweld bod ei fam wedi paratoi ffowlyn i swper y pregethwr.

Heddiw, wrth gwrs, y mae llawer o fechgyn ifainc yn gweld mwy o obaith am swper ffowlyn mewn galwedigaethau eraill.

Ond rhaid tewi. Pwy a alwodd y dyddlyfr hwn yn ddyddlyfr ysbrydol?

Mai 12 (Iau):

Hoffaf edrych trwy lyfrau sydd yn cyflwyno damcaniaeth Datblygiaeth ac yn olrhain achau'r ddynolryw yn ôl trwy'r epa-ddyn a'r epa ac anifeiliaid pedair-troed ac ymlusgiaid y glannau a'r pysgod a'r ffurfiau mwyaf cyntefig ar fywyd yn y môr a'r llaid. Mae'r ychydig lyfrau sydd gennyf ar y pwnc hwn yn gyfeiliornus erbyn hyn am eu bod yn rhoi sylw i'r Dyn Piltdown a brofwyd bellach yn ffug ac yn dwyll. Ond y mae'r stori, er mor ansicr mewn mannau, yn hynod ddiddorol, ac yn rhoi ystyr newydd i'r arfer Ffransisgaidd o alw cyd-greadur yn frawd.

Yr wyf yn hynod o debyg i'm brawd y Llyffant: llygaid, ceg, coesau; blys a blas; traflyncu, symud, gorwedd; cenhedlu, marw, pydru.

Ac er fy mwyn i y codwyd Crist i'r croesbren.

Mai 13 (Gwener):

Cafodd Taranwen ben ei blwydd heddiw. Bu'n ben-blwydd llawen, a Tharanwen yn hoffi anrhegion bach y plant yn fawr ac yn diolch imi am eu trefnu mor llygadog. Amser a ehêd – ond y mae gweld y serch yn ei llygaid yn adnewyddu fy ieuenctid o hyd.

Mai 14 (Sadwrn):

Wrth edrych trwy'r darnau edifarhaol yng ngweddïau Lancelot Andrews, ei *Preces Privatae*, fe'm trewir gan ambell erfyniad huawdl – megis "Edrych arnaf â'r un llygaid o'r eiddot yr edrychaist â hwy ar y Fagdalen yn wledd, Pedr yn y neuadd, y lleidr ar y grog, modd y caffwyf gyda'r lleidr ddeisyf arnat yn ostyngedig 'Cofia fi pan ddelych i'th deyrnas,' gyda Phedr wylo'n chwerw dost – ac o na bai fy llygaid yn ffynnon ddagrau fel yr wylwn ddydd a nos – gyda Magdalen Dy glywed yn dywedyd, 'Maddeuwyd iti dy bechodau,' a chyda hi garu'n fawr, a achos maddau imi lawer o bechodau llawer gwaith cynifer â llawer" . . . Ond yn aml iawn gorlethir yr angerdd gan y cynllunio a'r ormodiaith ffurfiol. Y mae rhannau'n gwbl ddi-fudd; ni ddaw lles i neb o draethu ger bron Duw fod y gweddïwr yn "1, bryfyn aflan; 2, ci marw; 3, celain pwdr." Nid oes fendith ychwaith yn y dosrannu ar bechod, megis pechodau'r galon, a'r genau a'r weithred; pechodau yn erbyn Duw, yn erbyn ein cymydog, yn erbyn ein corff ein hunain; pechodau ymwybodol a diarwybod; pechodau a gofir ac a anghofir; pechodau ynghwsg ac ar ddihun. Y mae hen draddodiad i'r pethau hyn, ond y mae gwahaniaeth rhwng gwir edifeirwch a dadansoddi pechod.

Yn y pen draw un pechod sydd: anghariad.

Mai 15 (Dydd yr Arglwydd):

Dyna fraint yw cael pregethu'r Cariad, pregethu'r Groes. Yn oedfa'r hwyr mediannwyd fy enaid gan angerdd y Croeshoeliedig a theimlais fy mod i'n edrych i lawr ar fy nghynulleidfa o'r Groes ei hun. Bûm yng ngafael yr Iesu rywsut: y Croeshoeliedig yn ei lesgedd a'i ing a'i noethni a'i waradwydd yn gryfach na mi, yn gryfach na'r byd. Aeth y profiad heibio'n fuan – cyn imi orffen pregethu – gan adael braw ac ysictod ar ôl yn fy nghalon.

Mai 16 (Llun):

Wrth edrych dros rai o'm cyffesion yn fy nyddlyfr synnais o nodi mor gynnil yw fy sylwadau ar y bywyd rhywiol. Soniais lawer mwy am ei ogoniant nag am ei beryglon a'i lygriadau, ac yn wir y mae fy ngeiriau'n rhoi'r argraff fy mod wedi dofi'r anghenfil Rhyw dros byth. Y mae'r gogoniant yn sicr yn rhan o'm profiad: yr hoen, y rhyfeddod, y cymundeb, arglwyddiaeth ar y cyfanfyd, ymddarostyngiad diymadferth dan deyrnwialen serch. Ond nid wyf erioed wedi dofi'r Teyrn. Yr unig beth y gallaf hawlio yw fy mod trwy ras wedi cyrraedd at ryw *modus vivendi*. Y mae'r tyndra gyda mi'n feunyddiol – rhwng yr ymdeimlad fy mod yn cael marchogaeth y greadigaeth fawr a'r arswyd a ddaw o edrych i lawr ar *inferno* fy nwydau.

O dro i dro daw rhyw hanes heibio am rywun sydd wedi pechu'n rhywiol, hanes am odinebwr neu gydrywiolyn neu dreisiwr neu hunanddangosydd, a bydd yr hanes yn destun clebran a chlap. Os gweinidog fydd y pechadur, gall y cyffro fod yn bur gyffredinol. Disgwylir i weinidog fod yn batrwm, ac y mae hyn yn briodol ac yn anochel. Nid heb achos y sonnir am y "barchus, arswydus swydd." Ys gwn i a oedd Pantycelyn yn meddwl am ei swydd wedi'r cwbl (i ryw raddau, sut bynnag) wrth ganu "Cudd fy meiau rhag y werin"? Ni all dim byd ddangos yn eglurach na hyn arbenigrwydd y weinidogaeth – a'i gogoniant hefyd. Ond pa bryd bynnag y clywyf am droseddwr rhywiol, boed weinidog neu beidio, fe'm gorfodir gan fy nghydwybod i gyffesu yn fy nghalon, ac ar dro â'm tafod hefyd, fel y gwnaeth John Bradford gynt, "Onibai am ras Duw, yno yr af innau."[67]

Rhaid imi gydnabod bod y rhan fwyaf o'r gwyrdroadau y clywais amdanynt yn bresennol yn fy ngwaed a'm dychymyg. Y mae tyrfa ynof, tyrfa aflan ac afrifed, rhyw jyngl o flysiau. Duw yn unig a ŵyr ffyrniced y rhyfel cartref a ymleddir ynof. Os oes un gyffes y gallaf ei hawlio fel fy nghyffes fy hunan, cyffes y dyn lloerig ymhlith y beddau yw honno: "Lleng yw fy enw, am fod llawer ohonom."[68]

Byddaf yn rhoi argraff i rai fy mod yn ŵr di-nwyd di-gyffro, dideimlad. Mor anodd yw adnabod cyd-ddyn. Tybiaf weithiau fod yr holl gythreuliaid sydd ynof yn cadw ei gilydd mewn trefn, gan mor niferus ac mor nerthol ydynt oll. Efallai mai dyma un agwedd ar ras Duw – cadw cydbwysedd gallu rhwng tueddiadau a allai fod yn llwyr ddinistriol. Ond ni ellir ymwared nes bod y bersonoliaeth gyfan yn cael ei harwain a'i chyfarwyddo gan y Meistr Mawr.

Y Crist, y Swper-Ego Goruchaf, meddianna fy nghnawd, meddianna fy mywyd a phob bywyd, bydd yn Enaid i Gorff afreolus yr hollfyd.

Nid oes dianc rhag y Brawd Asyn. "Ys truan o ddyn wyf i! pwy a'm gwared i oddi wrth y corff marwolaeth hwn?"[69] Ond gall y Crist farchogaeth i Gaersalem ar gefn yr Asyn annwyl.

Ni all de Sade a Sachar-Masoch[70] ddweud dim byd newydd wrthyf. Ond y mae'r bywyd yng Nghrist yn fywyd newydd oll.

Mai 17 (Mawrth):

Y Gair a wnaethpwyd yn gnawd: yn chwarren, yn chwant, yn chwys.

Mai 18 (Mercher):

Dyna berl o dynerwch a dewrder yw'r *pericope adulterae*[71] yn Efengyl Ioan. Gwelais y cyfan wrth fyfyrio: ar draws yr wybren y daethant, Phariseaid ac ysgrifenyddion yn clochdar yn bwysig ac yn goeg-awdurdodol, dynion yn cyhoeddi melltith wrth lusgo'r wraig a ddaliesid mewn godineb at draed yr Iesu, hithau'n ysgrechian mewn braw a siom a gwarth. Gwelais yr Iesu'n ymgrymu tua'r llawr.

"Yr oedd ef yn gwybod beth oedd mewn dyn." Ie, y Gair a wnaethpwyd yn gnawd.

Gwelais ef yn ysgrifennu â'i fys ar y ddaear, yn ymgodymu â'r ddynoliaeth, tra oedd y crefyddwyr hunan-bwysig yn dal i amlhau geiriau.

"Yr hwn sydd yn ddibechod ohonoch, tafled yn gyntaf garreg ati."

Ymgrymodd eto ac ysgrifennu ar y ddaear.

Gwelais eu hwynebau: y balchder yn cilio, y baweidd-dra gweflog yn dod i'r golwg, a drewdod y blysiau cudd yn difwyno pob hunanfoddhad. Gwelais hwy'n edrych ar ei gilydd. Yr oedd rhai yn adnabod ei gilydd yn bur dda.

Gwelais hynafgwr yn troi ac yn mynd ymaith ac eraill yn dilyn, ac yn olaf y rhai ieuainc, a gwres eu cyrff eu hunain yn tystio i'w herbyn.

Yr oedd y wraig yn wylo'n dawel erbyn hyn.

"Dos, ac na phecha mwyach."

Nid oedd modd peidio â chlywed yr awdurdod yn y llais mwyn.

Mai 19 (Iau):

Y mae un man o leiaf, yng nghyfieithiad T. Gwynn Jones o *Faust Goethe*, lle y mae'r cyfieithydd yn gwella llawer ar y gwreiddiol. Mae'n rhyfedd nad oes fwy o ddyfynnu ar gyfieithiad Gwynn Jones. I'r darllenwr Almaenaidd mae *Faust* yn llawn o ddyfyniadau adnabyddus, ac fe roes Gwynn Jones sglein ar rai ohonynt. A dyma un:

"Fe grëodd yn fy mynwes eirias gwyllt

A'm tynnu yn brysur at bob prydferth lun;

Felly y treiglaf i o flys i flas,

Ac yn y blas, hiraethu am y blys."

Mae'n wir am lawer o'n bywyd: dyma ddiflastod pechod. Ond y mae gogoniant hefyd, ac yn y Crist llefara'r gogoniant hyglyw.

Mai 20 (Gwener):

Ymdroais ddigon am y tro gyda phechodau'r cnawd. Y mae'r Cyhuddwr diflino gyda mi a'r cyhuddiad arbennig yw fy mod yn osgoi edrych ar fy mhechodau gwaethaf. Rhaid wynebu'r Byd a'r Diafol cyn gweld fy angen pennaf.

O Arglwydd Grist, fe rown fy nghorff i fod yn deilwng ohonot.

Mai 21 (Sadwrn):

Nid yw mis Mai eleni wedi gwisgo blodau'r drain mor gyfoethog ag y gwnaeth ambell waith o'r blaen, ond ni chredaf imi sylwi erioed gyda'r fath syndod ar amrywiaeth y coed wrth ddeilio. Gosgeiddig a chwareus, cadarn ac amyneddgar, bonheddig a syber hiraethus ac addolgar – saif eu pryferthwch mewn dôl ac ar lechwedd – y tystion ffyddlon a ddywed eu cenadwri wrthym trwy dyfu a deilio a blodeuo a dwyn ffrwyth a disgwyl, disgwyl, disgwyl.

Carwn wybod beth yw barn poplysen am aethnen a barn ffynidwydden am fedwen arian. Ond y mae eu doethineb yn ddyfnach na'n deallusrwydd chwilfrydig a checrus ni. "Na fernwch fel na'ch barner." Byw a gadael i arall fyw – dysgodd y coed y gelfyddyd fawr yn well na ni.

"Gwna fi fel pren planedig, O Fy Nuw." Ceisiais fy nychmygu fy hunan yn goeden: tyfu ac ymestyn yn dawel, a'r gwynt a'r glaw a'r haul yn gweini arnaf. Codais fy nirfod tua'r haul a chydnabod fy nibyniaeth lwyr ar Roddwr Bywyd; diolchais am y diferion glaw ac am fendith barhaol awyr; ymgynheliais dan ergyd ystormwynt a blasu ei gadernid ef a'm cadernid innau. Profais ddeilio, blaguro, blodeuo; ymdeimlais â rhythm tyfiant; bu bron i drai a llanw'r sug fy ngorlethu a'm marweiddio. Yn nyfnder gaeaf ymhyfrydais yn nadolig yr Anorchfygol; esgynnodd y Gogoniant i lanw fy mryd. Cefais fyw, ymdrechu, hiraethu. Teyrnasai haf yn fy nghanghennau a'm dail. Ac yna cefais fod yn rhan o ddawns angheuol yr hydref nes suddo i orffwysfa oer y gaeaf.

Ond dyna. Mor dlawd yw'r dychmygion bywiocaf. Ni chawn byth wybod (ond trwy wyrth na allwn ei hamgyffred) pa fath o berlesmair a ddaw i goeden yn y gwanwyn neu'r hydref.

Mai 22 (Dydd yr Arglwydd):

Un o'r peryglon mwyaf i enaid pregethwr yw'r weniaith a arllwysir am ei ben. Nid oes neb sydd yn gorfod derbyn mwy ohoni na'r pregethwr. Mae'r weniaith yn dechrau o ddifrif ar ddiwrnod ei ordeinio, onid yw wedi gwneud hynny eisoes. Tyf rhai'n bur ymhongar dan y driniaeth; caleda eraill i'r fath raddau nes methu ymateb i unrhyw air o glod. "Gwirionedd trwy bersonoliaeth" yw'r diffiniad mwyaf adnabyddus o bregethu. Duw a'n hachubo rhag bod yn bersonoliaeth yn cuddio'r gwirionedd.

Mai 23 (Llun):

Mwynheais y daith i'r Undeb[72] A'r tywydd mor deg, edrychai'r wlad fel llwyfan fawr, a drama gyffrous yr haf ieuanc yn cael ei hactio arni. Y coed oedd y *dramatis personae* amlycaf. Sylwais eto, dan ryfeddu, ar eu hamrywiaeth. Ymddangosent fel pe baent yn sibrwd ac yn chwerthin neu'n codi eu pennau mewn balchder swil. Teimlais lawer gwaith o'r blaen fod gan y coed gyfrinachau rhyngddynt a'i gilydd. Os credwn mai pethau digymdeithas ydynt, nid yw hyn ond yn dangos ein hurtrwydd a'n dallineb a'n byddardod. O na chyffyrddai'r Gwaredwr â'n llygaid a'n galluogi ni i weld nid dynion megis prennau yn rhodio ond prennau megis dynion yn gweddïo. Cefais flas ar y cyfarfodydd heddiw. Ond teimlaf weithiau fod rhyw debygrwydd rhwng y pleser a gaiff Cristion mewn "Undeb" a'r pleser a gâi paganiaid yr hen Ymerodraeth Rufeinig wrth fynd i weld brwydrau'r arena. Chwarae teg. Gwnaeth y gladiatoriaid eu gwaith yn hynod o dda heddiw.

Mai 24 (Mawrth):

O Arglwydd Dduw Rhagluniaeth, a ddygaist i fyny feibion Israel allan o dir yr Aifft, a'r Philistiaid o Cafftor, a'r Syriaid o Cir, arwain Di ein Cymru fach ni yn y dyddiau hyn. Cedwaist hi o ganrif i ganrif; dangosaist iddi orfoledd Dy deyrnas; megaist ynddi saint ac apostolion a diwygwyr. Peraist iddi fethu mewn grym ac amlhau mewn gras. Nid Dy ewyllys Di yw ei bod yn darfod mewn gwarth heb lefaru wrth y gwledydd. Rhoddaist iddi genadwri hedd a Thywysog Tangnefedd. Tywallt Dy Ysbryd arni'r awron. Llefara trwyddi wrth fyd a barlyswyd gan ofn. Llanw hi â'th gariad modd y gwasanaetho hi Dy deyrnas mewn rhyddid. Trwy Iesu Grist, Brenin cenedl a Brenin byd. Amen.

*   *   *   *

Mae etholiad cyffredinol yn mynnu sylw yn ogystal â'r Undeb. Prysured y Chwyldro, Chwyldro'r Ysbryd Glân!

Mai 25 (Mercher):

Da yw clywed dyn yn llefaru'n groyw o'i galon.[73] Nid yw hil y proffwydi wedi darfod. "Y gwir yn erbyn y byd": nid oes ddihareb lanach mewn unrhyw iaith.

Mai 26 (Iau):

Ffarwelais â charedigion a dychwelyd adref yng nghwmni cyfaill i bleidleisio dan weddïo.

Nid amhriodol yw myfyrio am bechod wrth wrando ar ganlyniadau cynharaf y pleidleisio yn dyfod dros yr awyr.

Sylwais ar restr y Saith Pechod Marwol yn yr hen lyfr a elwir *Yny lhyvyr hwn.*

> Syberwyd neu falchedd.
> Cenfigen neu gynghorfynt.
> Digasedd neu irllonedd.
> Llesgedd neu ddiogi.
> Angawrdeb neu gybyddiaeth.
> Glythineb.
> Godineb neu anniweirdeb.

Diddorol hefyd yw'r dadansoddi dan y saith bennawd. Ond nid af ar ôl y pechodau "cnawdol" yr ymdriniais â hwy eisoes. A newyddion yr etholiad yn ymarllwys i'r ystafell, fe'm gorfodir i feddwl am y pechod "bydol." Y pechod a berthyn yn fwyaf neilltuol i'r byd yw ariangarwch yn ôl rhai o'r hen awduron, ond y mae'r chwant am allu bydol yr un mor ganolog. Yma, wrth gwrs, y mae pechod "bydol" yn ymylu ar falchder a ystyrir yn aml yn brif bechod y Diafol. Ond y mae'n rhaid gwahaniaethu rhyngddynt. Yr wyf yn adnabod dynion nad ydynt yn eithriadol o falch ond sydd â chwant anniwall am allu bydol, y gallu i reoli bywydau eraill. Yn y bobl hyn, y mae'r ewyllys noeth wedi ymchwyddo, megis; y mae'r bersonoliaeth gyfan wedi'i ffrwyno i wasanaethu un diben, sef darostwng eraill i fod yn weision i'r Hunan gormesgar. Hwyrach mai "Trachwant" yw'r enw gorau ar bechod bydol.

Pa mor euog wyt ti, y Brawd o Radd Isel?

Mai 27 (Gwener):

O Iesu Grist, cynorthwya fi i weld ac i gasáu fy mhechod. Dangos imi na ellir gwasanethu Mamon a Duw. Tywys fi ar hyd y ffordd a gysegrwyd gan dy waith a'th aberth.

Gwelais yr Iesu ar briffordd hanes. Cododd ei law a'm gwahodd tua'r gorwel.

PENNOD 8

Ariangarwch

Mai 28 (Sadwrn):

Y mae gan Iolo Goch ei restr o'r Saith Bechod – "marwol saith bechod meirwon":

"*Balchder* yw ein arfer ni,
Digio, cybydd-dra, diogi,
Cenfigen bresen heb rodd
Godineb, gwae a'i 'dwaenodd;
Glythineb y glwth enau
Nid mwyn, mi a wn nad mau."

Onid oes cysur yn y rhestr, y mae cysur yn y mawl i'r Aberth a geir yn yr un cywydd:

"Er ei gof, er ei gywyd,
Er ei loes dros bumoes byd,
Er ei lun ar oleuni,
Er a wnaeth a'i roi i ni,
Er ei wyneb ar Wener,
Er ei boen fawr ar y bêr,
Er ein gwaedd, er ein gweddi,
Y nef a brynodd i ni."[74]

Dyma'r unig ffordd i orchfygu pechod: y Cariad a breswylia yn yr hollfyd ac sydd yn uwch ac yn ddyfnach ac yn lletach na phob dim sydd yn yr hollfyd, Cariad y Groes, yr Aberth gwaredigol a lysg ar allor Tragwyddoldeb – cyn cynnau seren ac wedi diffodd haul yn awr a thros byth.

Mai 29 (Sulgwyn):

O Ysbryd a fuost yn ymsymud ar wyneb y dyfroedd, tyrd ataf. Rhuthra arnaf, y Gwynt di-garchar, o ogledd a deau, o ddwyrain a gorllewin. Cipia fi o ganol amhurdeb ac afiechyd y torfeydd aflan, dyrchafa fi i ben mynydd Dy sancteiddrwydd, chwyth arnaf, glanha fi, dyro imi nerth a bywyd newydd. Awyr Iach y nef wyt ti. Bendithia fi â'th hoen a'th hoywder a'th hyfdra. Tydi, y sydd yn chwythu drwy anialwch y Temtiad a thrwy oruwchystafell y Saint, brawycha Dy Eglwys â'th bresenoldeb, a phâr imi fyw ger Dy fron.

Rhyfedd y gwahaniaeth rhwng y disgyblion a ffoes o ardd Gethsemane a'r disgyblion a wynebodd y dyrfa ar ddydd y Pentecost.

Mai 30 (Llun):

Dywedodd cyfaill wrthyf yn ddiweddar fod y Dr. Davies, Tre-lech,[75] yn arfer dweud mai ariangarwch yw'r unig bechod nad yw amser ddim yn ei ddofi. Hwyrach bod y gŵr anghyffredin hwnnw'n siarad o brofiad. Tybir yn aml fod henaint yn gwanhau'r nwydau cnawdol a bod profiad yn dysgu rhyw fesur o ddoethineb hyd yn oed i'r ffolaf, ond gellid dweud llawer i wrthwyneb y ddau osodiad. Sut bynnag, dyma Davies, Tre-lech, yn tystio bod ariangarwch yn cynyddu ac nid yn lleihau.

Wrth reswm, y mae mwy nag un math o ariangarwch. Dyma'r darlun traddodiadol o'r cybydd – y crinwas tyn ei ddwrn a wylia ei dda'n ofalus, gan osgoi gwario a rhoi dim, gan gronni cyfoeth o hyd a'i guddio'n bryderus. Dyma ddarlun Siôn Cent:

"Gwell gantho, bur oedio barn,
Y dwfr no gwin o'r dafarn.
Ni chais cybydd ddydd o'i dda
Onid ocr neu edwica."[76]

"Corr o ddyn" ydyw, tebyg i dwrch ddaear. Ond y mae mathau eraill o ariangarwyr – megis y sawl a geisio arian am ei fod wedi rhoi ei fryd ar y pethau y gall arian eu prynu, moethau a chysuron byd a gorwychder buchedd, a'r sawl a drinio arian i fwynhau'r gallu bydol y gall arian ei roddi iddo, y gallu i arglwyddiaethu ar dynged dynion a chenhedloedd. O'r ddau fath hyn ar ariangarwch y mae'r cyntaf yn ymylu ar fod yn bechod cnawdol, yr ysfa am foethusrwydd ardderchog, ac y mae awgrym o hyn yng nghymeriadau Barabas yn *Jew of Malta* Marlowe a Sir Epicure Mammon yn *The Alchemist* gan Ben Jonson. Yr oedd yr ysfa fawreddog hon yn blino llawer adeg y Dadeni. Y mae'r ail fath o ariangarwch yn ffurf arbennig ar y chwant am allu bydol. Ni fesurwyd hyd yn hyn ddylanwad arianwyr mawr ar helyntion cydwladol ein byd.

Mae'n debyg mai am y cybydd-dod crintachlyd yr oedd y Dr.

Davies, Tre-lech, yn sôn. Sail hwn yw ofn, yr awydd am Ddiogelwch. Yn y mathau eraill ar ariangarwch gwelir yr awydd am Foeth a'r awydd am Allu.

* * * *

Try fy meddwl at fy Nghyfaill, un na faliodd ddim erioed am na Diogelwch na Moeth na Gallu.

Yr Iesu mwyn, gad imi ddyfod gyda thi yn fy myfyrdod ar hyd hen ffyrdd Palestina. Gad imi dy glywed di'n cyhoeddi bendith y Deyrnas ar y tlodion ac yn sôn am y Trysor na all na gwyfyn na rhwd ei lygru na lladron ei ladrata. Gad i mi weld yr heulwen yn dy wallt a chlywed y nentydd yn dy lais. Gad imi dy weld di fel yr wyt, yn Berchen ar holl gyfoeth y ddaear . . .

Deuthum yn agos at yr Iesu yn fy nychymyg. Gwelais y wên ar ei wefus a'r ieuenctid eiddgar ar ei rudd, a theimlais y cariad dewrwych yn ei drem yn cofleidio fy enaid. Rhyfeddais at ei fawredd a'i dlodi.

Y Tlodi Efengylaidd yw hwn, Tlodi Duw, y Tlodi sydd yn olud y tu hwnt i synfyfyrion gwancus holl addolwyr Mamon.

Mai 31 (Mawrth):

Darllenais dro'n ôl lyfryn coegdeimladus am y tri phlentyn ym Mhortwgal y bu eu profiadau'n sail i'r cwlt Pabyddol am "ein Harglwyddes o Fatima." Yr oedd yn hawdd gweld bod rhyw gymaint o ofergoel dorfol yn perthyn i'r cwlt a bod ei ddefosiwn wedi'i gwyrdroi i borthi gelyniaeth yn erbyn Comwnyddiaeth Rwsia. Ofnaf imi fethu â gweld llawer o ogoniant yn y plant. Ond bu cyfaill o offeiriad mor garedig â rhoi imi gopi o lyfr gwell ar y digwyddiad, llyfr gan C.C. Martindale.[77] Y peth a arhosodd gyda mi wedi darllen hwnnw yw cymeriad y bachgen Francisco a'i dyfiant mewn gras a'i awydd am "gysuro" Duw yn wyneb pechod dyn. Bendith ar yr enaid bach a'i ddiwinyddiaeth feiddgar. "Os Duw sydd ar f'enaid i eisiau . . ." Mae Cariad Duw yn dryllio gramadeg a dogmateg.

Mehefin 1 (Mercher):

Bûm yn chwilio fy enaid eto i gael gweld pa mor euog ydwyf o bechodau ariangar. Ond methais ddod o hyd i gythreulyn bach yr ariangarwch hyd yn hyn. Yr wyf yn ceisio fy amddiffyn fy hunan yn lle cydnabod fy mai. Ac nid anodd i weinidog ei amddiffyn ei hun yn y mater yma. Gallai pob gweinidog ymron gael llawer "gwell bywoliaeth" mewn gwaith arall. Nid chwant am arian sydd yn denu dyn i'r weinidogaeth. Gwaith rhyfedd yw gwaith gweinidog: gwaith sydd yn gofyn doniau cyhoeddus a meddyliol, gwaith sydd, gan amlaf, yn gofyn hyfforddiant hir mewn colegau, a gwaith sydd yn ennill i'r gweithiwr gyflog anrhydeddus o broletaraidd. Duw a achubo bawb ohonom rhag grwgnach. Ond fe erys y gwirionedd: nid oes neb heddiw yn mynd i'r weinidogaeth i ennill safle economaidd hollol gysurus a dibryder.

Ond gwn fy mod yn fy amddiffyn fy hunan.

Mehefin 2 (Iau):

Y mae godidowgrwydd y weinidogaeth yn aros, er gwaethaf annheilyngdod y saint, a'r gweinidogion hwythau. Mor falch ydwyf heddiw o gael cyfarch gweinidog ieuanc a'r tân proffwydol yn llosgi ynddo.

Mehefin 3 (Gwener):

"Ni ellwch wasanaethu Duw a mamon." "Am hynny, meddaf i chwi, Na ofelwch am eich bywyd, beth a fwytaoch, neu pa beth a yfoch; neu am eich corff, pa beth a wisgoch. Onid yw y bywyd yn fwy na'r bwyd, a'r corff yn fwy na'r dillad?"[78]

PENNOD 9

Mamon

Mehefin 4 (Sadwrn):

Hyd yn oed wrth geisio trafod Mamon y mae fy enaid yn gwingo, ac y mae'r hen anghysur, yr hen ymdeimlad o euogrwydd, yn cnoi fy nghalon. Y mae'r Cyhuddwr Mawr yn edrych arnaf o hyd. Dywedaf "hyd yn oed" oblegid fy mod weithiau'n cael fy nhemtio i feddwl mai dyma'r pechod lleiaf yn fy hanes. Gall yr hunan-amddiffynnydd sydd ynof fod yn weddol huawdl ar y pwnc. Ac eto teimlaf yn euog wrth feddwl am y Daioni Tragwyddol a'm creodd er daioni.

Llefared yr hunan-amddiffynnydd am ychydig o amser. Gweinidog yr Efengyl ydwyf. Pa ariangarwr a ddewisai'r alwedigaeth hon? Oni allai pob gweinidog yn ein dyddiau ni ennill bywoliaeth fwy cyffyrddus trwy wneud gwaith arall? Cofiaf i gyfaill unwaith fy ngalw i'n ffŵl a sôn am swyddi ac incwm dibryder a chael llawer llai o waith. Dywedwyd wrthyf un tro mai dyletswydd amlwg pob dyn yw ennill cyflog digonol er sicrhau magwraeth dda ac addysg deilwng i'w blant a'm bod i'n methu yn fy nyletswydd. "Os yw dyn am fyw mewn tlodi sanctaidd, peidied â chenhedlu plant," meddai'r cyhuddwr hwnnw. Methaf yn lân â gweld grym yn y ddadl hon, am fod magwraeth dda ac addysg deilwng yn dibynnu ar lawer o bethau pwysicach nag arian. Ond a bwrw bod gwerth yn y ddadl, nid ariangarwch yw'r pechod a gollfernir ganddi.

Ceisiais rannu ariangarwch yn dair rhan: chwennych arian er mwyn diogelwch, chwennych arian er mwyn moethusrwydd, chwennych arian er mwyn gallu dros bobl eraill. Nid yn y ddwy ffurf olaf ar ariangarwch y gorwedd fy euogrwydd arbennig. Os ceisiais reoli bywydau eraill nid trwy arian y gwneuthum hynny. Ac ni chwenychais lawer o foethau chwaith. Gan amlaf yr wyf yn fodlon ar y rheidiau syml, a hyd yn oed pan fentrais o dro i dro i wario arian ar rywbeth dianghenraid, yn y gwario y bu fy ngwendid ac nid mewn gwanc am arian. Yma y mae'r hunan-amddiffynnydd ar dir go sicr. Ond i ba raddau yr wyf yn euog o geisio diogelwch rhag angen a cholled ar draul pethau pwysicach? A wyf yn llai hael ac yn llai mentrus nag y dylwn fod o achos pryder economaidd? A wyf yn gwbl onest? A ydyw'r ymdrech i fyw yn mynd â gormod o'm hegni ac yn pwyso gormod ar fy meddwl?

Mehefin 5 (Dydd yr Arglwydd):

Dywedir bod lletygarwch ymhlith Cristionogion yn mynd yn brinnach, ac y mae sicrhau llety i bregethwyr yn dipyn o faich ar swyddogion ambell eglwys. Hawdd gweld bod llawer o deuluoedd yn hwyrfrydig iawn i groesawu pregethwyr. Ofn y "barchus, arswydus swydd"[79] sydd ar gryn nifer.

Ond ymhlith y rhai hynny sydd yn agor drysau eu cartrefi i weinidogion ar grwydr y mae'r caredigrwydd parhaus yn ddigon o ryfeddod. Testun diolch sydd gennyf bob tro. Felly heddiw eto. Bu'r croeso'n gynnes ac yn llwyr er gwaethaf salwch gwraig radlon y llety – salwch a fyddai'n ddigon o esgus am beidio â lletya neb oni bai'r ewyllys hael yno.

Yn rhyfedd troes yr ymddiddan i gyfeiriad cyfraniadau ariannol at yr eglwys. Yma eto y mae'r teulu arbennig hwn yn hynod o hael. Ond nid anodd oedd sôn am rai a gyfrannai lawer mwy at y sinema nag at yr eglwys.

Efengyl, iachawdwriaeth, cymod, ffydd, brawdgarwch, cymundeb y saint . . . Casgliad, trysorfa, pensiynau, tanysgrifiadau, cyfanswm, archwiliwyd a chafwyd yn gywir . . . "Am hynny, fy mrodyr annwyl, byddwch sicr a diymod a helaethion yng ngwaith yr Arglwydd yn wastadol . . . Hefyd am y gasgl i'r saint; megis yr ordeiniais i eglwysi Galatia, felly gwnewch chwithau."[80]

Sul y Drindod ydyw heddiw. Soniais am Ymgnawdoliad, Iawn, Atgyfodiad, yr Ysbryd Glân.

Rhaid yw talu am iachawdwriaeth, ac eto rhaid ei derbyn yn rhad. Mae gwerth yn yr hen gategorïau athrawiaethol, ac eto y maent yn tystio i'w hannigonedd eu hunain!

Mehefin 6 (Llun):

> "Cyfiawnder yn dweud Digon!'
> A'r Tad yn gweiddi 'Bodlon!'
> Yn yr Iawn."[81]

Cyfiawnder a'i gloriannau, y Tad a'i gyfrifon di-feth, Meichiau a Mantolen . . . Duw yn unig sydd yn ddigon gonest i ofalu am y Brynedigaeth!

Mehefin 7 (Mawrth):

Dyna gampwaith o eironi yw *Salm i Famon* John Morris Jones.

> "Trech wyt na Christ yng ngwlad y Cristion,
> Bwdha'n yr India hwnt i'r wendon;
> Arafia anial a ry'i chalon,
> Nid i Fahomet, ond i Famon."

> "Beth a dâl dawn a thalent
> Wrth logau a rholau rhent?
> Pwy yw'r dyn piau'r doniau?
> Rhyw was i un â phwrs aur."

> (Y B.B.C. er enghraifft)

> "'Dy gymydog', eb Nebun,
> 'Geri fel tydi dy hun',
> Breuddwydiwr a bardd ydoedd,
> A rhyw wyllt ddychmygwr oedd,
> Ar fyr, 'anymarferol' –
> Nid un hawdd rhodio'n ei ôl.

> Ond am efengyl Mamon,
> Mor hollol wahanol hon!
> Mor fawr, mor 'ymarferol';
> Nid an-hawdd rhodio'n ei hôl."

O Dduw, cadw fy nwylo'n lân, cadw fy nghalon yn bur. Trwy'r Tlotyn a fu farw ar y Groes, Amen.
Mae'r bardd yn cyfaddef ei fod wedi pechu yn erbyn Mamon:

> "Canwaith rhoi ceiniog
> I un anghenog,
> Neu i ddifuddiog, yn ddifeddwl;
> Eirchiaid fai'n erchi,
> Rhennais i'r rheini,
> Yn lle eu cosbi yng nghell ceisbwl.

Erioed afradus,
Rhyffol wastraffus,
Esgeulus, gwallus, gwelais golled;
Ar lesg ni wesgais,
Isel nis treisiais,
Gwobrau nis mynnais, collais bob ced.'"[82]

Fe'm temtir innau i ymffrostio fel hyn. Rhoi'n ddi-feddwl,
gwario'n ddihitio, methu gwerthu dim byd, dirmygu enillwyr y
gwobrau a'r cyflogau mawr – dyna fu fy hanes. Ond cyn mentro
ymffrostio rhaid imi wynebu dau gyhuddiad. Un yw fy mod yn
esgeulus ynghylch arian am fod yr hen Adda sydd ynof yn
ymddiddori mewn pethau eraill. Mae'n debyg y byddaf, wrth
chwilio fy mhechod ymhellach, yn gorfod cydnabod bod y
cyhuddiad hwn yn wir. Y cyhuddiad arall yw bod tlodi, wedi imi
briodi a chael plant, wedi fy ngyrru i blygu glin ambell waith yn
nheml Mamon. Rhaid imi drafod y cyhuddiad hwnnw.

Mehefin 8 (Mercher):

Bu'r Hunan-gyhuddwr a'r Hunan-amddiffynnydd yn ymddiddan heb
eiriau, ond i'r perwyl hwn:

Derbyniaist apêl am gymorth ariannol i blant anghenus Ewrob.
Beth amdani? – Mae fy ngwraig yn danfon dillad i ysgafnhau baich
un teulu ar y cyfandir. – A wyt ti'n fodlon ar dy gyfraniad i'r
Drysorfa Gynorthwyol?[83] – Fe garwn roi rhagor, ond y mae magu
plant yn mynd yn fwy costus bob dydd. – Beth a wnaethost ynglŷn
â'r apeliadau eraill a ddaeth atat yn ddiweddar: Y Genhadaeth, Y
Mudiad Ecwmenaidd, Senedd i Gymru, mudiadau heddwch, cronfa
etholiad, eisteddfod, trysorfa'r gweddwon, cofgolofn, cronfa goffa, y
coleg 'fanyma a'r llyfrgell 'fanacw . . .? – Y mae gweinidogion yn
derbyn mwy o apeliadau na neb arall a llai o gyflog na'r rhan fwyaf.
Rhaid barnu rhwng angen ac angen. – Paham na roddaist ragor? – Ni
allaf fforddio rhagor. Yr ydym yn cael ymdrech i fyw ar fy incwm
heb gynilo dimai ar gyfer addysg y plant neu unrhyw wasgfa a all
dod. – Efallai eich bod yn gwario gormod ar fwyd a dillad. – Mae
Taranwen yn credu mewn bwyd da. Nid ydym yn cael danteithion
dianghenraid. Nid yw'r plant erioed wedi blasu twrci Nadolig. Os
yw dillad y plant yn raenus, rhaid diolch i garedigrwydd mam

Taranwen a chyfeillion twymgalon. Nid yw Taranwen yn gwario digon ar ddillad iddi ei hun. Y rheidiau'n unig sydd gennyf i, heb na thei na hosan dros ben. – 'R wyt ti'n dechrau mynd i hwyl, gyfaill. Ond onid gwell yw gwisgo sachliain na gwario arian ar ddillad pan fo brodyr a chwiorydd iti'n dioddef newyn a noethni mewn gwledydd pell? – Nid oes gennyf ateb i'r cwestiwn hwnnw.

Mehefin 9 (Iau):

Cawsom ddiwrnod prysur a dymunol. Os wyf yn gweld Mamon ymhobman ar hyn o bryd, arnaf i y mae'r bai. Calondid oedd clywed araith a soniai'n huawdl am werthoedd rhamant yr Hen Gymry fel sail i bregethu heddiw.

Mehefin 10 (Gwener):

Yr wyf yn cael mwy na digon o bwyllgora'r dyddiau hyn. Erbyn meddwl, y mae Mamon yn aelod gweithgar o bob pwyllgor.

Mehefin 11 (Sadwrn):

Byddaf yn mwynhau ffilmiau hanesyddol – hyd yn oed y rhai mwyaf anhanesyddol. Pan ddywedodd cyfaill agos wrthyf fod "Quo Vadis" yn werth ei gweld, deliais ar y cyfle; ac yn wir, hyd yn oed er gwaethaf y ffaith bod gwneuthurwyr y ffilm am borthi ein chwant am roi eithaf clatshen i'r sawl y byddom yn ddig wrthynt, daeth her y Gristionogaeth drwodd: disgyblion y Cariad di-ildio'n sefyll yn orfoleddus yn erbyn y pwerau erlidgar. Os Cristionogaeth yw hyn, nid yw'r rhan fwyaf o Gristionogion y byd yn Gristionogion o gwbl. A wyf yn rhy llym?

Mehefin 12 (Dydd yr Arglwydd):

Bu'n rhaid imi eistedd gyda phobl garedig y llety i edrych ar y teledu neithiwr.

"Onid yw safon y rhaglenni'n ofnadwy o isel?" meddai un ohonynt, gan ddal i edrych ar y llun symudol.

"Ydi," meddai un arall. "'Alla'i ddim deall cyflwr meddwl y bobl sy'n gyfrifol amdanyn-nhw."

"Wrth gwrs, gellwch chwi droi'r hen raglen ddi-chwaeth i ffwrdd, os mynnwch chwi," meddai'r cyntaf.

"Gellwch, wrth gwrs," meddai'r ail. "Ond os nad oes rhyw safon gennych chwi, 'ellwch chwi ddim barnu rhwng y da a'r drwg. 'Dyw stwff fel hyn ddim yn gwneud niwed i bobl fel ni, ond byddaf yn arswydo wrth feddwl am effaith rhaglenni fel hon ar bobl nad oes dim safonau ganddyn nhw."

"Ie, dyna'r drwg," meddai'r llall.

Parhâi'r tri ohonom i syllu ar y llun hyd ddiwedd y rhaglen.

Heddiw teimlais wrth arwain yr oedfaon fod canrifoedd o gymdeithas Gristionogol y tu cefn inni. Bu'r eglwys yn dathlu ei chanfed penblwydd a hanner; ond y mae hanes pob eglwys yn rhan o hanes yr un Eglwys fawr, yr Eglwys a gasglwyd o bob cenedl a llwyth ac iaith. Heno yr oedd gweddïau bloesg y saint yn llond y tŷ cwrdd.

Arglwydd graslon, gwiredda ein ffydd, cyflawna ein breuddwydion, rhagora ar ein deisyfiadau. Trwy'r gŵr a fu gynt dan hoelion. Amen.

Y mae ein gweddïau cyhoeddus yn llawn o ystrydebau. Y mae un ystrydeb yr wyf yn cael blas arni'n wastad; a honno yw "Rhagora ar ein deisyfiadau." Byddai'n dlawd arnom oni bai bod Duw'n gwneud hynny.

Mehefin 13 (Llun):

Nid wyf wedi darllen unrhyw esboniad a fentra awgrymu beth a ddigwyddodd i eneidiau Ananias a Saffira wedi iddynt syrthio'n farw dan farn yr apostol a'u cydwybod hwy eu hunain. Pe buaswn i'n Angel y Gosbedigaeth fe roddaswn gosb arbennig arnynt, sef eu condemnio hwy i grwydro'r ddaear a'u cadw hwy allan o'r nef hyd nes y byddent yn cael hyd i Gristion a fyddai bob amser yn llanw ei ffurflen treth incwm yn gwbl onest.

Gorchwyl go anodd fyddai hwn, a gorchwyl maith.

Y mae rhyfel oer yn cael ei ymladd rhwng pob trethdalwr a'r awdurdod casglu trethi. Cymerir y peth yn ganiataol. Nid wyf wedi clywed am neb, nid Canghellor Trysorlys, hyd yn oed, sydd yn disgwyl i ddyn lanw ei ffurflen incwm er anfantais iddo'i hun. Mae pawb yn deall bod pobun call yn "hawlio" pob lwfans a ganiateir. Anghall, braidd, wyf i. Ond y mae'n bosibl bod yn anghall heb fod – pa air a ddefnyddiaf? – yn ddiniwed.

Un peth yw hawlio lwfans; peth arall yw gosod incwm yn fanwl ar ffurflen. Pa faint o Gristionogion sydd yn dweud y gwir, y gwir i gyd, heb ddim ond y gwir? Y Cristionogion beiddgar hynny sydd yn dyrchafu "Gwirionedd Absolwt" a "Gonestrwydd Absolwt" fel safonau eu buchedd, pa fath o hwyl sydd ganddynt hwy ar lanw'r ffurflen incwm?

Rhaid bod yn ystwyth, debyg iawn. Os dyry cymydog caredig hanner coron i'w wario gan y plant mewn gwibdaith Ysgol Sul, ni ddisgwylir i'r tad nodi'r ffaith ar y ffurflen, am wn i. Os yw'r Cofiadur Angylaidd yn Llys y Nefoedd yn cadw cofnodion manwl am y rhoddion a'r enillion achlysurol a lonna galonnau holl weinidogion Cymru mae'n rhaid bod ganddo staff helaethach o glercod nag sydd gan yr awdurdodau treth incwm yng Nghymru. Y rhaglennwr bras ei adnoddau hwnnw sydd â'i enw mor fynych yn y *Radio Times,* y pencampwr cyrddau-mawr acw yr hysbysir ei enw mor amlwg mewn llythrennau tal ar bosteri'r eglwysi, y gweinidog gweithgar yma sydd wedi dysgu mor drwyadl y gelfyddyd o brynu yn y farchnad rataf a gwerthu yn y farchnad ddrutaf – a fyddant yn cochi, tybed, ar Ddydd y Farn, wrth weld yr holl ffurflenni incwm a lanwsant wedi'u gosod yn rhes ddireidus o flaen eu llygaid?

Pa beth a ddywedi dithau ar Ddydd y Farn, y Brawd o Radd Isel? Dy fod yn llai ystwyth na llawer? Dy fod di'n gweithio'n galetach ac am gyflog llai na'r rhan fwyaf o'th gyfoeswyr? Bod ar gymdeithas ddyled iti? Bod yn rhaid hyd yn oed i broffwyd gael byw? Eithaf tebyg. Yr wyf yn dechrau d'adnabod di.

Mehefin 14 (Mawrth):

Ceisiais ddychmygu gogoniant Buddugoliaeth Duw: yr Orsedd wen ddisglair, y Môr o Wydr, yr angylion llathraidd, y saint bendigaid yn eu dillad gwynion, yr Oen a laddwyd. A chwarae teg i'm dychymyg blin – yr oedd yr olygfa y tu hwnt i alluoedd Cecil B. de Mille[84] ac Archesgob Caer-gaint gynhyrchu ei thebyg. Ond pan geisiais edrych arnaf fy hunan, gwelais fy mod yn un enaid llwydaidd a chrynedig a oedd yn sefyll yng nghwt nifer o eneidiau anesmwyth a oedd yn aros eu tro i ymddangos gerbron cofnodydd adeiniog urddasol. Wrth ddynesu ato yng nghwt y dyrfa gallwn glywed ei sylwadau am bob un.

"Dyma Gristion a gafodd brofiad mawr mewn oedfa ond a fu'n

ofalus iawn, pan ddaeth y casgliad, i ddethol darn chwech yn hytrach na hanner coron."

"Dyma Gristion a wrthododd wario mwy na thri swllt ar anrheg Nadolig i blentyn hen gyfaill o achos nad oedd yr hen gyfaill y Nadolig blaenorol wedi gwario mwy na thri swllt ar anrheg i'w blentyn ef."

"Dyma Gristion a fu'n arfer astudio adroddiad ariannol ei eglwys yn bur ofalus bob blwyddyn er mwyn osgoi rhoddi mwy i'r achos nag aelodau eraill a oedd yn cael cyflogau tebyg i'w gyflog ef."

Pallodd y weledigaeth cyn imi gymryd fy lle ger bron y Cofnodydd hollwybodus. A bu tywyllwch mawr.

Mehefin 15 (Mercher):

O Arglwydd, achub fi. Rhag y pwll diwaelod, rhag llysnafedd a phydredd, rhag hunangyfiawnder a hunandwyll, rhag Beelsebub a Mamon, rhag crafu a chrafangu, achub fi, O achub fi.

Glanhâ fi, a byddaf lân.

Mehefin 16 (Iau):

Ceisiais feddwl am yr Iesu'n gwrthod dyfarnu yn achos y gŵr hwnnw a oedd â chŵyn ganddo yn erbyn anghyfiawnder ei frawd. Ceisiais feddwl amdano'n edrych ar y geiniog ac yn dywedyd, "Rhoddwch yr eiddo Cesar i Cesar a'r eiddo Duw i Dduw."[85] Ceisiais feddwl amdano'n crwydro'r wlad yn ddigartref i wneuthur daioni ac yn dweud wrth ei ddisgyblion am fynd allan mewn tlodi di-amddiffyn i bregethu Efengyl Teyrnas Dduw. Daeth ei ewyllys imi'n fwy eglur.

Mehefin 17 (Gwener):

Na thrysorwch i chwi drysorau ar y ddaear . . . Eithr trysorwch i chwi drysorau yn y nef . . . Canys lle y mae eich trysor, yno y bydd eich calon hefyd."[86]

Mehefin 18 (Sadwrn):

Yr wyf yn ymgodymu â Mamon mewn ffordd arbennig y dyddiau hyn. Derbyniais, braidd yn rhy anystyriol, wahoddiadau i gynadleddau pwysig a deniadol. Gan fod ar awdurdodau a'm gwahoddodd yn cynnig talu'r treuliau teithio nid gwiw oedd colli'r cyfle i ddiwinydda a chynadledda mewn gwledydd cyfandirol. Ond y mae treuliau eraill heblaw treuliau teithio, ac yn awr gwelaf yn eglur mai cwbl amhosibl yw mynd heb gael cymorth ariannol rywle. Yn yr argyfwng wele fi'n cofio am arian a enillais beth amser yn ôl ond sydd heb ei dalu imi gan y ddau sefydliad a wasanaethais. Dau sefydliad, nid dau berson – ond hynod ddiflas yw ysgrifennu'r ddau lythyr i ofyn, yn betrusgar ac yn fwyn, a oes fodd imi gael rhyw gymaint o'r enillion, ac i gynnig gwasanaeth ychwanegol yn y dyfodol fel dull i ddiolch am gymorth mewn cyfyngder.

Nid oes dim byd mwy diraddiol na gofyn am arian, hyd yn oed arian sydd, ar ryw ystyr, yn ddyledus inni. Ond y peth gwir boenus yw gofyn am arian gan rywun neu rywrai sydd mewn angen, hyd yn oed os teimli fod dy angen di ar y foment yn daerach.

A wyf wedi gofyn am fy mhais yn ôl yn lle rhoddi fy nghochl hefyd? Fy unig gysur yw ṇad oes dim sôn am ymgyfreithio ar y naill ochr na'r llall.

Mae'r bywyd Cristnogol yn gwrsweithred o ymolchi mewn baw.

Mehefin 19 (Dydd yr Arglwydd):

"Y rhai newynog a lanwodd efe â phethau da; ac efe a anfonodd ymaith y rhai goludog yn weigion."

"I bregethu i'r tlodion yr anfonodd fi, i iacháu y drylliedig o galon, i bregethu gollyngdod i'r caethion, a chaffaeliad golwg i'r deillion, i ollwng y rhai ysig mewn rhydd-deb, i bregethu blwyddyn gymeradwy yr Arglwydd."

Dyna wyrth o lyfr yw Efengyl Luc. Dylem roi mwy o sylw i'r Bregeth ar y Gwastatir.

"Gwyn eich byd y tlodion: canys eiddoch chwi yw teyrnas Dduw."

"Gwyn eich byd y rhai ydych yn dwyn newyn yr awron; canys chwi a ddigonir."

"Gwyn eich byd y rhai ydych yn wylo yr awron; canys chwi a chwerddwch."

"Rhoddwch, a rhoddir i chwi; mesur da, dwysedig, ac wedi ei ysgwyd, ac yn myned trosodd, a roddant yn eich mynwes: canys â'r un mesur ag y mesurwch, y mesurir i chwi drachefn."[87]

Mehefin 20 (Llun):

Gan gyfynged ein hamgylchiadau euthum i dipyn o drafferth o dro i dro i ennill symiau bach dros ben. Ond y mae'n amlwg nad oes dim dawn gennyf i gipio ar gyfleusterau i wneud arian mawr. Y mae rhywbeth yn fy atal o hyd. Caf fwy o foddhad wrth ysgrifennu llithiau i bapurau Cymraeg heb lawer, os dim, o dâl, nag wrth ysgrifennu dim byd Saesneg. Teimlaf yn aml y dylwn geisio ysgafnhau tipyn ar faich economaidd y teulu trwy ysgrifennu rhywbeth Saesneg, ac nid yw'r llenorion Saesneg yng Nghymru'n rhyw ymwybodol iawn o'u cyfle; ond fy mhrofiad i hyd yn hyn yw bod yn anodd imi ysgrifennu dim byd Saesneg heb deimlo'n euog o annheyrngarwch i Gymru a'r Gymraeg.

Mehefin 21 (Mawrth):

Buom yn trafod ein hanawsterau ariannol heddiw. Gwelaf na allaf fynd i'r cynadleddau ar y Cyfandir heb gwtogi tipyn ar angenrheidiau'r teulu. Mae'n edifar gennyf bellach imi benderfynu'n anystyriol gipio'r cyfle i gael ymweled â gwledydd tramor yng nghwmni diwinyddion a threfnyddion cyfundebol.

Wedi inni drafod y mater daeth ton o anfodlonrwydd cwynfanllyd drosof. "Nid wy'n gofyn bywyd moethus"[88] – ond yn enw pob chwarae teg oni ddylai ein baich fod dipyn yn llai? Oni ddylai fod yn bosibl imi gael llyfrau ac ambell siwrnai i ganolfannau hanesyddol yn Ewrob heb ladrata dillad oddi ar gefnau'r plant? Euthum i feddwl am ddeuluoedd eraill sydd â digon o arian i'w wario ar ffwlbri, a ninnau'n gorfod crafu a chribo. A ninnau mor haeddiannol! Nid yw'n anodd i neb, mae'n debyg, feddwl ei fod yn deilyngach nag ambell gyd-bererin.

Ond daeth y Cyhuddwr i edrych am myw fy llygaid. Yr oedd ei ffurf yn annelwig ond yr oedd arswyd ei fawredd yn drech na'm henaid. Yn sydyn, yr oedd y Crist yn edrych arnaf, yn dyner ac yn drugarog a'i nerth diderfyn yn gorlifo dros fy mywyd.

* * * *

Nid oes eiriau gennyf i ddisgrifio fy ymdeimlad o gywilydd – na'r llawenydd, chwaith, o gael gwybod bod Iesu o Nasareth yn gyfaill ac yn gydymaith â mi.

"Y mae gan y llwynogod ffeuau, a chan adar yr awyr nythod; ond gan Fab y dyn nid oes lle y rhoddo ei ben i lawr."[89]

Mehefin 22 (Mercher):

Mae hen lyfrau moesegol yn gwneud gwahaniaeth rhwng dyledion y mae gobaith am eu talu a dyledion nad oes dim gobaith am eu talu. Dywedodd hen weinidog wrthyf unwaith iddo ef a'i wraig benderfynu ar ddechrau eu bywyd priodasol na fyddent byth yn prynu dim heb dalu ar unwaith amdano fel na fyddai bil byth yn dod i'w cartref. Edmygaf benderfyniad y pâr cydwybodol, ond nid wyf erioed wedi teimlo mai pechod yw codi benthyg, neu dderbyn nwyddau heb dalu ar unwaith pan fo angen. Ond yn sicr ni ddylid cael benthyg heb obaith talu a thalu'n anrhydeddus yn unol â chytundeb. Y mae pob dyled yn faich, ac nid yw'r ffaith bod bywyd cymdeithas erbyn hyn wedi'i drwytho mewn benthyg a llog a chredyd yn ysgafnhau dim arno.

Mehefin 23 (Iau):

"Mi welaf ffordd yn awr
O lygredd mawr y byd . . .
Y ffordd yw Crist a'i ddawn
A'r Iawn fu ar Galfari."[90]

Nid un digwyddiad dramatig mo'r achubiaeth yng Nghrist, ond cwrsweithred fendithiol o ymlanhau ac ymgynnal yn ei gariad: gweld y ffordd a'i throedio trwy laid a llwch, dros gerrig a phyllau a ffosydd.

O fy Arglwydd Iesu Grist, mor gwbl ddiymadferth ydwyf heb y Cariad Tragwyddol a amlygwyd yn dy groes. Ar goll yn yr hollfyd maith, ar goll yn fy mhechod fy hun, ar goll yng nghymhlethdod pwdr y bywyd dynol – dyna yw fy nghyflwr hebot ti. Golch fi yn nyfroedd dy aberth, pura fy anadl ag awel dy hedd.

Mehefin 24 (Gwener):

Nid wyf mor dlawd ag yr haeddaf.

"Nid oes neb a'r a adawodd dŷ neu frodyr neu chwiorydd neu dad neu fam neu wraig neu blant neu diroedd, o'm hachos i a'r efengyl, a'r ni dderbyn y can cymaint yn y pryd hwn, dai a brodyr a

chwiorydd a mamau a phlant a thiroedd, ynghyd ag erlidiau; ac yn y
byd a ddaw, fywyd tragwyddol."[91]
Diolch i Dduw, mae'n wir.

Mehefin 25 (Sadwrn):

Mwynhad mawr heddiw oedd mynd â McTavish a Flanagan i lan y
môr ar wibdaith yr Ysgol Sul, a Mrs. Morgans, un o'n cymdogion,
yn ymddiried ei mab Morys i'm gofal hefyd. Mae Morys yn fedrus
wrth saethu â dryll, ac amhosibl oedd ei ddenu oddi wrth y stondin
saethu cyn iddo wario chweugain ac ennill gwydryn bach, a dorrwyd
ar y ffordd tua'r bws i ddychwelyd adref. Ond y mae'r bachgen yn
fwynach ac yn fwy amyneddgar na'n plant ni, a chawsom fwynhad
mawr yn ei gwmni. Chwarae teg, bu ein plant ni'n hynod o hydrin
a'r diwrnod cyfan yn hyfrydwch digymysg. Llwyddais i anghofio
pob gofalon ac ymroddi i bleser plant. Nid bob amser y byddaf yn
llwyddo i wneuthur hyn. Aeth yr oriau heibio fel munudau.

Daeth rhyw lawenydd a rhyw ddiolch rhyfedd i'm calon ar y daith
adref. Chwerthin ac wylo, ymgydnabod â'r bywyd sydd yn nhafodau
a bronnau a choesau ein gilydd – gwell hyn na bod yn Arglwydd yr
Hollfyd heb neb i'th barchu nac i'th ofni nac i chwerthin am dy ben.

Mae ein bywyd yn waeth na diddymdra heb ein gilydd.

Mehefin 26 (Dydd yr Arglwydd):

Wedi'r oedfa heno cafodd Taranwen a minnau swper gyda
charedigion goludog sydd yn byw mewn hen blasty a brynwyd
ganddynt ychydig o flynyddoedd yn ôl. Edmygem y tŷ a'r erwau a'r
celfi costfawr, ac ymddiddori'n fawr yn hanes yr arwerthiannau y
prynwyd rhai o'r trysorau ynddynt.

Wedi dychwelyd adref aethom i edrych ar y plant yn cysgu. Mae
McTavish yn fyr ei dymer a Flanagan yn bryfoclyd o herfeiddiol ac
Ap Siencyn mor ystyfnig â mul, a'r tri ohonynt yn araf ac yn ansicr
eu datblygiad. Ond ni dderbyniem aur Periw yn gyfnewid am yr un
ohonynt.

Maddeuer y tipyn teimladrwydd. Unwaith yn y flwyddyn y mae
pen blwydd ein priodas yn dod. Llawen o beth oedd cael swpera
gyda'n gilydd yn nhŷ cyfeillion.

Mehefin 27 (Llun):

Y mae llawer ystyr i'r gair "ewyllys". Gall olygu "bwriad" yn unig. Gall olygu'r hunan-feistrolaeth honno a alluoga ddyn i gyflawni ei fwriad. Gall olygu uchelgais chwyrn. Gall olygu awydd anniwall am ddarostwng a llywodraethu pobl eraill. Yn y geiriau "ewyllys da" golygir cariad cyffredinol tuag at drigolion y ddaear – yn y rhan fwyaf o'i gyd-destunau, sut bynnag. Nid pechod yw ewyllysio. Ewyllsio'n dreisgar yw'r pechod, ceisio arglwyddiaeth ar Grëwr a chyd-greadur.

Gwelais ddyn yn "hyfforddi" ci ieuanc i gyflawni hynodion mewn ufudd-dod llwyr i lais ei feistr. Yr oedd y ddisgyblaeth yn boenus i mi. Un o'r pethau poenus i mi oedd gweld yr olwg ar wyneb y meistr: yr awydd am feistrolaeth lwyr, am ddarostwng yr anifail yn hollol. "Fy ewyllys i a wneler." Gwelais yr un olwg ar wyneb tad a oedd yn cosbi ei blentyn. Plentyn anhydrin ac anufudd ydoedd, parod i ysgrechian o dan bob cerydd. Mynnodd y tad ddistawrwydd ac ysgwyd y bachgen. Amlhaodd y sgrechiadau, a dyna'r tad yn taro wyneb y crwt, ac yn dal i daro nes bod y sŵn dychrynllyd yn diasbedain trwy'r tŷ. Bu'n rhaid i'r fam roi terfyn ar y gorffwylltra rhag niweidio'r bychan dros byth. Eisteddodd y tad yn syn, wedi methu gorfodi ei ewyllys ar ei fab.

"Fy ewyllys i a wneler." Duw a'n hachubo rhag treisio enaid.

Mehefin 28 (Mawrth):

Bu clywed am y weinidogaeth iacháu heddiw yn anghysur imi. Yn fy ngweinidogaeth i ceisiais yng nghadernid y Ffydd roi nerth ac iachád a chyfarwyddyd i ambell un, ond ni fentrais gystadlu â'r meddyg. Teimlais lawer gwaith ein bod ni wedi cyfyngu'n ormodol ar waith iachaol y weinidogaeth trwy wahaniaethu'n rhy dynn rhwng gwaith gweinidog a gwaith meddyg. Ond cyn heddiw ni ddaeth y peth i'm poeni fel draenen. Esgeuluso nerth iachaol gweddi, methu ag arwain ein pobl i gyd-weddïo dros gyd-ddyn mewn modd pwrpasol, bodloni ar ffurfioldeb a diffrwythder ein heglwysi – a ellir arwydd mwy torcalonnus o fethiant gweinidog?

Gwn fod peryglon yn y mudiad iacháu: perygl twyll a hunan-dwyll, iacháu dros dro a gadael siom ac anghrediniaeth ddu ar ôl, meithrin rhyw syniad annigonol am ystyr y Ffydd – a'r perygl a welodd yr Iesu ei hun: ymroddi i iacháu cyrff ar draul achub enaid a byd – "troi iachawdwriaeth yn iechydwriaeth," fel y dywedodd cyfaill wrthyf. Ond gwn hefyd fod peri i gloff gerdded yn well na phregethu i'r gwagle.

Mehefin 29 (Mercher):

Methiant, siom, oferdeb, chwerwedd – ni allaf ddianc rhagddynt.
Arglwydd Iesu, teimlaf fy mod yn cilio oddi wrthyt y dyddiau hyn. Achub fi rhag trai a llanw fy nghymundeb ysbrydol â thydi. Rhwyma fy enaid â rheffynnau dy gariad. Yn awr a thros byth.
Manase a Magdalen: tybed a wyf yn deilwng o'u cwmni?

Mehefin 30 (Iau):

Dyma'r Brawd o Radd Isel wedi cwblhau chwe mis o'r dyddlyfr hwn. Ar un ystyr yr wyf wedi ymbellhau oddi wrth Grist a'r Tad yn ystod y cyfnod hwn. Nid wyf mor sicr, o bell ffordd, o'r Presenoldeb. Ar adegau y ceir yr ymweliadau erbyn hyn, er bod efallai fwy o angerdd ynddynt pan ddelont ond yr wyf wedi wynebu llawer o'm pechod, a gwn fy mod yn graddol ddatgelu dirgel-leoedd fy enaid. Yr wyf yn symud yn ofnus ymlaen i gyfeiriad y cyffesion mwyaf poenus a'r ymddinoethi ger bron Duw. Carai un hanner o'm henaid derfynu'r dyddlyfr yn awr; myn yr hanner arall barhau nes cyrraedd diweddglo a fydd yn foddhad i mi – neu'n rhybudd i eraill.

Credaf fod rhai o ddarllenwyr y dyddlyfr yn tybio ei fod wedi para'n rhy hir eisoes a'i fod yn fwrn ac yn bla erbyn hyn. Mae ambell un yn meddwl mai rhyw goegddyn sydd wrthi'n gwneud sioe o deimladau a throseddau a ddylai fod yn weddus o'r golwg. Yr wyf i, o'm rhan fy hun yn gwbl sicr bod patrwm yn ymffurfio yn y rhediad, ac y bydd yn rhaid imi cyn hir wynebu penderfyniad a fydd yn iechyd neu'n ysictod i'm hysbryd.

Gorffennaf 1 (Gwener):

Tad ydwyf. Pan fydd un o'm plant yn rhoi ei law i'm llaw i neu'n dodi ei ben ar fy ysgwydd, bydd rhyw ias o hiraeth llawen a balchder gostyngedig yn rhedeg trwof.
Dduw Dad, dysg imi roi fy mhopeth iddynt a throstynt heb dreisio eu hewyllys a'u bywyd. Trwy Iesu Grist fy Mrawd, Amen.

Gorffennaf 2 (Sadwrn):

Wrth fynd i gadw cyhoeddiad oedais ym marchnad Castell Nedd i fwrw golwg dros y llyfrau ail-law. Dyma ddyn yn dod ataf, ag aroglau yfed arno. Cydnabu'n agored ei fod wedi cael ychydig o ddiod, ac wedyn mynd ymlaen a dweud bod ganddo rywbeth pwysig i'w ddweud wrthyf. Daeth y peth pwysig dros ei wefusau ryw bum neu chwe gwaith cyn iddo ffarwelio â mi, a'r neges oedd – ac wrth gwrs yr oeddwn wedi ei chlywed hi lawer gwaith o'r blaen – "what counts is not what you know but who you know." A bwrw bod ei Saesneg yn anghywir, yr oedd ei oslef yn daer a'i lygaid yn pefrio. Llefarai fel un a oedd wedi dychwelyd o fro'r meirw.

Mae'r ddihareb a gyhoeddai mor angerddol wedi dod yn rhy adnabyddus yn ddiweddar, a'r ystyr yw bod adnabod pobl ddylanwadol yn bwysicach i ddyn sydd am gael swydd na'r holl wybodaeth a fo ganddo, bod tynnu gwifrau'n bwysicach na phob teilyngdod. Ond fe roddodd taerineb rhyfedd y dyn imi'r argraff ei fod yn rhoi ystyr arall i'r geiriau. Gwneuthum ryw sŵn cyfeillgar i'w galonogi i ymhelaethu ac esbonio; ond yn lle hynny cyfaddefai ei fod wedi yfed gormod a dywedai'r geiriau drachefn ag argyhoeddiad enaid yn ei lais.

Nid gwybod yw'r fendith fawr, ond adnabod, ac adnabod Duw; yr hen wrthgyferbynnu rhwng Pren y Wybodaeth a Phren y Bywyd.

Gorffennaf 3 (Dydd yr Arglwydd):

"Ein Tad, yr hwn wyt yn y nefoedd, sancteiddier Dy enw, Deled Dy Deyrnas. Gwneler Dy ewyllys, megis yn y nef, felly ar y ddaear hefyd . . .

O Arglwydd fy Nuw, y Llefarydd a'r Gair ac Anadl y Llefarydd, bendithia fy ewyllys i wasanaethu Dy ewyllys Di. Plygaf yn ffwndrus ger Dy fron wrth gofio'r "Bydded" cyntaf y gall fy meddwl ei lesg-amgyffred; wrth gofio rhyfeddodau'r hollfyd; wrth gofio gwyrthiau twf ac aeddfedrwydd ac esgor a gwywo; wrth gofio nerth a dychymyg a medr dyn; wrth gofio'r gorchymyn bendigedig sydd yn sicrhau bod drygioni'n ddinistriol a chariad yn greadigol; wrth gofio'r Groes; wrth gofio llinach y proffwydi a'r doethion a'r cenhadon a holl weithredoedd yr Ysbryd Glân; wrth gofio Dy dynerwch a'th amynedd; wrth gofio Dy weithgarwch di-droi'n-ôl; wrth gofio Dy ewyllys di-drais. Gwneler Dy ewyllys ynof i, yn Dy Eglwys ac yn Dy Fyd. Canys eiddot Ti yw'r Deyrnas. Amen.

PENNOD 10
Ar Daith

Gorffennaf 4 (Llun):

Heddiw rhaid cychwyn ar y daith i'r Cyfandir[92]. Bu codi digon o swm i ymgymryd â hi'n gryn dipyn o flinder, ond rywsut neu'i gilydd dyma fi ar fin cychwyn, a Tharanwen ac Anna'n llawn cynghorion a dymuniadau da ac yn llawn o dynerwch a melyster hefyd. Maent yn well na'm haeddiant.

Teimlaf yn anghysurus a hyd yn oed yn euog wrth ymadael â'r teulu am dros fis. Mae'n golygu gadael holl waith a chyfrifoldeb y teulu i Daranwen yn bennaf, a brwydr yr iaith hefyd: MacTavish anghofus, a chwareus, dafotrydd Ap Siencyn araf deg ac ystyfnig a'i ddwrn yn drymach na'i fwriad, a Flanagan, merch gyflawn i Efa os bu un erioed. Gadael y cyfan am dros ddeuddegfed ran o flwyddyn – nid oes dim rhyfedd bod rhywbeth yn goglais fy nghydwybod.

Mae'n hen bryd imi gael gweld tipyn o'r Cyfandir? Nac ydyw: nid yw'n hen bryd i neb wneud dim ond edifarhau. Ond oni fydd y cynadledda'n gyfle i ddwyn tystiolaeth i rai o werthoedd Crist a Chymru? Cawn weld.

Gorffennaf 5 (Mawrth):

Ni fwriadaf groniclo'r daith. Annheg fyddai cadw dyddlyfr nid imi fy hun yn unig ond i'm dau gyd-deithiwr braf hefyd. Teimlaf fod Annibyniaeth Cymru'n ddiogel dan eu gofal hwy os byddaf i'n methu. Ofnaf bob cynhadledd. Yn ffodus, y mae gwybodaeth drefniadol y naill gydymaith a disgleirdeb diwinyddol y llall yn sichrhau y clywir llais Cymru'n eglur[93].

Ond hyfrydwch oedd teithio dros y culfor a thrwy Ffrainc gyda'r ddau hyn. At ei gilydd, y mae pobloedd y Cyfandir yn fwy gofalus na ni'r Cymry i brydferthu a glanhau eu gwlad. Ni ddylem fod mor fodlon ar ein gorsafoedd llychlyd a'r holl hysbysebu fwlgar sydd yn anharddu ein ffyrdd. Y mae'r tai yn Ffrainc yn amrywiol, o leiaf yn

121

y rhannau o'r wlad a welais i – ofnaf imi gysgu yn y trên wrth gael fy nghludo trwy'r parthau diwydiannol. Beth sydd yn bod arnom ni yng Nghymru? Ni allaf dderbyn y syniad ffôl ein bod ni'n gynhenid ddiffygiol yn y ddawn i weld ac i lunio pryderthwch gwledig. Y gwir reswm, y mae'n siŵr gennyf, yw nad oes ynom ddim digon o'r teimlad mai ein gwlad ni yw Cymru a'n bod ni'n gyfrifol amdani. Yr ydym wedi arfer gadael y cyfrifoldeb o ofalu am ein gwlad i bobl nad oes ganddynt unrhyw ddiddordeb yng Nghymru fel cartref cenedl arbennig.

Pleser oedd gweld cymaint o "unigoliaeth ronc" hyd yn oed ymhlith y polion telegraff yn Ffrainc – fel mewn gwledydd eraill ar y Cyfandir. Y mae unffurfiaeth hurt y polion telegraff yng Nghymru ac yn Lloegr yn garcharaidd rywsut. Yn Ffrainc y mae'r polion yn edrych fel coed ieuainc noethlymun wedi dianc o'r goedwig i redeg ras ddireidus ar hyd y ffordd – y gwych a'r gwachul, y tew a'r tenau, rhai'n glynu wrth ei gilydd ac eraill yn strancio ymlaen wrthynt eu hunain.

Gorffennaf 6 (Mercher):

Cynrychiolir nifer o gyrff mwy neu lai Annibynnol yn y gynhadledd ddiwinyddol yma yn Le-Chambon-sur-Lignon, a da o beth yw eu bod yn dod at ei gilydd i gyfnewid meddwl a phrofiad.

Rhyfedd y cymysgedd teimlad a ddaw drosof wrth edrych o gwmpas ar y cynulliad diddorol sydd yma – Americanwyr a Saeson a Holandwyr ac un Almaenwr ac un Swêd ac, wrth gwrs, nifer go lew o Ffrancwyr. Golygfa ddigrif ydyw o un safbwynt; ond cymhlethir fy ysfa am chwerthin gan deimladau o atgasedd neu o hoffter tuag at rywrai. Ac eto, tra edrychwyf o'r naill i'r llall, daw rhyw dynerwch poenus i'm calon a dywedaf wrthyf fy hun. "Dyma rai o blant y Brenin yn ceisio cyd-fyw."

Gorffennaf 7 (Iau):

Rhaid inni argyhoeddi dyn o'i bechod – ac o'i urddas. Yn y gorffennol y mae llawer o ddiwinyddiaeth yr Eglwys wedi diraddio dyn yn lle ei achub. Ni ellir galw dyn yn bryfetyn gwael ac ar yr un pryd ei argyhoeddi o'i bechod. Ei bechod yw ei fod wedi gwrthod Duw ac wedi gwrthod y ddelw ddwyfol ynddo ei hun. Ni ellir sôn am bechod mewn gwirionedd heb sôn am yr *Imago Dei*.

Y mae athrawiaeth y Cwymp yn un o'r athrawiaethau mwyaf cysurlawn.

Gorffennaf 8 (Gwener):

Y mae mwynhad digamsyniol mewn dadl ddiwinyddol boeth. Y demtasiwn yw ceisio ennill y ddadl neu o leiaf gwneud cyfraniad effeithiol iddi – a cholli golwg ar y Ffordd a'r Gwirionedd a'r Bywyd. Hawdd gweld y bai mewn eraill. Yr Ysbryd Glân a'm tywyso i'r Gwirionedd sydd yn fwy na myfi.

Gorffennaf 9 (Sadwrn):

Wrth deithio yn nhrydydd dosbarth y rheilffordd Ffrengig o Le-Chambon-sur-Lignon i St. Etienne ni allwn lai na theimlo fy mod yn un o'r tlodion. Yr oedd y cerbyd mor ddigysur ac mor ddiolwg. Wedi cyrraedd Genefa a gweld prisoedd y dillad a'r nwyddau eraill yn y siopau yn y stryd a arweiniai o'r brif orsaf at y llyn enwog cefais fy argyhoeddi mai un o'r tlodion ydwyf mewn ffaith ac mewn gwirionedd. Ond hoffem y ddinas o galon. Rhyfedd y rhagluniaeth sydd wedi'i gwneud yn brifddinas diplomatiaeth.

Gorffennaf 10 (Dydd yr Arglwydd):

Cafodd rhai ohonom y bore yma edrych ar gadair Ioan Calfin, a'i bulpud hefyd (er mai ei nenfwd yn unig sydd yn wir hynafol) ym mhrifeglwys foel St. Pierre. Yr oedd symud o stryd y moethau costus i'r addoldy di-foeth hwn yn golygu newid crefydd a newid oes.

Yr ewyllys, yr ewyllys ddu diarbed, ddiollwng, yr ewyllys a ddofa ac a ddedfryda'r cnawd a'r cread – onid yn y fan hon y mae hanfod crefydd Calfin? Ewyllys y Brenin Mawr mewn deddf ac arfaeth, ewyllys y deiliad crynedig yn ymwrthod ac yn ymsythu dan awdurdod yr Ewyllys Dragwyddol, ewyllys y diwygiwr crin yn tynhau ei afael ar y ddinas yn wyneb bygythion teyrnasoedd arfog a gelynion y tu fewn a'r tu allan – ai dyma'r stori i gyd? Nage, rhaid cofio'r fflam a'r cusan a'r ffyddlondeb hefyd.

Gorffennaf 11 (Llun):

Ac yn awr y mae wythnos o bwyllgora o'n blaen ni, yn un o ganolfannau'r Mudiad Ecwmenaidd[94]. Dywed rhai mai dyma un o'r amlygiadau puraf o arweiniad yr Ysbryd Glân yn ein hoes ni. Nid gwiw gwadu nad ydyw ar yr un pryd yn ffordd amheuthun o gyfuno dyletswydd a phleser. Yr unig bris y mae'n rhaid ei dalu yw tipyn o dduwioldeb ffurfiol. Ni fynnaf siarad yn amharchus am unrhyw weithred o gydaddoli; ond, a bod yn gwbl onest, rhaid imi gydnabod bod fy meddwl yn dueddol i grwydro pan glywyf rywun yn arwain eiriolaeth ac yn disgwyl imi weddïo dros restr o alwedigaeth fel hyn:

"A gawn ni weddïo, yn gyntaf, dros y rhai sydd yn berchen ar swyddfeydd a ffatrïoedd . . . (ychydig o funudau o weddi ddistaw) . . . yn ail, dros y rhai sydd yn dal swyddi pwysig mewn swyddfeydd a ffatrïoedd . . . yn drydydd, dros y rhai sydd yn dal swyddi is mewn swyddfeydd a fffatrïoedd . . . yn bedwerydd, dros y rhai sydd yn tynnu at derfyn eu gwasanaeth mewn swyddfeydd a ffatrïoedd . . . yn bumed, dros y rhai sydd newydd ddechrau ar eu gwaith mewn swyddfeydd a ffatrïoedd . . ." ac yn y blaen. Y mae rhagor rhwng anadl ac Anadl mewn gogoniant. Diolch i Dduw, y mae naws ac angerdd y wir weddi yng ngeiriau caplan y gynhadledd yn ei wasanaeth hwyrol.

"A toi la gloire, ô Ressuscité . . ."[95]

Gorffennaf 12 (Mawrth):

Mewn cynhadledd fel hon y mae dyn yn gallu cychwyn rhyw berthynas ystyrlon â rhai o'i gydgynadleddwyr yn fuan iawn, hyd yn oed y rhai hynny a fu'n gwbl ddieithr iddo o'r blaen. Cyn pen diwrnod y mae'n ystyried hwn-a-hwn yn gyfaill neu'n gynghreiriad a hwnnw-a-hwnnw'n elyn i'w drechu neu i wylio rhagddo. Weithiau, y mae'r berthynas yn llawer mwy cymhleth. Dyma un sydd trwy hen adnabyddiaeth ac amgylchiadau digon cynnes yn cael ei ystyried yn rhyw fath o gyfaill ond sydd yn brwydro'n chwyrn ar yr ochr arall yn y ddadl; a dyma un arall sydd yntau'n wrthwynebydd ond sydd yn cyflwyno ei achos mor dda ac mor fonheddig nes ennill edmygedd a hoffter.

Dyna gymhlethtod hyd yn oed mewn amser byr, ac mewn cwmni cymharol fychan. Hyfryd meddwl bod y tri Chymro sydd yma'n gefn mawr i'w gilydd.

Gorffennaf 13 (Mercher):

O dro i dro yn y dyddlyfr hwn ceisiais gydnabod peth o'm pechod.

Y mae cryn dipyn heb ei gydnabod eto. Eithr nid yw yn fy mwriad sôn am y pechodau a fu. Y pechod sydd – dyna'r pwnc – cyflwr pechadurus fy enaid yn awr. Nid wyf yn ceisio ysgrifennu cyffeslyfr hunan-gofiannol, ond dyddlyfr fy enaid yn ei brofiad yn awr.

Ac eto bydd yn rhaid imi wylio rhag gwneud y dyddlyfr yn ddihangfa rhag y gorffennol hefyd. Yn y gynhadledd hon teimlaf mor hawdd yw ymgolli, i ryw raddau, mewn rhyw fyd bychan gwneud. Sonia nofelwyr a dramodwyr yn aml am faich euogrwydd y gorffennol yn pwyso ar ryw greadur fel rhyw ffawd ddialgar, a'r truan yn methu anghofio, yn methu cael gollyngdod. Gwahanol iawn yw tystiolaeth fy mhrofiad i. Nid oes dim byd haws imi nag anghofio diflastod.

Fel plentyn a llanc treuliais lawer o amser mewn breuddwydion ar ddi-hun, gan ddychmygu fy mod yn cyflawni gorchestion neu'n cael rhyw fath o ddyrchafiad. Gwelaf yn awr fod breuddwydio yn y dull hwnnw'n wastraff ar egni na allaf ei fforddio. Anfynych bellach yr ymollyngaf i'r fath freuddwydion. Ond y mae ynof duedd gyffelyb sydd cyn gryfed ag erioed – y duedd i fwrw'r anhyfryd i ebargofiant ac i ailflasu ac i ail-fwynhau profiadau dymunol. Gall adflas "amser da" ar bulpud neu lwyfan barhau'n hwy nag adflas wnionyn neu bennog. Y mae cofio rhyw ffolineb neu fethiant yn achosi gwir boen imi – poen a fynegir weithiau mewn griddfan a glywer – ond at ei gilydd llwyddaf yn rhyfeddol i gadw atgofion diflas allan o'm hymwybyddiaeth.

Y mae symud ym myd bychan y gynhadledd yn peri imi weld mor hawdd imi yw "byw yn y presennol" ac anwybyddu'r unoliaeth sydd rhyngof i a'r dihiryn hwnnw a fradychodd mor aml ei Dduw a'i gyfaill a'i hunan. Rhaid imi wynebu fy hanes fy hun.

Gorffennaf 14 (Iau):

O Arglwydd Tragwyddol, yr hwn wyt yn fy adnabod yn blentyn, yn llanc, yn ddyn, na âd imi anghofio'r Hunan cyfnewidiol hwnnw a bechodd i'th erbyn. Dwg ar gof imi'r bywydau a niweidiais a'r gogoniannau a halogais. Dysg imi nid anwybyddu ond edifarhau. Na chuddia ddim rhag fy llygaid. Dangos imi bob deigryn a phob gwrid, pob distryw a phob coll. Adnewydda fy enaid yng Nghrist Iesu. Amen.

Gorffennaf 15 (Gwener):

Daeth y gynhadledd i ben. Bu'n rhaid ffarwelio â'm dau gyd-Gymro. Cawsom amser difyr. Os gwelsom ddiwinyddion yn dinoethi dannedd, profasom hefyd y wir gymdeithas.

Gorffennaf 16 (Sadwrn):

Wedi ymadawiad fy nghyfeillion bûm yn unig iawn. Cofiaf yr adeg y dirmygwn bobl na allent fod wrthynt eu hunain – y dyn modern yr oedd unigrwydd yn fwgan iddo. Y pryd hynny ymfalchïwn yn fy swildod fy hunan: cofiaf gyfaill yn fy ngalw "Y Blaidd Unig." Yr oedd gennyf barch at y proffwyd a allai wynebu unigrwydd y diffeithwch yng nghymdeithas ei Dduw; ac yr oedd gennyf, hyd yn oed, fwy o barch yr adeg honno at y dyn hunan-feddiannol a hunan-ddigonol a allai herio Duw a dynionach a dwyn gwarth a gwewyr, fel Promethews yn y chwedl, yn ei nerth arwrol ei hun. Dysgais lawer trwy brofiad; ac er bod gennyf o hyd y parch dwysaf at y proffwyd a'r arwr a all wynebu unigrwydd gwn fod yr orchest yn amhosibl heb Nerth y Goruchaf. Rhan o ystyr y llef o'r Groes, "Fy Nuw, paham y'm gadewaist?"[96] yw'r profiad o'r unigrwydd eithaf, ac nid rhywbeth i siarad yn ysgafn amdano mo hwnnw. Dyma fi'n profi diflastod go annymunol, a digon o bobl o'm cwmpas o hyd. Hiraethaf am y cartref a adewais lai na phythefnos yn ôl ac y dychwelaf iddo cyn pen tair wythnos eto.

Gorffennaf 17 (Dydd yr Arglwydd):

Bûm yn bresennol y bore yma mewn gwasanaeth bedyddio plentyn. Gwnaethpwyd yn ddestlus, ond fel gweithred arwyddluniol y mae taenellu'n gwbl annigonol o'i gymharu â throchi. Y mae llawer i'w ddweud dros beidio â defnyddio dŵr o gwbl; y mae rhywbeth i'w ddweud dros ddefnyddio digon i guddio'r corff cyfan: ond nid oes dim i'w ddweud dros ddefnyddio ychydig o ddŵr er mwyn hwylustod.

Daeth y meddyliau arferol i'm calon: meddwl am y plentyn a'i rieni, am gyfle bywyd, am gyflwr y byd; gweddïo dros y bychan hwn a phob un o blant Duw; cydnabod fy mhechod fy hunan.

Cododd y blynyddoedd a fu fel tystion chwyrn i'm herbyn. Gwastraff, distryw, colled, chwalfa: safent fel rhes o ysgerbydau.

Daw adnod i'm meddwl, un o'r adnodau a fu'n fwyaf swynol

gennyf trwy fy oes: "A mi a dalaf i chwi y blynyddoedd a ddifaodd y ceiliog rhedyn, pryf y rhwd, a'r locust a'r lindys, fy llu mawr i, yr hwn a anfonais yn eich plith." Y mae diwinyddiaeth yr adnod yn ddigon i roi pendro i bob athronydd crefydd. Hyfryd yw troi i'r darn rhyfedd yn llyfr Joel, a darllen ychydig ymlaen nes cyrraedd y geiriau enwog: "A bydd ar ôl hynny, y tywylltaf fy ysbryd ar bob cnawd; a'ch meibion a'ch merched a broffwydant, eich henuriaid a welant freuddwydion, eich gwŷr ieuainc a welant weledigaethau . . ."[97]

Mae'n debyg bod rhyw orfoledd i'r canol oed hefyd.

Gorffennaf 18 (Llun):

Dyma fi ar daith eto, ac yn teimlo'n fwy calonnog o gryn dipyn. Cefais gip brysiog ar fodernrwydd Lausanne a chip hynod o ddymunol ar brydferthwch hynafol Bern. Y mae Bern yn brawf digonol y gall siopau fod yn addurn ar ddiwylliant, ac y gall prifddinas fod yn dreftadaeth. Wrth gwrs, rhyw degan o brifddinas ydyw. Efallai mai rhyw degan o wlad yw'r Swistir. Ni welais ddim byd mwy teganaidd na'r milwyr, sut bynnag. Gan fy mod yn gadael Genefa i wneud digon o le i'r Pedwar Mawr, nid oes dim ond gobeithio y gwnant rywbeth i deganeiddio holl filwyr y byd.

Cyrhaeddais Zürich o'r diwedd, a chael croeso mawr gan gyfeillion. Nid yn aml y mae bardd-ddiwinydd yn cael ei groesawu i gartref lle y mae'r wraig yn fardd a'r gŵr yn ddiwinydd. Yr oeddwn wedi cwrdd â'u merch o'r blaen, ond dyma'r tro cyntaf imi gwrdd â'r rhieni. Noson y farddes fu hi heno. Aeth â mi allan i weld Zürich yng ngoleuadau'r nos. Yfory, mae'n debyg, caf gwmni'r diwinydd wrth weld rhai o adeiladau hanesyddol dinas Zwingli a Bullinger[98.] Wrth gael llymaid o goffi tua chanol nos dan ganghennau coed ger ffynnon esmwythol dysgais fod Zürich yn un o'r dinasoedd mwyaf "piwritanaidd" eu moesau yn y Swistir oll.

Gorffennaf 19 (Mawrth):

Bu'r bardd a'r diwinydd yn gymdeithion imi ar fy mhererindod fer i rai o gysegrleoedd Zwingli a Bullinger – a Gottfried Keller[99]. Wedi imi osgoi'r demtasiwn i dorri fy enw ar y gwaith coed yn nhafarn Keller ac wedi imi blygu fy mhen wrth weld Rahab, Ruth, Bathseba a Mair gyda'i gilydd ar un o ddrysau'r Grossmunster bu'n rhaid imi ymadael â Zürich mewn tristwch. Ond mwynheais y daith oddi yno i Fünchen: clywed clychau'r gwartheg ger ambell orsaf, rhyfeddu at wynder copaon eiraog yn y pellter, nodi rhyw wahaniaeth rhyfedd rhwng gwlad a gwlad wrth groesi cornel o Awstria ar lan y Bodensee, a'm heiddgarwch yn trymhau wrth ddynesu at hen ddinas München a'r anwyliaid sy'n trigo yno. Ac wedi cyrraedd cefais groeso llawen gan Dorothea a Ricarda.

Gorffennaf 20 (Mercher):

Yn ei chyflwr presennol y mae'r ddinas yn gofeb ryfedd i rwysg tywysogion ac i anfadwaith rhyfel: i ogoniant Ewrop ac i raib LaBarbarie. Ni ellir uniaethu na'r naill na'r llall ag unrhyw wlad. Mae'r lluniwr a'r rheibiwr yn ymgodymu â'i gilydd yn ein bywyd ni oll. Hyfryd yw meddwl am yr addewidion yn y Testament sydd ar fwrdd fy nghell yn yr Hospiz Pabyddol lle yr wyf yn lletya.

O Arglwydd, dysg inni fyw. Gwna ni'n deilwng o'r fraint o anadlu. Canys gennyt Ti y cawsom anadl einioes i'n ffroenau. I Ti y bo'r gogoniant yn awr a thros byth.

Gorffennaf 21 (Iau):

Palasau, cofgolofnau, ffynhonnau celfydd, amgueddfeydd, eglwys baróc, gerddi – mae'n rhaid imi dreulio blwyddyn yn y fan hon. Cefais fy ngyrru gan un cymwynaswr i'r Arddangosfa Celfyddyd Fodern a chan un arall i'r Tierpark, y Parc Anifeiliaid lle y mae'r creaduriaid gan amlaf yn mwynhau gradd o ryddid naturiol.

Siomedig oedd yr Arddangosfa. Cefais flas ar ryw bump o'r arlunwyr, a phan ddisgrifiais eu gwaith wrth y myfyriwr ieuanc a oedd wedi fy nghynghori i fynd i'r arddangosfa dywedodd wrthyf fy mod i'n bleidiol i ryw "realaeth ddewinol". A dweud y gwir y mae llawer mwy o "realaeth ddewinol" yn y rhan arall o'r Haus der Kunst sydd yn cynnwys darluniau gan Dürer a Rembrandt a Rubens.

Yr oedd rhyfeddu at y creaduriaid yn y Tierpark yn foddion gras: merlod yn anwylo ei gilydd: coreifr yn derbyn bwyd gan gorrach o grwtyn; gwartheg o'r India'n edrych mor debyg i neiniau o Gymru; mwncïod yn ymfalchïo yn eu parthau ôl; y walrys a'r pengwin yn gymdogion agos ac yn cyd-baroďïo'r ddynoliaeth; y sebra a'r llew yn cyfleu dwy genadwri am brydferthwch; y llysywen drydan yn enghreifftio ymgyfaddasu ag amgylchfyd. Ond chwith oedd gweld llewod a theigrod y tu ôl i farrau, a'r eliffantod, wedi canu'r organ geg, yn derbyn rhoddion ariannol a'u trosglwyddo ar unwaith i'w ceidwad. Mamon biau'r doniau, fel y dywedodd John Morris Jones.

Gorffennaf 22 (Gwener):

Gwelais ragor o eglwysi a rhagor o ddarluniau (Böcklin, Spitzweg ac eraill yn y Schack-Galerie), a thrafod Tor Calon wrth ryfeddu, gyda Ricarda, at harddwch tywysogaidd y Nymphenburg.

Gorffennaf 23 (Sadwrn):

Ymdristâf wrth feddwl bod yr egwyl ddihafal hon ym München yn dod i ben – ac na chaf hyd yn oed yn awr ddychwelyd adref. Ymwelais y bore yma â rhai o'r eglwysi am yr ail dro – Bürgersaal, Michaelskirche, Frauenkirche – a gofidio am y dinistr a fu a gwylio arwyddion yr ail-adeiladu. Daw cof i'm meddwl am a wnaeth Rehoboam wedi i Sisac brenin yr Aifft ddwyn tariannau aur Solomon. "A'r brenin Rehoboam a wnaeth yn eu lle hwynt dariannau prês."[100] Ar un ystyr ni ellir talu'n ôl y blynyddoedd a ddifaodd y ceiliog rhedyn. Sut bynnag ni all neb ond Duw. "Yr hyn a ysgrifennais a ysgrifennais"[101]: geiriau balch a geiriau brawychus!

Gwyliais hefyd, ychydig ar ôl un-ar-ddeg y bore, y delwau dynol yn ymwau ac yn dawnsio ar dŵr awrlais y Neues Rathaus: drych o fywyd i'r cannoedd o ymwelwyr a fu'n syllu gyda mi.

Mwynheais edrych ar rai o'r siopau yn y prynhawn: celfi hynafol, gwisgoedd traddodiadol, a llond ffenestr o gostrelau Chianti. Y mae celfyddyd o fyw pe gellid ei dysgu.

Gorffennaf 24 (Dydd yr Arglwydd):

Bu gennyf ddigon o amser i feddwl am bobl a phethau wrth deithio'n ôl i Genefa. Euthum allan o'm ffordd rhwng Zürich a Bern er mwyn cael cip ar Zug a Luzern. Yr olygfa hyfrytaf oedd y bythynnod Swisaidd rhwng Luzern a Bern, er fy mod ymhell o ddirmygu'r llynnoedd. Y mae'n sicr bod prydferthwch mawr yn Luzern, ond ni ellir ei werthfawrogi mewn chwarter awr ymhlith heidiau o bleserwyr.

Mae T.H. Parry-Williams yn sôn am Lyn Luzern mewn cân a drinia grefydd, os cofiaf yn iawn. Wrth sefyll ymhlith y dorf ac edrych ar y llyn daeth rhyw ddiflastod drosof: teimlad pur annhebyg i'r hiraeth wylofus a ddaeth dros yr un bardd yn ôl tystiolaeth cân sydd yn traethu amheuaeth ("Wylwn am fod rhaid i'r Duwdod/Wrth fy nagrau i"); byddai "Poerais am fod rhaid i'r Drewdod/Wrth fy mhoeryn i"[102] yn agosach o lawer i'm cyflwr i. A wyf yn anghariadus? Bu ynof ar un adeg dueddiad cryf at ddyngasedd. Mae'n amlwg nad ydyw wedi gwywo'n llwyr eto. 'R wy'n dechrau amau fy mod yn llithro'n ôl i'r anialwch gwyllt a oedd yn gyflwr ysbeidiol i'm henaid (melltith ar y gair) cyn imi ennill yr ymdeimlad parhaus o bresenoldeb Duw yr wyf yn sôn amdano ar ddechrau'r dyddlyfr hwn.

Y gwir yw na allaf ddileu o'm meddwl yr atgof am ddarlun a welais ym München, peintiad o gam-drin yr Iesu gan y milwyr, gwaith o'r Oesoedd Canol diweddar. Darlun o wallgofrwydd creulondeb a hurtrwydd dioddefaint, a dim arall, hyd y gwn i. Ac eto y mae rhyw gymaint o wir yn y datganiad, a bu adegau yn ystod yr ugain mlynedd diwethaf na welais ddim ond hyn. Ond hiraethaf am y datguddiad cyfan.

O Gyfanrwydd, cipia fi, rhag i'r Diddymdra fy nal.

Gorffennaf 25 (Llun):

Mae gennyf wythnos brysur o'm blaen: traddodi darlithiau bob bore ar rannau o Lyfr yr Actau sydd yn cyflwyno cenadwri hanfodol y pregethwyr Cristionogol cynharaf, arwain trafodaeth, ateb cwestiynau a chynorthwyo yn y gwaith o ofalu am gwrs i ryw bedwarugain o fyfyrwyr diwinyddol o lawer o enwadau a gwledydd. O am ras i gyflwyno mawredd y pwnc!

Gorffennaf 26 (Mawrth):

Wrth baratoi'r testunau Groeg i egluro Person Crist bu rhaid imi feddwl am brofiad y disgyblion o'r Atgyfodedig, canys dyma oedd hanfod iachawdwriaeth i'r Cristionogion cynnar. O'r rhyfeddod petai'r Crist yn ymweld â'r gymdeithas hon o fyfyrwyr diwinyddol ieuainc! Ond ni theimlaf y presenoldeb heno yn fy nghell fy hunan – nid yn agos iawn, sut bynnag. Yr wyf yn ceisio canfod y Crist y tu ôl i'r rhesi o lythrennau Groeg.

Gorffennaf 27 (Mercher):

Bydd yn rhaid imi rywbryd ysgrifennu fy hunangofiant er fy mwyn fy hun onid er mwyn eraill. Temtir fi'n awr i fentro ar grynodeb ansoddeiriog. Fel hyn: –

Y flwyddyn gyntaf: bolrwth.

Yr ail: bolrwth ac ofnus.

Y drydedd: bolrwth ac ofnus a chwynfanllyd.

Y bedwaredd: bolrwth ac ofnus a chwynfanllyd ac eiddigeddus.

Y bumed: . . . ac ystyfnig.

Y chweched: . . . a breuddwydiol.

Y seithfed: . . . a swrth.

Yr wythfed: . . . yr un fel ond llai swrth a mwy cysetlyd.

Y nawfed: . . . a hunan-dosturiol.

Y ddegfed: . . . a dichellgar – yn gynyddol felly nes i'm dichell ddod i'r golau.

Yr unfed ar ddeg: . . . diwygiad moesol a thyfu'n phariseaidd.

Y ddeuddegfed: . . . llawn ofn wrth wynebu byd dryslyd a brawychus yr Ysgol Sir.

Y drydedd ar ddeg: yr ofn yn troi'n hunllefaidd gydag ingoedd rhywiol llencyndod.

Y bedwaredd ar ddeg: . . . profiad crefyddol rhyfedd yn fy nyrchafu i'r seithfed nef, ond, wedi hynny, deffroad fy ngalluoedd beirniadol yn fy mwrw i bydew amheuaeth.

Y bymthegfed: . . . arswyd, cabledd, hunangasineb.

Yr unfed ar bymtheg: . . . dechrau meddwl am farddoniaeth ac ymsefydlu mewn anffyddiaeth.

Yr ail ar bymtheg: . . . agnostig.

Gwelaf fod y cronicl wedi peidio â bod yn ansoddeiriol; ac nid wynebu fy ngorffennol yw gwneud rhestr fel hon. Porthi fy myfïaeth yr wyf heddiw. Os dyma a fydd ansawdd fy hunanfywgraffiad gwell imi beidio â'i ysgrifennu.

Gorffennaf 28 (Iau):

Bu'n rhaid imi wynebu Hydra amlieithog y gynhadledd hon ac ateb llu o gwestiynau y bore yma. Cododd un pwnc mewn ffurfiau gwahanol dro ar ôl tro. A oes dechreuad i'r drwg mewn amser? A yw Duw yn Waredwr cyn bod pechod? A oes gwrthddywediad yn natur y Duwdod? Ni lwyddais i argyhoeddi pawb trwy sôn am Ddirgelwch.

Goffennaf 29 (Gwener):

Cefais faeth ysbrydol wrth addoli yn y Gosber Uniongred a gynhaliwyd fwy nag unwaith yn y gynhadledd. Ond nid wyf yn bwriadu cludo arogldarth na llun o'r Forwyn yn ôl i Gymru. Mae brawdgarwch yn bwysicach na'r rhain.

*   *   *   *

Bwriedir cynnal gwasanaeth pregethu a chymundeb i'r gynhadledd ar y Sul, yn ôl litwrgi Eglwys Ddiwygiedig Ffrainc, a gweinidog y plwyf lleol, Swiswr, wrth reswm, yn ei arwain. Y mae ychydig o bryder yn ein plith oherwydd na all y rhan fwyaf o'r Anglicanwyr ac ambell Lwtheriad gydgymuno â ni, rhag mynd yn groes i ddisgyblaeth eu cymundebau eu hunain. Mae hyn yn wir hefyd, wrth reswm, am y brodyr o gyrff "Uniongred" y Dwyrain sydd gyda ni, ac un "Hen Gatholigwr" o Awstria. Cynhaliwyd cyfarfod heno i drafod y pwnc rhag i deimladau chwerw godi ar ôl y gwasanaeth ddydd Sul. Fy ngwaith i yn y cyfarfod oedd esbonio ystyr Cymun Rhydd fel un sydd yn bleidiol iddo, ac ar yr un pryd ceisio hyrwyddo cyd-ddeall ar y mater. Gwnês fy ngorau. Ond ofnaf mai gwag imi yw pob sôn am uno lle nad oes barodrwydd i gymuno.

Gorffennaf 30 (Sadwrn):

Syrthiodd i'm rhan arwain y Cyfarfod Paratoad ar gyfer y Cymundeb a gynhelir yfory: paratoi'r mwyafrif i gymuno a lleiafrif i ymwrthod rhag cymuno (ond yn "ysbrydol"). Hyderaf imi ddweud rhywbeth i gyffwrdd â chydwybodol y cymunwyr a'r anghymunwyr.

Cyffyrddwyd yn sicr â'm cydwybod i fy hun. Wrth ddynesu at y Bwrdd Cymun byddaf yn ymdeimlo'n llym â'm heuogrwydd ac euogrwydd y byd. Clywais Gristionogion y mae gennyf y parch dwysaf atynt yn dweud na phrofasant ddim budd mewn gwasanaeth cymundeb erioed. Mae'n debyg mai'r rheswm am hyn yw ein bod ni wedi gwneud yr ewcharist mor annhebyg i'r hyn ydoedd, sef pryd o fwyd i frodyr a chwiorydd yng Nghrist. Y mae torri'r bara'n ddarnau mân ac yfed o lestri tê-parti doliau a gofalu'n boenus am beirianwaith y ddefod wedi mynd ymhell i ddinistrio naturioldeb y weithred; ac y mae'n argyhoeddiad gennyf ers talwm y dylid adfer gwir natur yr ymborthi ewcharistaidd a rhannu swper naturiol yn gyd-ddiolchgar. Wedi'r cyfan, elfennau cynhaliaeth ein bywyd yw elfennau'r ewcharist, ac os methwn weld y Crist mewn brechdan a thê ofer yw inni geisio ei weld mewn briwsion gwneud a llond gwniadur a ddiod goch. Ond er gwaethaf hyn oll y mae'r cymundeb, hyd yn oed fel y mae, yn ein gosod ni dan gysgod y Groes, dan farn a gras y Crëwr a'r Carwr. Dyna Fe. Ecce Homo[103] – a'n pydredd yn ceisio'n ofer ei orlethu.

Gorffennaf 31 (Dydd yr Arglwydd):

Cawsom y cymundeb – a'r anghymundeb; gwasanaeth Ffrangeg wedi'i arwain gan y gweinidog lleol, a phregeth Saesneg gan Americanwr na allai gymuno, a minnau'n dweud yn Gymraeg, wrth godi'r unig gwpan. "Y cwpan bendith y diolchwn ni amdano yw'r cymundeb yng ngwaed ein Harglwydd Iesu Grist, gwaed y Cyfamod Newydd a gollwyd drosom ni." "Au revoir, mon frère", meddai'r gweinidog wrthyf wrth ffarwelio. Ym mha le y cawn ni'r *revoir* hwnnw, tybed? "Hyd onid ymgyfarfyddom oll yn undeb ffydd, a gwybodaeth Mab Duw, yn ŵr perffaith, at fesur oedran cyflawnder Crist: fel na byddom mwyach yn blantos, yn bwhwman, ac yn ein cylcharwain â phob awel dysgeidiaeth, trwy hoced dynion, trwy gyfrwystra i gynllwyn i dwyllo: eithr, gan fod yn gywir mewn cariad, cynyddu ohonom iddo ef am mhob peth, yr hwn yw y pen, sef Crist: o'r hwn y mae yr holl gorff wedi ei gydymgynnull a'i gydgysylltu, trwy bob cymal cynhaliaeth, yn ôl y nerthol weithrediad ym mesur pob rhan, yn gwneuthur cynnydd y corff, i'w adeiladu ei hun mewn cariad."[104]

O altitudo divitiarum sapientiae et scientiae Dei![105]

Awst 1 (Llun):

Heddiw yw Dydd Cenedlaethol y Swistir ac aeth mintai fawr ohonom yn yr hwyr i weld y dathliad yn y pentref cyfagos. Bach oedd y cynulliad i glywed areithiau gan swyddogion lleol ac aelod seneddol, a dof a bratiog oedd y canu ar y caneuon cenedlaethol (yr hwyaf ohonynt ar dôn "Duw gadwo'r Brenin"). Delfrydau'r Swistir oedd y themâu – ac nid oedd ymfflamychu er da nac er drwg. Ymgasglai nifer go lew o bobl i fwynhau gwylio coelcerth ar faes eang a chael hwyl ar rocedi a chawodydd tân ac olwyni Catrin. Yma eto nid oedd llawer o gyffro nes i'r fintai ecwmenaidd ymollwng i ddawnsio ac i ganu o gwmpas y goelcerth.

Y mae ynof hiraeth am Gymru a'i Heisteddfod ddigymar. Gwlad ar ei phen ei hun yw'r Swistir; gwlad ar ei phen ei hun yw Cymru hithau. Y mae pob gwir genedl yn genedl etholedig. Credaf fod Cymru'n bod am fod Rhagluniaeth y Bendigedig a'r Unig Bennaeth yn mynnu ei bod. A diben ei hymdrech a'i phrofedigaeth yw hyn: ieuo diwylliant a gweriniaeth a heddwch er gogoniant i'r Hwn a wnaeth o un gwaed bob cenedl o ddynion i breswylio ar holl wyneb y ddaear.

Awst 2 (Mawrth):

Hyd yn oed yn yr amser byr hwn yr wyf i, fel pawb arall yma, wedi cael fy nhynnu i mewn i ryw rwydwaith o berthnasau personol. Yr Holandwr hoffus, naïf, poblogaidd; yr Awstriad mynachaidd, dirgelfrydig a arweiniodd y cwmplin yn Lladin ddoe; y ferch dwymgalon o Saarland; yr Almaenwr arwraidd ei olwg o Fünster; yr archimandrit bonheddig ei farf o Roeg; y darpar-offeiriad annwyl, addfwyn, diolchgar, mor ffyddlon â chi, o Ethopia – y mae'r rhain ac eraill yn rhan o wead fy einioes bellach. Anghofiaf hwy, ac eto nis anghofiaf byth.

Y mae rhyw boen cariadus yn fy nghalon wrth gyfathrachu â'r detholiad ieuanc hwn o'r ddynol ryw. Adnabod heb adnabod yn iawn; caru heb garu digon – dyna benbleth ein bywyd yr ochr hyn i byrth y Nef.

Ein Tad, yr hwn wyt yn ein hadnabod ni oll, cyflawna ein bywydau ym mywydau ein gilydd. Er mwyn y Gair nad adnabu'r byd. Amen.

Awst 3 (Mercher):

Loes i'm calon yw'r syniad bod fy mywyd i'n gam â bywydau eraill, fy mod wedi tyfu a datblygu a chael hyd i'm llwybr ar draul cyfeillion a chariadon.

Cofiaf yr hunllef foesol a ddaeth imi yng nghyfnod llencyndod; rhyw dymestl o wrthdrawiadau rhwng piwritaniaeth a phaganiaeth, rhwng delfryd a nwyd, rhwng serch a chyfeillgarwch ac uchelgais.

A pharhaodd fy llencyndod yn hir; nid wyf yn siŵr a ddaeth i ben eto.

Y gofid parhaol yw i'r dymestl a fu ynof oresgyn bywydau eraill. Cofiaf amdanynt, cyfeillion dros dro, cariadon dros dro – a chyhuddwyr dros byth. Dyma'r bywydau y cyffyrddais â hwynt, a'u halogi a'u niweidio a'u siomi.

Onid arwydd o fethiant a phechod yw pob cyfeillgarwch a fu farw, pob adduned wag, pob cusan diffrwyth? Ai rhan o'r felltith yw'r ewyllys a fyn ddiystyru lleisiau wylofus a breichiau ymbilgar er mwyn dilyn ei lwybr ei hun?

Ymaith, ysbrydion a fradychais gynt. Mae pob gwên a deigryn o'r eiddoch yn wermod. Trochais fy nwylo yn eich gwaed. Canys onid trais a galanas fu eich anwylo heb eich caru â'r cariad na chwymp ymaith?

Awst 4 (Iau):

Gadewais y gynhadledd yn hwyr neithiwr ac wele fi'n teithio'n ôl ar y trên trwy Ffrainc. Teg edrych tuag adref. Oblegid fy eiddgarwch ymddengys y siwrnai'n faith. Ni allaf grynhoi fy meddyliau at ddim byd, na darllen nac edrych ar y wlad nac astudio fy nghyd-deithwyr. A daw lleisiau ac wynebau o'r gorffennol i aflonyddu arnaf; sgrech a griddfan a thafodi, llygaid dirmygus, gwefusau tyn, gruddiau gwelwon a dagrau arnynt.

Awst 5 (Gwener):

Wedi teithio trwy'r nos, dyma fy llygaid blin yn cael bendith o edrych ar yr olygfa harddaf a welais ers wythnosau (ie, er mai yn y Swistir y bûm) – rhes osgeiddig o flodau'r helyglys lliwgar yn erbyn llyn bychan yng Nghymru fach. Yr oedd gwybod bod fy nghartref yn agos yn rhoi rhyw lewych ychwanegol i ddŵr ac awyr y mynydd-dir. Nid yw'r Odwssews hwn am ymadael â'i Ithaca am dipyn o amser eto.

Troi a Throsi

Awst 6 (Sadwrn):

Gellir dysgu llawer o wylio plant yn chwarae, ac y mae lle i astudiaeth o'u ffraeon. Anghydfod wrth rannu melysion, eiddigedd o'i gilydd, cwerylon ynghylch perchenogaeth, gwylltineb a babaneiddiwch – rhyfedd mor debyg ydynt i bobl mewn oed. Sylwais fod ambell ffrae'n codi o wrthdaro noeth rhwng ewyllys ac ewyllys: y naill a'r llall yn mynnu ei ffordd ei hunan, y naill a'r llall yn mynnu bod yn ben.

Mae'n debyg y gellir rhannu plant yn ddau fath: y rhai sydd am arglwyddiaeth a'r rhai sydd yn fodlon dilyn eu harweiniad. Nodais fod rhai'n geffylau blaen cyn dysgu cerdded yn iawn. Sylwais yn arbennig wrth wylio genethod bach yn chwarae fod un am fod yn feistres – neu, hwyrach, dwy, ac os felly, ni bydd y storom ymhell.

Cais pobl mewn oed guddio'r gwrthdaro i raddau. Ond y mae'r tynnu a'r croestynnu'n bod, er hynny. Ymhob cyfeillgarwch, ymhob carwriaeth, ymhob mudiad, ymhob cymdeithas, ynghudd neu ar goedd, nid oes ball ar y frwydr nes cydnabod y meistri'n feistri – neu gydnabod y frwydr yn ofer.

Awst 7 (Dydd yr Arglwydd):

Diolch am gyfle i glywed pregeth a diolch am bregeth afaelgar a'm tynnodd yn nes at Grist.

Cawsom ddarlun o'r Iesu'n cymell ac yn goleuo ac yn argyhoeddi ac yn arwain. Gwas ac Arglwydd; ufudd-dod a sofraniaeth; ymwacáu ac ymgyflawni – ni ellir deall y Person heb ddeall y Gwaith.

Ofer pob Cristoleg a esgeuluso ewyllys y Crist. Y mae'r llyfrau ar hanes yr athrawiaethau Cristnogol yn y canrifoedd cynnar yn arfer awgrymu bod y cyfnod Cristolegol pwysig yn terfynu gyda Chyngor Chalcedon a chyhoeddi'n derfynol yr athrawiaeth am y Ddwy Natur yng Nghrist, er bod rhai'n rhoi clod i Leontius o Fyzantium am glymu llinynnau anniben yr athrawiaeth wedi hynny[106]. Gan amlaf ymdrinir â'r ddadl ddiweddarach am ewyllys y Crist – ai un ai dwy ewyllys oedd iddo – fel rhyw adlais dibwys o'r ddadl enwocach am ei natur. Camddeall y pwnc yw hyn.Trwy symud sylfaen y ddadl o Ontoleg i Thelematoleg, o fyd Bod i fyd Ewyllys, daethpwyd yn llawer agosach at y categorïau Beiblaidd hefyd at y dull seicolegol o ddeall yr athrawiaeth.

Ond nid dyddlyfr yw'r lle priodol i dechnegiaith.

Awst 8 (Llun):

Ymhlith y gweinidogion y cefais y profiad addysgol o'u hadnabod y mae dau y rhoddaf iddynt yr enwau "Tyrannus" ac "Exiguus" Yr oedd Tyrannus am fod yn feistr ymhobman. Clywais fwy nag un yn cyfeirio ato fel y "bos." (Yr oedd yn arfer ymhlith llawer o wragedd y "dosbarth gweithiol," pan oeddwn yn fachgen, ddefnyddio'r gair hwn am eu gwŷr. Ni wn a yw'r arfer yn dal.) Mynnai ei ffordd ei hun ymhob peth. Ni allai gwrthwynebwyr aros yn hir yn ei eglwys. Gyrrai'r llymder yn ei lygaid fraw ar bawb, ac yr oedd rhyw oerni gwywol yn ei ffraethineb. Plygu neu ffoi ger ei fron a wnâi pobun. Yr oedd hyd yn oed ei wên yn rhewllyd. Mor wahanol i wên Exiguus. Gwenu'n barhaus y byddai hwnnw. Gwlanen o ddyn ydoedd, parod i gyd-weld â phawb, ac yr oedd ganddo ryw arfer ffôl o orffen eich brawddegau i chwi i ddangos ei fod yn deall i'r dim ac yn cytuno'n galonnog. Yr oedd yn hollol amddifad o nerth, ac argyhoeddiad a theyrngarwch i achos. Ei brif nodwedd, yn wir ei unig nodwedd oedd Neisrwydd. Yr oedd yn was bach i'w wraig ac i bawb arall.

"Tyrannus" ac "Exiguus": boed y ddau'n rhybudd imi.

Cefais fy nghyhuddo cyn hyn o'r ddau ddrwg. "Yr wyt ti mor ystyfnig â mul. 'Rwyt ti'n mynnu dy ffordd dy hunan yn y diwedd bob amser. Ti yw'r Meistr yn dy fyd dy hun, ac y mae'n rhaid i bawb arall ildio a phlygu a chydffurfio â'th batrwm di." Ac o'r ochr arall: "'Rwyt ti'n was bach i bawb. Gall y byd sathru arnat ti, ac ni wnei di ddim byd ond gwenu'n llipa. Gall pob diogyn wthio gorchwylion arnat ti, ac ni wnei di ddim byd ond diolch iddyn-nhw. Mae'n bryd iti dyfu asgwrn cefn." Do: clywais y ddwy gân gan yr un lleisiau.

Awst 9 (Mawrth):

Y mae'r frwydr rhwng ewyllys ac ewyllys yn fwyaf angerddol lle y bo'r berthynas agosaf rhwng y naill a'r llall: dau gyfaill mynwesol yn cyrchu at yr un nod, gŵr a gwraig yn rhannu rhyfeddodau serch a bywyd, y sant yn ymgodymu â'i Dduw. Yn y cyfeillgarwch puraf y mae'r elyniaeth buraf: ymhob *amo* ysblennydd y mae rhyw *odi* brawychus;[107] cais y dwylo a godwyd mewn gweddi ymaflyd yn y Duw Byw, a'i orfodi i wrando, i blygu, i weithredu.

Awst 10 (Mercher):

Y mae math ar ryfel sanctaidd rhwng mab a merch. Erys yn sanctaidd er gwaethaf gwaith Strindberg[108] ac, i ryw raddau ac ar brydiau, D.H. Lawrence[109] yn ei ddisancteiddio. Y *mae* rhyfel rhwng y ddau ryw. Y mae caru merch yn debyg i warchae ar gastell; a hyd yn oed wedi goresgyn yn fuddugoliaethus fe erys y cwestiwn pa faner sydd i gyhwfan ar y tŵr.

Awst 11 (Iau):

O Ewyllys Gadarn, a edrychaist ar y byd i'w feddiannu, i'w dywys, i'w achub;

O Ewyllys Ddi-drais, a fynnaist inni, ie, ohonom ein hunain, farnu yr hyn sydd gyfiawn;

O Ewyllys Bur, a dderbyniaist gywilydd y Groes:

O Ewyllys Ddedwydd, a ymgartrefaist yn Ewyllys y Tad;

Cyfarwydda fi, yn awr a thros byth.

Eithr er gwaethaf fy ymdrechion ni allaf deimlo'r Agosrwydd heddiw.

Ceisiaf ei weld â llygaid darfelydd: galw'r pysgodwyr, iacháu'r deillion, trechu'r cythreuliaid, herio'r rhagrithwyr, dyrchafu'r trueiniaid, traethu geiriau'r Bywyd, glanhau'r Deml, disgyblu Cesar, diorseddu'r Angau.

O Awdurdod na all na Chredo na Dogma nac Athroniaeth byth ei ddofi na'i garcharu!

Y mae'r Eisiau Mawr arnaf. Ond teimlaf fod y rhyfel ynof ac o'm cwmpas yn siglo fy seiliau.

Awst 12 (Gwener):

Cefais ryw gymaint o esmwythâd heddiw wrth groesawu MacTavish yn ôl wedi iddo gael pythefnos fwyaf cyffrous ei fywyd yng ngwersyll yr Urdd. Dychwelodd mewn brwdfrydedd llon, dan ganu caneuon rhyfedd ac ofnadwy, a'i Gymraeg dipyn yn gyfoethocach a'i groen dipyn yn frownach.

Y mae bachgen deg oed wedi cyrraedd rhyw radd o aeddfedrwydd a meistrolaeth a gaiff ei ddryllio cyn hir gan wewyr llencyndod. Ond yn awr y mae'r einioes yn ymddifyrru fel iâr fach yr haf yn yr heulwen. (Ni welais gynifer o loynnau byw erioed ag eleni). A sôn am ewyllys: *Athanasius contra mundum!*[110]

Awst 13 (Sadwrn):

Mae'n debyg bod rhai o gyfoeswyr yr Iesu'n meddwl ei fod yn ystyfnig ac yn fyfïaidd. Dyma ŵr a eilw ddynion i'w ddilyn; dyma ŵr a fentra roi gorchmynion ac egwyddorion newydd i bobl yr Arglwydd a phobl y byd; dyma ŵr a ymhonna'n bennaeth yn y byd ysbrydol ac a ymnertha yn erbyn galluoedd anweledig a sefydliadau dynol; dyma ŵr na fyn wrando ar gynghorion ei deulu ac arweinwyr ei gymdeithas na hyd yn oed ar rybuddion ei ddisgybl blaenaf ond a dry ei wyneb yn ddi-ildio i gyfeiriad Jerwsalem; dyma ŵr a ymwrthyd, hyd yn oed gerbron y brawdle o dan fygwth y Groes, â phob awgrym y dylai ei esbonio ei hunan i achub ei einioes.

Onid yw Mudandod Mawr yr Iesu'n awgrymu rhyw anystwythder, rhyw anhyblygrwydd? Tybed a edrychai Caiaffas ar y Groes a dweud, "Arno ei hunan y mae'r bai. Ni welais erioed y fath ystyfnigrwydd mewn crach-Feseia. Hunanladdiad yw peth fel hwn"?

Eithr dyma nerth y Daioni Eithaf. Yn y pen draw rhaid ymostwng iddo neu ei ladd.

Ac eto ni ellir byth ei ladd; a chyfystyr ymostwng iddo ag ymgyflawni ynddo.

Awst 14 (Dydd yr Arglwydd):

Yn y tywydd tesog ardderchog hwn y mae dyn yn ymdeimlo'n aelod o deulu enfawr y Natura Creatrix[111]. Saim, sug, gewyn, braster, llam a lludded – dyna yw ei gynefin. Hoff gan feirdd yr haf ddisgrifio lliwiau a lluniau'r tymor fel pe baent hwy eu hunain, y beirdd, yn edrychwyr breintiedig o'r tu allan, yn synhwyro'r rhyfeddodau fel ymwelwyr o fyd arall. Ond fe'm gorfodir gan y gwres i'm synhwyro fy hunan ac i'm hadnabod fy hunan fel creadur byr ei anadl a pharod ei chwys ymhlith y myrdd myrddiynau o blant Natur. Mae'n debyg bod yr haul tanbaid yn cael cymaint o foddhad wrth dywynnu ar fesen neu asgell siani faglog neu gynffon gwiwer lwyd ag ar fy ngwegil amyneddgar i.

Creadur bach chwyslyd mewn tŷ cwrdd mewn gwlad fach ar ddaearen ddisylw ymhlith eangderau'r hollfyd yn dweud bod y Bod Goruchel, Anfeidrol, Aruthrol wedi ymweld â'i blaned ac wedi gwisgo ei gnawd! Creadur bach blewog, fforchog, boliog, na fyddai'n bod onibai am wres un o'r heuliau dirifedi, yn beiddio sôn am Haul y Cyfiawnder a Goleuni'r Byd! Dyma haerllugrwydd – ond y mae bywyd ei hun yn haerllugrwydd – ac yn wyrth.

Awst 15 (Llun):

Bûm yn darllen *Myfi a Thydi* gan Martin Buber. Diolch am athronydd sydd yn agosach i fardd nag i bencampwr technegiaith. Byddai'n anodd cyfieithu'r llyfr i'r Gymraeg, gan nad oes rhagenw diryw gennym. Y ffordd hwylusaf dros yr anhawster fydd defnyddio "Y Peth Yma." Mae'r gwahaniaeth rhwng y personol a'r pethol – onid yw'r gair "pethol" yn bod, fe ddylai fod – yn dra phwysig yn y llyfr. Mater o berthynas ydyw, nid o hanfod. Yr au gyfriniaeth sydd yn mynnu difetha hunaniaeth ac yn toddi pob perthynas mewn môr o ddiddymdra.

Awst 16 (Mawrth):

Cyfeiria Buber at chwarae "cogio" plant fel prawf o'r angen dynol am berthynas bersonol. Ni welais enghraifft ryfeddach o hyn na dulliau chwarae Flanagan. Hoff ganddi chwarae am oriau wrthi ei hun, gan bersoneiddio pob tegan neu declyn. Yn y byd dychymyg y mae'n byw ynddo bechgyn a merched a babanod yw marblis neu gerrig neu sialciau neu ddarnau o bren. Y peth mwyaf difyr yn y byd yw gwrando arni hi'n chwarae fel hyn, gan geryddu ei phlant a'i phobl neu eu hanwylo neu chwerthin am eu pennau. Mae'r peth yn gyffredin ymhlith plant, wrth gwrs, ond nis gwelais o'r blaen i'r graddau eithafol hyn. Gwell ganddi ddweud stori na chlywed un, o'r ddau, ac nid hawdd bob amser gwahaniaethu rhwng y gwir ffeithiol

a'r gwir barddonol mewn rhai o'i datganiadau mwyaf cywrain.
Nid ydym yn fodlon ar bethau. Mae'n rhaid wrth bersonau.
Gwell bod yn gaethwas i ddihiryn nag yn gaethwas i beiriant.

Awst 17 (Mercher):

Wrth sôn am anystwythder ac anhyblygrwydd Iesu ddydd Sadwrn,
edrych ar ei waith o't tu allan a wneuthum. I ryw raddau collais yn
ddiweddar yr ymdeimlad â'i agosrwydd. Ceisiais fyfyrio amdano ac
adennill yr hen adnabyddiaeth annwyl, ond bu fy ymgais yn rhy
ymwybodol i fod yn llwyddiannus. Ofnaf fy mod yn wynebu ar
gyfnod diffrwyth, anial. Ond gwn trwy brofiadau'r gorffennol nad
anhyblyg ac anystwyth yw'r Iesu i'r sawl a fo'n ei adnabod ac yn ei
garu. Mae'n wir na all neb wanhau ei benderfyniad diysgog na'i droi
oddi wrth ei genhadaeth achubol; yn yr ystyr yna y mae'n gwbl
anhyblyg. Ond wrth drin cyfaill, disgybl, pechadur – dyna
dynerwch, amynedd a thosturi. Tystied y disgyblion – Pedr barod ei
leferydd ac Andreas dawel a gwylaidd, Simon y cenedlaetholwr a
Mathew a fu'n was i'r Ymerodraeth, meibion tanbaid Sebedeus a
Thomas ochelgar, ymholgar.

Ond O! na chawn adennill yr Agosrwydd hwnnw.

Awst 18 (Iau):

Tua dechrau'r flwyddyn, pryd yr oeddwn, trwy ryw nerth a weithiai
yn fy nychymyg, yn cael cymdeithasu ag Iesu'n amlach ac yn
daerach nag ar hyn o bryd, mentrais ysgrifennu ychydig o emynau a
cherddi addolgar. Yn awr wele fi'n troi at un o'r rhain a cheisio
gweld y Crist o'r newydd wrth fyfyrio am y weledigaeth a gefais y
pryd hynny:

> "O Gariad gwych, O Awel fwyn
>   A lonnai Alilea,
> O Aberth dinacâd, di-gwyn,
>   A daniai hen Jwdea!
>
> Nid wyt ymhell. Yr Awel lân
>   A drecha'r holl ganrifoedd,
> Ac yn ein bywyd llysg Dy Dân
>   Yn awr ac yn yr oesoedd.

Fe elwaist gynt gymdeithion drud,
   A daethant hwy i'th ddilyn;
A galw'r wyt, y Crist, o hyd
   Ddisgyblion syn i'th ganlyn.

Cyhoeddaist gynt Efengyl fad
   Daioni Duw a'i Deyrnas;
Cyhoeddi'r wyt hyd heddiw'r Tad
   A'r Ysbryd a'i gymdeithas.

Iacheaist glaf a chloff a dall,
   Ac ynot byth mae iechyd.
Ysbeiliaist hen garchardy'r Fall:
   Ein Ceidwad wyt a'n Bywyd.

Y croesbren yw Dy Orsedd Di,
   A drain Dy Goron blethog.
Llond ein calonnau yw Dy fri,
   Ein Cariad a'n Tywysog!

Dros ein heneidiau diffrwyth chwyth
   Awelon Galilea;
Ar allor dlawd ein heinioes byth
   Fe fflamia Tân Jwdea."

Bu'r llinellau a luniais rai misoedd yn ôl yn foddion gras imi yn fy nghyflwr presennol.

Gwelais ef o'r newydd, y Brawd Tragwyddol, yn camu dros orwelion cymylog fy myd i fod yn fy ymyl.

Awst 19 (Gwener):

Daeth yr Hyfrydwch mawr yn eiddo imi am ychydig o amser ddoe, ac nid yw ymhell heddiw.

Fy Mrawd ffyddlon, y sydd yn gryfach nag angau ac anghydfod a phob anghariad, aros gyda mi. Cynorthwya fi i herio fy amhurdeb a'i ddileu dros byth. Canys ynot ti y mae grymusterau a grasusau'r Gogoniant dilwgr, diderfyn. Amddiffyn fi rhagof fy hun. Trwy'r Gair a'r Groes. Amen.

Awst 20 (Sadwrn):

Wrth edrych dros dudalennau'r dyddlyfr hwn a chofio ei fod wedi ymddangos mewn wythnosolyn cyhoeddus byddaf yn rhyfeddu at fy hyfdra. Ac eto ni allaf hawlio bod y *journal* hon yn gwbl *intime*. Ond nid wyf erioed wedi darllen journal *intime* sydd yn rhoi'r gwir cyfan yn ei holl fanylder. Y mae bywyd dyn ynghlwm wrth fywydau eraill, a byddai croniclo pob meddwl ac ystum yn fy mywyd i yn torri'r gyfraith ynghylch enllib, teyrnfradwriaeth a maswedd heb sôn am roi poen i olygydd hynaws ac arswyd i ddarllenydd hirymarhous.

Eithr yr wyf wedi cyffesu digon i ddangos mor rhwydd ac arwynebol yw cyffesion ein gweddïau cyhoeddus. Gymaint haws ydyw i ddyn gyfaddef ei fod yn bechadur na chyfaddef ei fod yn cnoi ei ewinedd.

Awst 21 (Dydd yr Arglwydd):

Cefais swper ac ymgom gyda rhai o enwogion llengar Cymru a thrafod, ymhlith pynciau eraill, fohemiaeth ym mywyd llenorol ein gwlad. Y dyb gyffredinol yw mai peth prin ydyw yn ein plith ond ei bod, er hynny, yn perthyn yn agos i athrylith greadigol ac yn haeddu goddefiant rhyfeddus, onid rhywbeth mwy na hynny, gan gaethion parchusrwydd.

Tybed?

Rhaid edmygu'r sawl a wrthryfelo yn erbyn y confensiynau annheilwng a chaethiwus er mwyn cyfoethogi ac ardderchogi bywyd; ond nid oes gennyf fymryn o barch at rai o'r cymhellion a bair ymwrthod ag arferion ein cyfoedion. Cais rhywrai borthi eu coegni eu hunain trwy fyw'n wahanol i'w cymdogion, ac nid ydynt nemor gwell na choegynnod a fyn ymbincio yn y confensiynau. Ymdrecha eraill i dorri'r mân foesau er mwyn blasu pleserau cyhoeddusrwydd: y mae marchnad i fohemiaeth erbyn hyn. Amcan rhai yw ceisio bodloni eu cydwybod trwy herio cymdeithas yn y mân bethau, a hwythau'n gwybod yn eu calonnau eu bod yn hollol wasaidd i gymdeithas yn y pethau pwysicach. Haws gwisgo crys melyn mewn angladd na phleidio heddwch ar adeg rhyfel.

Chwarae teg. Rhaid cydnabod bod ambell fohemiad yn wrthryfelwr wrth natur neu o egwyddor – yn y mân bethau a'r mawr bethau. Baner rhyddid a chyfiawnder a dynoliaeth yw'r dici-bo enfawr a wisgir ganddo. Mae ei fuchedd yn wrthdystiad yn erbyn yr unffurfiaeth hurt a fyn ddarostwng pob nwyd a phob dawn a phob cydwybod dan bawen y Bwystfil. Pob clod iddo; ond hwyrach y byddai ei wrthdystiad yn fwy effeithiol petai ei ddici-bo dipyn yn llai.

Rhaid herio cymdeithas er mwyn ei hachub hi: nid herio er mwyn herio. A rhaid osgoi rhoi i'r manion distadl y pwysigrwydd sydd yn perthyn i'r egwyddorion mawr.

A chyda llaw: onid annheg yw defnyddio'r gair "bohemiaeth" i roi sglein ramantus i dwyll a hoced a gwamalrwydd a dipsomania a numffomania? Achuber ni rhag phariseaeth y synagog a'r salon fel ei gilydd.

*   *   *   *

Cefais ddwy gymwynas gan un o'r enwogion heno, sef beirniadaeth ar fy mhregeth ("pils mewn siwgr") a benthyg llyfr, dyddlyfr Barbellion, "The Diary of a Disappointed Man."[112]

Awst 22 (Llun):

Wrth deithio adref cymylwyd fy myfyrdodau gan yr atgof am hunllef ddiflas a gefais neithiwr, sef breuddwydio fy mod yn cyrraedd fy nghartref a chael Flanagan ac Ap Siencyn yn feirwon. Mae'n wir iddynt ymddadebru'n rhyfedd cyn diwedd fy mreuddwyd, ond y mae'r cryndod ynof o hyd.

Llosnur[113] yn y düwch brawychus – dyna'r einioes – ond y mae'n dwyn tystiolaeth i Haul yr Heuliau.

Awst 23 (Mawrth):

Dyma hen gyfeilles i Daranwen yn dyfod am ddiwrnod neu ddau, a'i dau blentyn gyda hi a nith fach sydd yn cynorthwyo yn y dasg o ofalu am y rhai bychain. Diddorol yw cael cip ar ofidiau a gobeithion teulu arall.

"Onid hwn yw'r saer, mab Mair, brawd Iago, ac Ioseff, ac Iwda, a Simon? Ac onid yw ei chwiorydd ef yma yn ein plith ni?"[114]

Cefais fy ngwahodd i mewn gan fy nghyfaill ifanc Iesu, – rai blynyddoedd yn iau nag y bûm yn gyfarwydd ag ef, ond wrth edrych ar y llygaid eiddgar nwyfus sylwais fod y graith yno eisoes. Yr oedd bywyd yn ei wên a'i leferydd; wrth orfoleddu ynddo, teimlwn mai godidowgrwydd oedd cael anadlu awyr a synhwyro byd.

Dilynais ef i'r gweithdy a gwelais yr hogiau: Iago'n llanc cydnerth, hardd, araf ei symudiadau, a'i serch at ei frawd hynaf i'w weld yn y llygaid a edrychai arno mor edmygus; Ioseff yn hogyn bywiog, cellweirus, siaradus, gyda thebygrwydd trawiadol i'w frawd Iesu o ran pryd a gwedd; Iwda a Simon yn ddau grwtyn chwareus oddeutu'r deg oed, y cyntaf mor ddygn ag oedd yr ail yn ysmala. Siarad pymtheg i'r dwsin yr oeddynt, pawb ond Iago. Yr oedd hwnnw'n trin darn o bren â chyllell, ac Ioseff yn rhoi cynghorion arabus iddo. Yn sydyn dyma sgrech o'r gornel lle yr oedd Simon wedi bod yn dynwared un o swyddogion pwysig y synagog; yr oedd Iwda'n ceisio dysgu parchedigaeth iddo trwy roi iddo glatshen â llwy fawr.

Edrychais o'r naill i'r llall. Brodyr yr Arglwydd oeddynt, plant Ioseff a Mair. Rhan o'r Ymgnawdoliad oeddynt, ac os y rhain, onid Ioan Fedyddiwr hefyd, a Mair Magdalen? – a Herod a Chaiaffas – a Dafydd Frenin a Dafydd ap Gwilym – a Hamwrabi a Savonarola a Henry Ford?[115] – a'r Brawd o Radd Isel? Rhan o'r Ymgnawdoliad ydym i gyd.

Clywais leisiau benywaidd o'r tu allan i'r drws. Yr oedd Mair a'i merched yn dod.

Nage. Flanagan oedd yno i ddweud bod te'n barod.

Awst 24 (Mercher):

Ffarwel i McTavish am ryw wythnos eto. Mae'n mynd i aros yng Nghwm Rhondda yng nghartref ei gyfaill Rhiwallon.

Bûm yn darllen dyddlyfr Amiel yn ddiweddar, ei ddarllen yn y gwely cyn mynd i gysgu; llyfr i'w lymeitian, a'i flas yn gyfrin ac yn barhaol[116]. Y mae Barbellion yn mynnu ei ddarllen o'r dechrau i'r diwedd ar un eisteddiad. Druan ohono, a'i syched am glod a'i ofnau a'i wendid a'i glyfrwch a'i fywiogrwydd a'i ddiddordeb mewn creaduriaid byw. Mae'n gryfach ac yn wannach na minnau tua'r un oedran. Mae Amiel yn gofyn ein tosturi hefyd; ond y mae ei feddylwaith yn haeddu parch dwys, a'i ddirnadaeth gymdeithasol yn hynod berthnasol, ar dro, i'r ugeinfed ganrif.

Awst 25 (Iau):

Fy Nghhyd-ddyn ieuanc, a fuost mor helaethwych nes i'r byd marwaidd dy ladd, mawr yw fy niolch na ellir byth dy ladd a'th fod yn blasu o hyd awyr lân a goleuni teg bore'r Argyfodiad. Arwain fy enaid ar hyd llwybrau'r gwirionedd. Pâr imi fy adnabod fy hunan ynot ti. Nid wyf hyd yn hyn wedi beiddio edrych ar lysnafedd fy ffieidd-dra. Cymorth fi â'th wên a'th ddagrau.

Awst 26 (Gwener):

Yn ysbeidiol, wrth roi'r plant i'r gwely, clywais ddarnau o goncerto feiolin Beethoven, a daeth poenau atgof i'm blino. Y fath gywreinio nefolaidd ar symlrwydd mor ddaearol! Cofiaf glywed y rhyfeddod am y tro cyntaf, cyn imi freuddwydio am fod yn dad.

Awst 27 (Sadwrn):

Mae'r papurau newydd yn codi cyfog arnaf y dyddiau hyn. Gan amlaf, y mae'r newyddion gwleidyddol – er eu diflased yn amlach na heb – yn ddihangfa rhag y pasiant beunyddiol o drosedd a fwlgareiddiwch. Ond ar hyn o bryd y gwrthdaro rhwng dyhead cenedlaethol a balchder ymerodrol sydd amlycaf, a chyda'r balchder y mae, o du'r Galluoedd Gorllewinol, gryn dipyn o'r filitariaeth lwfr na fyn ganiatáu i na Chypriot na Morocad beryglu eu "diogelwch" militaraidd. Ond cyflwynir y sefyllfa gyda'r rhagdyb mai bendithiol, yn y tyndra presennol rhwng Comwnyddiaeth a'r Gorllewin, yw cadw cymaint o allu a fo'n bosibl yn nwylo Lloegr a Ffrainc ac na ddylai eu deiliaid ym Morocco a Cyprus fod yn rhy anniddig. Rhaib a thrais a throsedd yw gormes y gelyn; amddiffyniad llesol yw ein gormes "ni": yr hen, hen hanes. Ond y gofid yw nid yn unig canfod y twyll ond meddwl am y miliynau mewn llawer gwlad sydd yn cael eu cyflyru i'w dderbyn.

*   *   *   *

Ond dyma destun llawenach: dyn ifanc a lodes yn dod atom, y naill i fwrw'r nos a'r llall am ychydig ddyddiau, y naill o Wynedd a'r llall o'r Almaen. Hoyw, croyw, gloyw yw nwyfiant llencyndod. Cofiaf imi ddechrau hiraethu am fy ieuenctid coll yn union wedi cyrraedd yr ugain oed. Ond, yr argian, nid wyf wedi ei golli'n llwyr eto.

Awst 28 (Dydd yr Arglwydd):

Calondid yw mwynhau Sul yng nghwmni cyd-weinidog hynaws.

Ambell waith yn ystod gweithgarwch y dydd teimlais fod fy mhen yn pwyso ar y Tynerwch oesol megis ar fynwes.

Teimlais brydiau eraill fod rhywun neu rywbeth yn dadlau yn fy erbyn ac yn fy nghyhuddo ger bron y Tragwyddol.

Dyna yw Satan yn Llyfr Job: yr erlynydd, yn ceisio dilorni'r cyfiawn ger bron Duw.

Ond y tro hyn mawr yw fy mhryder mai'r Cyfiawn yw'r Cyhuddwr.

Awst 29 (Llun):

Gwelais ef eto yn ei harddwch, fy Iesu, fy Nwyfol Frawd, Brenin Dynol Ryw. Bywyd yr Hollfyd ydoedd. Gogoniant a Hyfrydwch y Cread. Yr oedd ei wên fel y wawr a'i drem fel yr haul yn ei nerth; ei leferydd fel afon yn ymddolennu rhwng meysydd ffrwythlon, a'i berson i gyd yn rhagori ar ysblander mynydd a môr. Yr Eneiniog ydoedd. Iddo ef y Deyrnas a'r Fuddugoliaeth. Yr oedd creithiau ei ddioddefaint yn disgleirio fel sêr llachardywyll yn ffurfafen fawreddog ei brydferthwch.

Ynddo yr oedd rhyw nerth anhraethadwy a'm denai tuag ato. Yr oedd ei fywyd ef yn meddiannu fy mywyd i, ei diriondeb diderfyn yn fy nghymell, ei arwriaeth ddi-droi'n ôl yn fy nhynnu a'm meistroli.

Yn ddisymwth profais y caethiwed nefolaidd yn waradwydd ac yn sarhad. Ymdrechais i ymryddhau. Nid oeddwn am fod yn ddeiliaid nac yn ddisgybl i neb na dim. Ceisiais wrthryfela yn erbyn gormes gorlethol y Cariad Hollbresennol. Cododd fflam yn fy mron, fflam o wrthdystiad yn erbyn y Goruchelder.

A minnau yn ffurf Dyn ni thybiais yn drais fod yn ogyfuwch â Duw.

Teimlais fy mod yn cael fy nhynnu'n ddidosturi i gyfeiriad y Tosturi Tragwyddol. Gwelais yr Wyneb hawddgar yn dyfod yn nes a'm dirfod yn ymdoddi i Ddirfod y Bendigaid.

Yn sydyn ymdorrodd ac ymledodd y fflam yn fy mynwes nes troi fy mywyd yn Gehenna o lid llofruddiol; a gwn imi gwneuthur ystum o daro.

"Proffwyda, pwy yw yr hwn a'th drawodd di?"

"Paham yr wyt yn fy nharo i?"[117]

* * * *

Paham y bûm cyhyd cyn cydnabod natur fy mhechod dyfnaf? Pechod Luciffer ydyw. Na: mae'r disgrifiad hwnnw'n rhoi gormod urddas iddo. Pechod Cain, yn hytrach. Nage: mae balchder yn yr honiad hwnnw hefyd. Gwn beth yw fy mhechod i: fy llais i yw'r llais olaf hwnnw, y diwrnod erchyll ym Mhalesteina gynt, a gododd mewn ysgrech wanllyd, grynedig, farwaidd, i weiddi "Croeshoelia ef."

Awst 30 (Mawrth):

Bûm yn chwilio'n ofer am eiriau i weddïo. Y mae rhyw derfysg ynof lle y dylai tangnefedd fod.

Awst 31 (Mercher):

Chwith oedd gennym ffarwelio â Thrinchen. Yr oedd hi wedi agor ei fflurddail[118] cyn pen yr arhosiad byr gyda ni. Ond dyma McTavish yn ôl, a Rhiwallon gydag ef i fwrw gweddill yr wythnos yma. Ac yng nghwmni Arfon, hogyn newydd a ddaeth i fyw yn ein hymyl, wele'r ddau'n ymdaflu i chwaraeon, fel pe bâi terfysg yn unlle yn y byd, nac ym Moroco nac yn fy nghalon i. Ymddengys y fath hapusrwydd imi heddiw bron yn anhygoel.

Medi 1 (Iau):

Pan fo lluoedd picellog uffern yn ymosod ar enaid dyn, y maent yn goresgyn pob peth.

*   *   *   *

Sylwais, wrth ddarllen dyddlyfrau a ysgrifennwyd gan eraill heb fwriadu eu cyhoeddi (yn ddiymdroi, beth bynnag), fod y dyddlyfr weithiau'n troi'n fath ar gyfaill i'w awdur. Ar ei fynwes wen y mae'r dyddlyfrwr, hyd yn oed yn ei unigrwydd tostaf, yn cael gorffwysfa a gollyngdod. Ger bron ei gyfaill dirgel-ddiogel gall arllwys cyfrinachau ei brofiad.

Nid cyfaill mo'r dyddlyfr hwn, ond gelyn. Y mae ei ysgrifennu, ar hyn o bryd, yn fath o burdan. Ond pa werth sydd mewn cyffes-lyfr a gedwir rhag fy nghyfoeswyr? Onid yw cyffes yn peidio â bod yn gyffes os cedwir hi'n gyfrinach? Nid digon mynd â'm pechod at Dduw yn y dirgel: mae Ef yn ddigon cyfarwydd ag ef eisoes. Poenus yw diosg gwisgoedd amryliw rhagrith, ond rhaid gwneud –hyd yn oed pan fo rhagrith yn ymddieithrio fel gweddusrwydd.

* * * *

Y mae lluoedd y Fall yn argae ar fy enaid, fy nghartref, fy ngwlad, fy myd, ac ni wn sut i weithredu. Ar y foment hon rhaid dewis. A ddylwn i gyflawni brad yn y fan hon i achub einioes y fan draw? A ddylwn roi heibio un ddyletswydd er mwyn bod yn ffyddlon mewn dyletswydd arall a dwyn ymgeledd i druan y mae ei hawl arnaf mor daer ac mor anochel?

Fy Nuw, fy Nuw, cyfarwydda fi, cynnal fi. Y Bugail Da, cyrcha dy ddafad goll. Tyrd ataf i blith eangderau digysur yr anialwch.

Mae gan bob aelod o'n teulu bach ei dôn arbennig ei hunan. Penderfynwyd hyn flynyddoedd yn ôl, ac y mae llawer o fudd ac o lawenydd yn y dwli hwn. Tôn Taranwen yw "Fe bortha Ef Ei braidd" allan o *Feseia* Handel. Daw hyfrydwch mwyngalon y dôn i'm cysuro heddiw fel awel o baradwys.

Medi 3 (Sadwrn):

Hebryngais Anna at dŷ fy chwaer Phyllis a'i gadael hi yno wrth fynd i gadw cyhoeddiad.

* * * *

Cawsom drafferth i fagu McTavish ym misoedd cyntaf ei fywyd, ac yr oedd ofn arnom y byddem yn ei golli. Y pryd hynny, fe fyddwn yn ceisio esmwytháu arno trwy ganu "Morfa Rhuddlan", nid yr hen dôn ond y llall, ac yn ein teulu ni bellach y mae prydferthwch torcalonnus y dôn yn perthyn yn arbennig i McTavish. Wedi hynny, fe roesom donau i'r aelodau eraill o'r teulu. "Fe bortha Ef ei braidd" Handel yw tôn Taranwen; i mi y rhoddwyd y dôn ysblennydd, *Chorale* Sant Antwn, y cyfansoddodd Brahms amrywiadau godidog arni. Cafodd Flanagan dôn fach o'r Almaen, "In einem kühlen Grunde"[119], a'i phrydferthwch yn troi hyd yn oed ei thorcalon yn nefoedd bur; ac Ap Siencyn y digrifwch yn yr ail fudiad o Symffoni Fugeiliol Beethoven – ac ar fy llw y mae'n ei daro i'r dim. A phan ddaeth Anna i fyw gyda ni bu'n rhaid rhoi tôn iddi hithau – y thema adnabyddus yn Largo Symffoni'r Byd Newydd Dvorák.

Y mae gogoniant yn y tonau i gyd, gogoniant ac angerdd a melyster. Tystiant, rywsut, i'r berthynas a ddylai fod rhyngom, a'r unoliaeth mewn amrywiaeth sydd yn un o egwyddorion sylfaenol y Creu. A phan demtier fi i amau'r berthynas, deuant i'm cadarnhau yn y cariad sydd, er gwaethaf pob drycin, yn ein dal ni ynghyd.

Medi 4 (Dydd yr Arglwydd):

Pregethais am y perthnasau dynol sydd mor werthfawr inni i gyd ac am yr angen am eu casglu ynghyd a'u gweddnewid a'u cyfannu yn y Berthynas freiniol a ddarluniwyd inni yn yr Eneiniog.

Ond troes y Gras a bregethais yn Farn arnaf fy hunan.

Medi 5 (Llun):

Chwithig yw farwelio â Rhiwallon. Mae ei hoffuster tawel dipyn yn wahanol i'r mathau amrywiol o drystiogrwydd ac afreoleidd-dra y buom yn gyfarwydd â hwy yn ein teulu ni.

Dyma'n hen gyfeilles Felicia yn dod i aros gyda ni, llawn egni a threfnu ac ewyllys da fel arfer. Eithaf diddorol yw clywed ei hanesion: Anita wedi troi'n Babyddes (a hithau wedi bod yn Fethodist ac yn Fedydd-wraig ac yn agos iawn at fod yn Grynwraig); Mrs. Mortimer yn meddiannu ei hwyres yn hunanol o berchenogol; Montagu'n meddwl am adael y weinidogaeth i weithio yn y gwasanaeth gwladol.

Sylweddolais o'r newydd mor gymhleth yw'r berthynas hyd yn oed rhwng dau. Gall daioni dyn droi'n fwrn ar ei gyfaill gorau.

* * * * *

Mae fy mhenbleth gyda mi o hyd. Rhaid dewis rhwng ffyddlondeb i achos a thrugaredd wrth un annwyl y mae ei fywyd mor agos i'm bywyd i. Mae'r peth yn hunllef gynyddol.

Medi 6 (Mawrth):

Gwelais y Godidowgrwydd megis Haul uwch fy mhen. Rhedodd dros yr wybren a hofran a throi a syrthio. Disgynnodd arnaf. Ni welais ond goleuni di-ben-draw, fel pe bai môr o oleuni wedi boddi'r holl ddaear. Gogoniant i Dduw yn y goruchaf . . . Bugeiliaid, doethion, yr ych a'r asyn, baban yn llefain, mam yn synfyrfio – ni bu Rhyfeddod mor annwyl erioed.

Ymdeimlais â'r Ysbryd yn ymsymud ar wyneb y dyfroedd, ac yn y caddug terfysglyd daeth pwynt o oleuni anhygoel. Ymguddiais ynddo, canys dyna oedd fy nghartref a'm tynged a'm hollfyd. Teimlais yn sydyn fy mod yn rhan o ffrwydrad o wreichion, ond cyn hir yr oeddwn ar grwydr ymhlith heuliau ac eangderau a rhyfeddodau. Daearen oeddwn, ac wedyn cwmwl ac wedi hynny diferyn o ddŵr. Daeth ias a chryndod trwof. Dechreuais ymdrechu ac ymgiprys. Nofiwn, ymchwyddwn, ymlusgwn, a'r Gwynt yn chwythu drwy fy nghrombil a'm bod. Tyfais, epiliais, amlheais. Symudai pasiant a rhwysg y rhywogaethau o'm hamgylch. Amlygais chwant ac angerdd mewn crafanc a thrais danheddog ac ysgarmesoedd gorffwyllog. Dysgais gymdeithasu a chyfathrachu. Gwneuthum arfau a chartrefi a mynwentydd. Codais dŵr, a chwerthin yn amlder fy nerth a'm rhyfyg ac wylo yn ingoedd fy methiant. Caru a chasáu, cenfigennu ac ymgywilyddio, torri addewid a thorri calon, crechwenu ac ochneidio – daeth llu o boenau ac o felysterau i'm rhan. Breuddwydiwn am angylion a gogoniannau. Offrymwn ac ymgrymwn. Gafaelodd y Gwynt ynof a'm hysgwyd. Ymgodymwn â thrugareddau anweledig mewn arswyd a hiraeth a thraserch.

Disgynnodd y nos arnaf ac yn y nos clywais lef y baban. Yr oedd Dyn Bychan wedi ei eni, ac yr oedd rhyfeddu yn llygaid ei fam, a Sêr y Bore'n cyfarch y Seren a dra ragorai ar eu hysblander mwyn.

Y Gair a wnaethpwyd yn gnawd am i'r cnawd ymgyflawni â'r Ysbryd.

Caru prydferthwch ac oblegid hynny casáu Rhosyn Saron a Lili'r Dyffrynnoedd; addoli'r Gwirionedd ac, yn angerdd yr addoli, poeri ar Fab y Gwirionedd; ysu am y Daioni Eithaf a chan mor anniwall y chwant ysgrechian yn llofruddiog yn erbyn Cyntafanedig y Daioni Tragwyddol – hyn yw fy nhrychineb a'm distryw.

Medi 7 (Mercher):

Llwyddais i fwrw fy nghroen heddiw am ychydig. Aeth y plant yn ôl i'r ysgol ddoe a dyma Felicia a Tharanwen a minnau'n cael cyfle i gael tro yn y wlad a throi'n hynafiaethwyr ac yn naturiaethwyr am y rhan fwyaf heulog o'r diwrnod. Euthum i Tretŵr a chael blas ar yr hen dŵr a'r hen dŷ; a hyfrydwch oedd gweld y gwenoliaid yn ymgasglu cyn ymfudo. Dyna hwyl a hoen yn yr heulwen. Dacw hwy, ar do'r eglwys ac yn hedfan o gylch ac yn clebran fel cwrdd chwiorydd yn cael cwpanaid o de. Iaith werth ei dysgu yw eu hiaith hwy.

Cawsom i gyd fwynhad, ond ymhob ymbleseru y mae rhyw awgrym o dwyll ac o gogio. Y mae paent y digrifwas ar ein hwynebau a grwnan y dinistr yn ein calonnau.

Medi 8 (Iau):

Euthum â'r plant at eu bws ysgol y bore yma, a chael hwyl fawr – sylwi ar we pryf cop rhwng gwifrau clawdd y rheilffordd, a'r gwlith fel perlau ar y rheffynnau main; ac wedyn, wrth gwrs, gweld ugeiniau o weoedd ar y clawdd ac ar y coed cyfagos. Celfyddyd, peirianwaith, anturiaeth: y mae Corryn yn gwybod rhywbeth amdanynt i gyd.

Gresyn bod creulondeb at wŷr yn nodwedd mor amlwg ymhlith y gwragedd ym myd y pryfed copyn: rhyfel pur hynafol yw'r rhyfel rhwng y ddau ryw; ac nid oes dim sôn am gytundeb heddwch hyd yn hyn.

*   *   *   *

Diguro yw harddwch y llosgfynydd yn erbyn yr awyr las. Cred y pentrefwyr o'i amgylch ei fod yn dawel onid yn farwaidd; ond y mae pandemoniwm yn ei berfeddion.

*   *   *   *

Diolch i Ti, O Arglwydd, am ddisgyblaeth natur a hanes a chydwybod. Disgybla fi. N'âd imi drengi mewn anhrefn. Esmwythâ arnaf, uniona a chabola a hyffordda fy enaid. Trwy fy Mhatrwm a'm Ffordd. Amen.

Medi 9 (Gwener):

Y mae llinell gynhyrfus mewn emyn yn dweud bod pechod ar dân. Beth yw ei hystyr?

PENNOD 12

Dig

Medi 10 (Sadwrn):

Daeth Cardod Puw i'm gweld – i ysbeilio fy ysbryd a bolheulo yn fy edmygedd parod. Bu'n sugno gwaed fy nychymyg a'm meddylfryd droeon yn ystod y flwyddyn, ond ni phrofais erioed o'r blaen gymaint o ddiflastod ac o anamynedd ac o lid ag a brofais heddiw.

Ni pherthyn cyffesu pechodau pobl eraill o gwbl i'r dyddlyfr hwn – neu fe fyddai ei ysgrifennu'n bleser o'r godidocaf – a'i hyd yn llawer mwy. Dywedais ddigon. Ychwanegaf yn unig mai dyma enghraifft o gyfeillgarwch unochrog, os gellir dychmygu'r fath beth, y naill yn derbyn a'r llall yn rhoi, y naill yn gwasgu a'r llall yn griddfan, y naill yn ymgyfoethogi ac yn ymgyflawni a'r llall yn ymdlodi ac yn ymwacáu.

A oes gyfeillgarwch rhwng chwannen a chi?

Yr wyf yn llawn digofaint wrth weld bywyd arall yn ymbesgi mor ddigywilydd ar fy mywyd i. Y mae mwy nag un math o ladrad. Anodd imi faddau i rywun sydd yn dwyn ffrwythau meddwl a dychymyg a myfyrdod oddi arnaf heb roi dim. Yr wyf yn bod er ei fwyn ef – dyna'r rhagdyb sydd yn ymguddio ymhob gwên ac ystum a doethinebu o'r eiddo.

Ac eto rhoddais iddo bopeth yr oedd yn ei ofyn, a llawer dros ben. Ac yn fy nghalon, llysg y llid o hyd.

Medi 11 (Dydd yr Arglwydd):

Beiddiais bregethu, ag amherffeithrwydd ac anaddasrwydd fy muchedd a'r cyfathrach fel plwm yn fy nghalon.

Tybiwn ar y dechrau y byddai'r dyddlyfr yn gymorth imi dyfu mewn gras; ond nid yw hyd yn hyn ond wedi codi'r caead oddi ar grochan fy nghythreuldeb.

*   *   *   *

153

Cefais ychydig o esmwythyd wedyn yn nhŷ Adelheid a Phowys oddi cartref, ond yr oedd ei frawd Lemwel yno, mor ffraeth, mor sionc ac mor barchus-amharchus ag erioed. Mae munud yn ei gwmni'n troi trasiedi'n gomedi bob amser.

Yr oedd Adelheid yn mwynhau'r cyfan yn braf ac yn edrych arnom o dro i dro fel pe bai'n gallu gweld trwom. Iechyd calon oedd clywed Rolff a Thydain yn chwerthin mor naturiol am ben doniolwch eu hewythr.

Medi 12 (Llun):

Dyma emyn godidog yw:

> "Arglwydd Iesu, arwain f'enaid
> At y Graig sydd uwch na mi"

–a dyna air yn ei bryd i'r Oes Atomig. Cynhyrfais wrth ei ddarllen yn y llyfryn *Emynau'r Gwlad*. Trois wedyn at un o gampweithiau Morgan Rhys, "O agor fy llygaid i weled" – a sefyll ar y graig y tro hyn a gwylio'r Brenin yn trechu hiliogaeth y Fall.

"Hiliogaeth y ddraig" sydd yn yr emyn. A dyna un o droeon trwstan hanes y Cymry. Draig yw symbol enwocaf ein cenedligrwydd, ond yn y cyfoeth emynau a ddaeth allan o'r Diwygiad Efengylaidd a wnaeth gymaint i achub ein cenedl a'n hiaith defnyddir symbol y ddraig dro ar ôl tro i gynrychioli ffyrnigrwydd y Drwg.

Y mae'r Ddraig Goch i'w chael ar darian arwyddluniol sefydliad Cristnogol yng Nghymru ac ychydig o amser yn ôl bu rhywrai am ei dileu ar y sail ei bod yn arwyddlunio Gelyn Duw. Llwyddwyd i achub y Ddraig gan waith ei charedigion yn dangos ei bod yn sefyll â'i phen yn cyfeirio i'r llawr a'i bod felly'n ymostwng ger bron y Goruchaf.[120]

Y gwir yw mai Sarff Adeiniog yw'r Ddraig a bod iddi yn y Beibl ei hun arwyddocâd daionus. Y mae'r Sarff weithiau'n arwyddocáu Iechydwriaeth a'r Bywyd Dwyfol.

Y mae'r ffaith bod y Sant Siôr, gorchfygwr y ddraig, yn nawddsant Lloegr yn ychwanegu perlysieuyn perffaith at y dryswch. Draig yr Apocalyps sydd yma, debyg iawn, ac y mae'n gysur i ni weithiau edrych ar ddarlun bach ar un o furiau ein cartref, copi o ddarlun mewn hen Lyfr Oriau Ffleminaidd, darlun sydd yn dangos

Sant Siôr nid wedi lladd y ddraig ond wedi ei dofi hi. Ceir rhywbeth tebyg yn yr emyn "Newyddion braf a ddaeth i'n bro."

"Mae'n holl elynion ni yn awr
Mewn cadwyn gan y Brenin mawr."

I'r graddau y mae'r Ddraig yn cynrychioli gwareiddiad dyn (gyda chyfeiriad at Ymerodraeth Rhufain), mwy cydnaws â'r Newyddion Da yw ei dofi na'i lladd: ei dofi a'i disgyblu a'i hachub.

Fel Origen byddaf yn disgwyl ymlaen am dröedigaeth y Gŵr Drwg.[121] Yn y cyfamser, y Ddraig Goch a ddyry cychwyn!

Medi 13 (Mawrth):

Bu'n rhaid imi ildio.

O Fendigedig Trugarog, maddau imi. Gwared fi rhag meddwl bod methiant a throsedd yn hawdd eu maddau pan fo'r amgylchiadau'n rhoi rhith o esgus a'r canlyniadau'n ymddangos yn ddibwys. Gwn fod imi gyfran ymhob brad a halogodd ein bywyd dynol ac ym mrad anferth croeshoelio'r Cyfiawn. Maddau imi. Achub fy anwyliaid, achub Gymru, achub yr hil. Trwy'r Gweddïwr ar y Groes. Amen.

Nid oes gennyf ddim i'w ddweud wrthyt ti, heddiw, fy Nyddlyfr, fy Nghyhuddwr, fy Satan. Mae gwynder dy bapur yn debyg i wyn llygaid cythreuliaid duwiol.

Llygaid: llygaid llosgol Iwdas, llygaid swrth Peilat, llygaid fwlturaidd Caiaffas – a'r dagrau yn llygaid Pedr yn ngolau eiddil y cyfddydd.

Medi 15 (Iau):

Y mae pob dicter at Gardod Puw wedi diflannu bellach. Ond fe erys ei bersonoliaeth yn ddirgelwch imi: ei ddawn, ei uchelgais, ei ddyfalbarhad, ei foesegiaeth – a'i oerni a'i arwahander a'i galedwch ymenyddol.

Medi 16 (Gwener):

Yr wyf yn rhy ddig wrthyf fy hunan i fod yn ddig wrth neb arall.

Fy unig esgus yw imi glywed y Blaidd yn udo wrth y drws; ac i yrru'r Blaidd i ffwrdd fe fu'n rhaid imi daflu ato ffaglau neithior y Rhiain a hawlia wasanaeth pob marchog glew.

*   *   *   *

Wrth feddwl, weithiau am achau ein plant byddaf yn dechrau ofni y daw lycanthropedd arnynt.[122]

*   *   *   *

Efallai y byddai rhai'n rhyfeddu o glywed fy mod yn gallu pechu trwy ddig – am na fyddaf byth yn gwylltio'n gynddeiriog, byth yn mynd o'm cof, byth yn grac. Unwaith yn unig yr wyf yn cofio colli arnaf fy hunan yn lân a mynd yn gaclwn gwyllt. Hogyn ysgol tua'r deuddeg oed oeddwn y pryd hynny; yr oedd bwli wedi mynd yn rhy bell. Wedi i'r gorffwylltra fynd heibio, daeth yr ofn yn ôl. Ar wahân i hynny bûm mor ddigyffro nes cael fy nisgrifio'n glustog, rhywbeth meddal i'r byd eistedd arno. Ond y mae gwahanol fathau ar ddicter. Y mae llawer iawn o'm dicter i'n llechu y tu ôl i wên. "Pob un a ddigio wrth ei frawd heb ystyr, a fydd euog o farn: a phwy bynnag a ddywedo wrth ei frawd, Raca, a fydd euog o gyngor: a phwy bynnag a ddywedo, O ynfyd, a fydd euog o dân uffern."[123]

Medi 17 (Sadwrn):

Cystal imi wynebu'r dadansoddiad ar Ddigasedd a geir *Yny Llyvyr hwnn:* cas, anundeb, cynnen, ymwychio, annoddef, ymserthu, mawrddrygedd, drwg ewyllys, cynddaredd, terfysg, drwg anian, llofruddiaeth.

Casineb fel cyflwr enaid a olygir wrth "gas" a "mawrddrygedd" a "drwg ewyllys" a "drwg anian". Cecru a ffraeo drwy eiriau yw "cynnen" ac "ymwychio" ac "ymserthu". Cweryla â chyfaill yw "anundeb". Gwylltineb meddwl yw "anoddef". Wrth "gynddaredd" golygir llid eithafol. Gall y pethau hyn arwain at "derfysg" ac at "lofruddiaeth," sef lladd.

Ni byddaf yn ffraeo llawer. I raddau helaeth llwyddais i ymwadu ag allanolion digasedd. Anaml y byddaf yn euog o derfysg, ac yn wir nid ymdaflaf i derfysg byth o'm gwirfodd. Ni chyflawnais lofruddiaeth fel y diffinir y gair yn y gyfraith. Anfynych y byddaf yn ymgecru trwy eiriau, er bod dyn yn gorfod ei amddiffyn ei hunan weithiau. Pe bai fy nhafod yn ystwythach mae'n debyg y byddai fy nhroseddau'n amlach.

Ond nid digon ymwadu ag arwyddion arwynebol digasedd tra bod ei dân a'i frwmstan yn troi'r galon yn uffern. Cas, drwg ewyllys, anoddefgarwch – O am ddianc rhag y rhain yn y Cariad a anadlodd fywyd i'm ffroenau.

Medi 18 (Dydd yr Arglwydd):

Gwelais hi'n mynd heibio wrth bregethu'r bore, fraich ym mraich â'r ffroenuchelwr a oedd wedi prynu ei chorff. Daeth rhyw gyfog arnaf wrth nodi'r sglein ar ei breichledau a gweld y tlysau'n dawnsio dan ei chlustiau, wrth sylwi ar y paent a guddiai'r baw a'r peraroglau a ymgymysgai â'r drewdod. Clywais ei chwerthiniad afiach yn troi'n ysgrech wrth i'w meistr trahaus balfodi ei chorff. Teimlais ddirmyg, syrffed, diflastod. Ynddi hi yr oedd holl fryntni ein cenedlaeth. Arhosai'r atgasedd yn fy nghalon hyd yn oed wrth bregethu am faddeuant a chariad Duw.

"Bwried hithau ymaith ei phuteindra o'i golwg a'i godineb oddi rhwng ei bronnau; rhag imi ei diosg hi yn noethlymun, a'i gosod fel y dydd y ganed hi, a'i gwneuthur fel anialwch, a'i gosod fel tir diffaith, a'i lladd â syched."[124]

Gwelais hi eto yn oedfa'r hwyr, a'r wawr ar ei hwyneb, a'r syfrdandod yn ei llygaid, a'i breichiau'n ceisio cofleidio'r Anghyffwrdd.

"Noli me tangere." "Oblegid ni ddyrchefais i eto at fy Nhad."[125]

Medi 19 (Llun):

Bu'n rhaid pwyllgora tipyn heddiw, a chyd-ocheneidio â chyd-weinidogion.

Yr oeddwn ar fin prynu copi o *Gyfansoddiadau a Beirniadaethau* Pwllheli – oni ellid, gyda llaw, daro ar deitl hwylusach i lyfr blynyddol yr Eisteddfod Genedlaethol? – ond dyma un o'r calonnau caredicaf yng Nghymru'n tosturio wrthyf, a minnau'n cael y gyfrol werthfawr yn rhodd.

Darllenais y stori fer fuddugol gyda blas wedi sylweddoli ei bod yn llawer gwell nag addewid y paragraffau cyntaf.[126]

"Nid oes neb byth yn trefnu dim byd. Nid oes eisiau trefnu. Y mae hi'n *wahanol* yma, John . . . Oddi ar gymhellion mewnol y byddwn yn gwneud pethau. Yr ydym yn rhydd o orthrwm pwyllgorau a chynghorau a threfniadau."

Fel yna mae hi yn y nef, awgryma'r storïwr. Ond beth yw ystyr y ddihareb Cymraeg: "Nid oes ar uffern ond eisiau ei threfnu"?

Medi 20 (Mawrth):

Blynyddoedd yn ôl, cyn imi droi'n derfynol at yr Ymgnawdoledig, yr oedd dyngasedd chwyrn a diflas yn elfen barhaol yn fy ymarweddiad. Ciliodd dan belydrau'r Haul, gan adael yn unig ryw amlinell rimynaidd o syniciaeth chwerthinus. Ofnaf yn awr fod yr hen ddyngasedd yn dod yn ôl.

Onid yw'r ddynolryw yn haeddu pob dirmyg? Dyma hwy, aelodau breintiedig o Gymdeithas Anrhydeddus y Creaduriaid Byw, cydgyfranogion o anturiaeth ddihafal y Creu, brodyr a chwiorydd i'r Mab Darogan, adeiladwyr tai a themlau a thyrau'r Ddinas Lachar – ac eto y mae drewdod yn eu heneidiau sydd yn llawer mwy atgas na drewdod y llaid yr ymlusgasant ohono. Y mae angen ac argyfwng Dyn yn gofyn aberth gennym – ond ni wna dynion ond llawdio mewn blys am wybodaeth am hanes personol rhyw actores neu dywysoges. Y mae gwyddonwyr yn arbrofi â deunydd y greadigaeth a'r gwladwriaethau'n casglu bomiau dinistr – ac ni wna dynion ond hapchwarae yn y pwliau pêl droed a streicio nid er mwyn cyfiawnder ond er mwyn gwell cyflog na'u cydweithwyr. Cyflawnwyd rhyfeddodau mewn dyfais a gwybodaeth a gwareiddiad – ac ni wna dynion ond llygadrythu ar y pethau salaf ar y sgrîn teledu. Gorwedd y Cristiau yn eu gwaed – ac ni wna dynion ond crafu am aur ac arllwys cryn dipyn ohono i godau'r crach-bendefigion a ŵyr sut i arwain gwareiddiad i ddistryw a difyrru'r penbyliaid ar y ffordd lydan tuag ato.

Gwybodaeth, medr, clyfrwch a gododd Dŵr Babel a phob gorchestwaith gwareiddiad a welodd y byd erioed. Ond y mae eu malurion yn dystiolaeth i hurtrwydd a thrwsgleiddiwch ac anwybod dyn. Blysio am y ffrwythau hudolus a mynd heibio i Bren y Bywyd – dyna yw hanes dyn erioed. Ac ni bu gwell enghraifft o'r groes-aniaeth na stranciau dyn yn yr ugeinfed ganrif.

Ac os y dinistr eithaf a ddaw i ran y ddynol ryw, a fydd y digwyddiad yn bwysicach yn nhreigl yr aruthreddau na marwolaeth pryfetyn dan sawdl penwanyn?

A oes fodd parchu'r fath giwed o ddihirod a llabystrod â'r hil ddynol? Ac a oes fodd caru heb barchu? Onid dirmyg a chasineb yw'r unig bethau y mae'r ddynolryw yn eu haeddu, a'r unig bethau y gall dyn call ac unplyg eu rhoi iddi?

"Felly y carodd Duw y byd . . ."[127] Ble yr oedd hunanbarch yr Hen Ddihenydd?

O Arglwydd Iesu, a faddeuaist hyd yn oed y Groes, maddau imi'r uffern a lysg yn fy nghalon. Pâr imi weled y Ddynoliaeth a arfaethwyd inni, y clwyfau'n ddisgleirwiw ar Dy gorff, a holl ogoniant anian yn goron ar Dy ben, a'r Cnawd a fu'n drigfan i'r Gair yn ymgodi o'm blaen yn amlder ei hyfrydwch a'i nerth. Rho imi Di Dy Hunan, y Dyn a fynega Dduw, yn awr a thros byth.

Medi 21 (Mercher):

Dyma Riwallon yn dod i aros gyda ni am dipyn, yn wenau i gyd. Nid yw mor anodd caru dynolryw heddiw.

Euthum yn llon i bregethu gyda'r Bedyddwyr a chael digon o groeso, a'm cludo adref mewn car gan Samariad Trugarog.

Medi 22 (Iau):

Y mae synnwyr digrifwch yn gymorth i oroesi cyfarfodydd ordeinio.

Bendith ar y gweinidog ifanc. Yr Ysbryd a'i tywyso heibio i bob obscwrantiaeth a ffug-efengyl at y Gwirionedd. Y mae digon o gorsydd ac o laid ar y ffordd.

Yn yr Eglwys ei hunan y mae digon i borthi dyngasedd: plygu glin neu ostwng pen o flaen y Rhyddfreiniwr mawr, a gorseddu sefydliad neu gyfrwng neu fudiad yn ei le; moliannu ei ras a'i dangnefedd a chydsynio â lladd ei deulu; ei gusanu a'i fradychu fel y gwnaethpwyd lawer gwaith o'r blaen.

Medi 23 (Gwener):

A'm dyngasedd yn codi dyma gwrdd â Chardod Puw. Daw epigram Martial am Sabidius i'm meddwl.[128]

Medi 24 (Sadwrn):

Dywed rhai fod pregethwyr yn wrandawyr sâl. Eu tuedd, meddir, yw cynllunio pregethau ar y testun eu hunain yn lle gwrando ar y pregethwr; neu, os gwrandawant gwrandawant yn feirniadus ac nid fel pechaduriaid. Ond nid yw hyn yn wir am y rhan fwyaf ohonynt, yn enwedig mewn cymanfa. Derbyniant eu moddion yn frawdgar ac yn fwyn.

A dyna bobl dwymgalon yw Cymry Llundain. Wedi'r croeso a gefais y mae'n bur anodd imi gredu yn fy nigasedd fy hunan. Y mae fy *malaise* wedi diflannu. Darfu'r casinebau chwerwon a fu'n tagu ac yn difwyno fy ysbryd yn ddiweddar. Casáu'r rhywogaeth ddynol, casáu'r Cariad dilychwin ei hunan – bu fy mywyd ar gyfeiliorn mewn diflastod tebyg i un o niwloedd Llundain. Ond yma, ymhlith y Cymry oddi cartref, yn Llundain ei hun, y mae blas unwaith eto ar gymdeithas ac ar addoliad.

Medi 25 (Dydd yr Arglwydd):

Calondid mawr heddiw fu cael sicrhad haelionus nad hollol ofer fu cyhoeddi'r ddyddlyfr dadlennol hwn o wythnos i wythnos. Y mae'n amlwg bod ambell un wedi dilyn y cyffesion hyn ac yn gweld ynddynt rywbeth o ddiddordeb seicolegol. Bûm yn ofni fwy nag unwaith fod yr orymdaith flin wedi mynd yn dreth ar saint a phechaduriaid fel ei gilydd. Bu archwilio fy mhechod yn orchwyl meithach a mwy costfawr nag y disgwyliwn. Nid wyf wedi gorffen eto ac nid oes gennyf ddim sicrwydd y caf y gollyngdod yr wyf yn hiraethu amdano. Ond teimlaf – heddiw o leiaf – fy mod yn onestach dyn nag a fûm naw mis yn ôl.

Ond a wyf wedi alltudio'r Crist o'm calon?

> "Parod yw i wneud ei gartref
> Yn y galon euog ddu,
> A'i phrydferthu â grasusau,
> Gwerthfawr ddoniau'r nefoedd fry."

Duw yng Nghrist, Crist yng nghymdeithas ei saint, cymdeithas y saint yn Nuw – dyna a fu fy mhynciau heddiw. Tywynned yr Haul yn fy nghalon fy hun.

Medi 26 (Llun):

Bu'n rhaid brysio adref i'm gwaith. Ar y ffordd, ceisiais hela pob anghariad o'm mynwes; y dilorni dirgel a fu'n cnoi fy ngholuddion, y duedd i farnu fy nghyfoedion wrth eu gwendidau'n unig, y diffyg amynedd yn wyneb hunangais pobl eraill, yr arfer o ddosbarthu cymeriad dyn ar y cyfarfyddiad cyntaf a gwrthod credu y gall fod yn well na'm dyfarniad di-ras.

Y Crist, y Mab Tragwyddol, y Brawd Anniflan, y Gŵr Gofidus a Chynefin â Dolur, maddau imi. Iachâ fy enaid, glanhâ fy ngwefusau. N'âd imi wawdio'r dynionach am nad ydynt yn debyg i'r Dyn. Dyro imi gariad maddeugar y Groes, yr awr hon a phob awr o'm hoes!

Medi 27 (Mawrth):

I ba raddau yr wyf yn euog o'r pechod sneclyd hwnnw, siarad yn faleisus am feiau pobl eraill y tu ôl i'w cefnau?

Y mae mwy nag un math o glebran: siarad am wendidau a ffolinebau a rhagoriaethau ein cymdogion o ran hwyl a difyrrwch; achwyn yn erbyn rhywrai mewn modd sy'n rhoi mynegiant i ddiflastod; gwawdio neu ddilorni cydbechadur yn faleisus ac yn atgas. Hawdd pledio'n euog o'r trosedd cyntaf, os trosedd hefyd. Un o freintiau llonnaf bywyd yw mwynhau hynodion ein gilydd; hyfryd yng nghwmni cyfaill hynaws yw trafod pecadilws ein cymdogion a sylwi'n hwyliog ar frycheuyn ac yn wir ambell drawst yn llygad brawd. Y gresyn yw ei bod yn llawer mwy anodd cael yr un difyrrwch ar draul ein gilydd yng ngŵydd ein gilydd. Yr wyf yn adnabod dyn a gâr roi pleser i gwmni trwy ddynwared bloesgni a chloffni a phethau tebyg, ond anodd gwneud hynny ym mhresenoldeb y bloesg a'r cloff. Mor rhwydd ac mor ddiarwybod y try moesgarwch yn rhagrith a charedigrwydd yn dwyll.

Euog wyf hefyd weithiau o'r ail fath o glebran; tuchan, achwyn, mynegi dirmyg a diflastod, cytuno â'm cydfeirniaid mai babi mawr hunanol yw hwn-a-hwn, ac mai hon-a-hon yw'r glecen fwyaf yn y wlad; mai coegyn dienaid yw Dic, mai Sioni-bob-ochr yw Siôn, mai gormod o ŵr mawr yw Dafydd, a bod eu gwragedd, yn yr un drefn, yn hoeden, yn Sioned-lygad-y-geiniog ac yn Iolen flonegog. Anodd penderfynu pa le y terfyna'r math cyntaf o glebran, sydd yn weddol iach, ac y dechreua'r ail, sydd yn berygl i enaid dyn.

Eithr y mae trydydd math o glebran: y dilorni ffiaidd a gwenwynllyd, y ffrewyllu bustlaidd a llofruddiog, y lladd â'r tafod.

A flasodd fy nhafod erioed waed fy nghymydog?

*   *   *   *

Tybed a oes fodd lladd nid yn unig â'r tafod ond hefyd â'r meddwl?

Medi 28 (Mercher):

Daeth un o golledion fy ngorffennol i ymweld â'm dychymyg ac ni lwyddais i gau'r drws ar ei wyneb. Hwyrach mai ysbryd aflan ydoedd, ond yr oedd iddo bryd a gwedd rhywun a gerais ac a gollais gynt.

"Dymunaist fy marw," meddai.

"Naddo", atebwn i.

"Paid â gwadu", meddai. "Y prynhawn teg hwnnw, pan oeddit yn canu'n iach, gan wenu'n dyner arnaf a chan ysgwyd fy llaw, dymunaist fy marw."

"Paid â'm dychryn", meddwn i. "Hyd yn oed petai'n wir ni fyddai'n beth anghyffredin. Mae llawer, o dro i dro, yn dymuno angau i eraill. Mae'n siŵr gennyf nad oes neb yn y byd nad oes rhywun rywbryd wedi dymuno ei farwolaeth."

"Ymguddio'r wyt y tu cefn i bechod y ddynolryw. Daeth y dymuniad i'th feddwl y prynhawn hwnnw, wrth ganu'n iach, a'r cymylau gwynion ynghrog yn yr wybren ac yn nyfnder y llyn."

"Naddo, gyfaill. Rhyw gysgod dros dro ydoedd ar wyneb y llyn, a min cwmwl yn lleddfu ar danbeidrwydd yr haul."

"Cysgod ar dy galon di ydoedd."

"Dymuno fy marwolaeth fy hunan a wneuthum."

"Dymuno dy farwolaeth dy hunan yr wyt yn awr."

Ciliodd, ac wrth gilio mynd â holl hyfrydwch y diwrnod.

Medi 29 (Iau):

Cyrhaeddodd prysurdeb yr wythnos ei benllanw heddiw, a diolch am hynny.

Ar ôl te, dyma Riwallon a McTavish a Flanagan yn mwynhau moment o chwarae cogio. A chwarae dychrynllyd ydoedd – chwarae gwahangleifion, codi breichiau a gweiddi "Aflan! Aflan!" – ac wedyn chwerthin ac anghofio.

Syrthiodd y miswrn teg am ennyd megis, a datguddio'r benglog.

Medi 30 (Gwener):

Synfyfyriwn am holl ingoedd a cholledion y ddynoliaeth: tor amod a thor calon, clefyd a chlafr, gwallgofrwydd a galar, ochenaid ac ysgrech a mudandod angau. Yr oedd fel pe bai byd o dechnegwyr a pheirianwyr dan arweiniad rhyw archwyddonydd lloerig yn ymosod ar drigolion y ddaear â phob math o arfau caethiwo a dinistrio, yn ymosod ar enaid a meddwl a chorff, ar y meudwy yn ei gell a'r baban yn ei grud a'r teyrn ar ei orsedd. Cododd rhyw ddigofaint rhyfedd ynof, rhyw ddigofaint gorfoleddus, buddugoliaethus, a theimlais yn sydyn fy mod i gyda'r Iesu a bod ynof yr un digofaint ag a fu ynddo ef. "A daeth ato ef un gwahanglwyfus, gan ymbil ag ef, a gostwng ar ei liniau iddo a dywedyd wrtho, Os mynni ti a elli fy nglanhau. A'r Iesu gan ddigio, a estynnodd ei law, ac a gyffyrddodd ag ef, ac a ddywedodd, "Mynnaf, bydd lân." "Gan ddigio," nid "gan dosturio," a geir mewn darlleniad cynnar o'r darn hwn yn y bennod gyntaf o Farc. Dicter tosturi ydyw, digio wrth y drwg, fflamio'n ddewrwych ac yn landeg yn erbyn y pwerau sy'n difreinio ac yn arteithio dyn.

Hydref 1 (Sadwrn):

O Grist, fy Mhroffwyd, fy Offeiriad, fy Mrenin, sancteiddia bob digofaint sydd ynof â'th Ddigofaint Di Dy Hun. Llosga ynof, y Tân tragwyddol, nes difa pob amhurdeb a phob cas dinistriol. Llosga ynof, y Fflam aberthol, a llosga ynom oll nes nefoli'r ddaear, nes dwyfoli dyn. Tyn ni atat, O Breswylydd y Berth, O Deyrn yr Orsedd Wen Ddisglair, tyn ni i galon Tân Dy Dosturi yn awr ac yn oes oesoedd. Amen.

"Ac yn ebrwydd . . ." Dyna yw gogoniant Efengyl Marc: pair inni weld tân y frwydr rhwng digofaint glân yr Eneiniog a digasedd gorffwyllog y Fall.

Hydref 2 (Dydd yr Arglwydd):

Cefais bregethu heddiw mewn capel yn Sir Fynwy, yn un o'r eglwysi Cymraeg mwyaf dwyreiniol yng Nghymru, ar un o'r copaon sy'n dal i ymgodi uwchlaw'r llifeiriant Saesneg a orlifodd y sir. Cefais flasu "dagrau pethau", a hallt yn wir yw'r blas. Ond y mae hyfrydwch yr etifeddiaeth werinol-addolgar yn aros yn bereiddlan o hyd.

Pa beth yw Rhagluniaeth ond Etholedigaeth? Onid etholwyd pob cenedl i gyfoethogi trysorfa'r Gras ymostyngar? Ac onid etholwyd Cymru i'r Bartneriaeth Fawr? Gwae inni fradychu'r ethol.

Hydref 3 (Llun):

Y mae cyrddau diolchgarwch am y cynhaeaf yn un o'r atyniadau mawr yn y sir hon. Daw iddynt liaws o bobl na fynychant addoldai trwy'r flwyddyn. Disgyblion y dorth yw'r rhain. Miliynêr yw Duw yn eu tyb hwy, a phwrpas gŵyl y cynhaeaf yw ennill ei nodded trwy ychydig o weniaith; rhyw lwy i ennill lletwad yw'r papur chweugain yn y blwch casglu.[129] Hen yw'r arfer, hŷn nag offrwm y Silwriad gynt i Amaethon, neu pwy bynnag oedd duw'r cnydau.

Ond y mae'r ŵyl amaethyddol yn gyfle, bob tro y dêl, i glodfori Had y Wraig; ac i rywrai, sut bynnag, yr un yw Duw Natur a Duw Gras.

Wrth fynd i bregethu i fan lle y cynhelid gynt lys tywysogion Brycheiniog, naturiol oedd meddwl am hen addolwyr Cymru. Gorymdeithia'r oesoedd heibio, ond erys angen a thrugaredd.

Pregethais gariad Duw, y Cariad sydd yn creu bywyd – ac yn creu cariad.

Duw cariad yw. Nid oes dim digasedd ynddo. Nid digasedd mo'i ddigofaint.

Ceisiais ddychmygu Duw a fyddai'n llidiog ac yn gynddeiriog: ceisiais ganfod yr anfeidroldeb arswydus yn disgyn arnaf i'm cosbi a'm difa: gwelais ef, bwystfil y Farn yn brawychu fy enaid: dant a chrafanc, rhu a rhuthr uwch fy mhen. Methais ganfod rhagor. Mae cwmpas fy nychymyg yn anobeithiol o gyfyng. A gwrthodais gredu. Nid Duw oedd y Bwystfil Braw uwch fy mhen. Gelyn Duw ydoedd.

Beth yw digofaint Duw? Nid Duw yn digio fel meidrolyn cyfyng ei adnoddau ysbrydol. Ymwrthod â phob anghariad – dyna ddigofaint Duw. Ac am y digofaint dwyfol a brofir gan ddyn mewn hanes, rhaid derbyn dehongliad Dodd yn ei Rufeiniaid. Dyna'r drefn gariadus sydd wedi rhoi inni fywyd ac ewyllys a rhyddid i ddewis ac wedi sicrhau bod y drwg yn ddrwg, bod trosedd yn ddinistriol a chamwedd yn wenwynllyd am fod daioni'n greadigol ac iawnder yn iachusol. Dyna'r drefn, a rhaid diolch amdani.

Ped alltudid dioddefaint o'r hollfyd ni byddai ar ôl ond mynwent anferth, a honno'n ddistaw ac yn dywyll.

"Canys digofaint Duw a ddatguddiwyd o'r nef yn erbyn pob annuwioldeb ac anghyfiawnder dynion . . ."[130]

"Beth os Duw, yn ewyllysio dangos ei ddigofaint, a pheri adnabod ei allu, a oddefodd trwy hir-ymaros lestri digofaint, wedi eu cymhwyso i golledigaeth . . .?"[131]

Nid Duw yn digio sydd yma ond Duw yn hiraethu amdanom

mewn amynedd a thosturi a hir-ymaros. Nid yw'r digofaint ond y drefn ddaionus sydd yn sicrhau aflwydd i aflan nes ei lanhau. Darostwng Duw yw tybio y gall golli amynedd a tharo. I drefn y cread ac nid i galon y Crewr y perthyn y Digofaint y sonia Paul amdano.

Hydref 4 (Mawrth):

Dyma fwrw i waith tymor newydd a diolch i Dduw am y rhagorfreintiau.

Wrth rannu bara a gwin teimlwn nad oedd fy nwylo'n perthyn i mi fy hun. Er gwaethaf pob annaturioldeb a phob amryfusedd y mae'r cymundeb yn dod â ni'n arswydus o agos at Iesu – i frad o gormes a methiant a llygredd ei elynion a'i gyfeillion ac i ddynoliaeth a Duwdod y Galon Friw a'r Digofaint a fyn ymgodymu â'r drwg.

Nid digon, wedi'r cyfan, esbonio Digofaint Duw fel yr egwyddor amhersonol mai cyflog pechod yw marwolaeth. Y mae ynddo Ddigofaint personol hefyd (neu uwchbersonol: dywedaf "personol" am na all ein meddyliau amgyffred yr Uwchberson). Ond ni ellir deall y math yma o ddigofaint dwyfol heb ystyried digofaint y Crist a'r saint. Yr un yw digofaint Duw â digofaint yr Iesu. Fflachiodd a fflamiodd y Digofaint graslon o ddechreuad hanes hyd yn awr. Llosgodd yng nghalonnau proffwydi a chenhadon Duw a goresgynnodd geyrydd llygredd a llid. Ni fyddai inni fymryn o obaith hebddo.

Hydref 5 (Mercher):

Heddiw fy gychwynnodd dosbarth dan fy ngofal yn un o'r cymoedd diwydiannol, dosbarth ar Hanes Crefyddol a Chymdeithasol Cymru. Bydd yn eithaf diddorol sylwi ar y trafodaethau o wythnos i wythnos, canys y mae'r aelodaeth yn cynrychioli haenau mwyaf deallus y boblogaeth yn bur dda.

Rhyfeddaf at nerth a mawredd Crist ym Marn Fawr Michelangelo. Wrth fyfyrio amdano gwelaf ef yn dyfod yn raddol yn nes ataf a'i wyneb yn newid nes fy mod yn gweld nid Crist Michelangelo ond yr Iesu rhyfeddol gan Rembrandt, yr Iesu a fu erioed yn annwyl gennyf, yr Iesu sydd yn sylfaen i'r darlun ohono sydd yn fy nychymyg. Daw ei wyneb mor agos i'm hwyneb i nes fy mod yn clywed ei anadl ar fy ngrudd.

Meddiennir fy enaid gan gadernid a gogoniant ei Berson. Cyfyd ynof ryw awydd am ei drechu a'i ddarostwng am honni fy annibyniaeth arno a'm harglwyddiaeth arno. Ymataliaf, ac ymgyffroi wrth weld y tynerwch cynnes yn ei lygaid mwyn.

Yn sydyn dyma gofleidio fy Mrawd yn llawen, yn ddwys, yn angerddol, a theimlo'r un arwyddion o'i gariad ef atat innau. Ymildiaf i'r Crist, heb ddim digasedd na dim amheuaeth. Mae gwres ei gorff arwrol yn ymdoddi i'm gwres fy hunan. Ni wnaf byth ollwng fy Ngheidwad ymaith.

Hydref 6 (Iau):

Diolch am hyder a llonyddwch ysbryd. Euthum, yn fwy llawen nag ofnus, i annerch bechgyn ysgol ramadeg ar ddiben addysg a diben bywyd. Efallai mai'n awr y mae fy addysg yn dechrau, a'm bywyd, o ran hynny.

Hydref 7 (Gwener):

Euthum i dystio i ddaioni un a fu farw, gan sylwi'n alarus ar liwiau hydrefol y coed. Ond llawenychais: mae'r Cyfaill gyda mi.

PENNOD 13

Cenfigen

Hydref 8 (Sadwrn):

Y mae'n amlwg i Jwdas Iscariot ychydig cyn ei frad ennill iddo'i hun le amlwg ym mudiad yr Iesu. Efe oedd y trysorydd a'r trefnydd dirgel a phenderfynol. Credaf fod y dystiolaeth yn yr Efengylau bron yn ein gorfodi ni i gasglu mai ei brif amcan, wrth gynorthwyo gelynion yr Iesu i'w ddal ef yn y nos ac felly osgoi terfysg ymhlith y bobl, oedd prysuro dioddefaint achubol y Gwas-Eneiniog, gan feddwl y byddai lluoedd y Nef yn dyfod i achub Mab yr Addewid a darostwng teyrnasoedd y byd a chychwyn brenhiniaeth y saint.

Tybed a oedd elfen o genfigen ac o amheuaeth ynddo? Credaf mai cyfeiliornus yw pob dehongliad a fyn mai cenfigen ac amheuaeth yw ei brif gymhellion, rhyw wenwyn yn llechu dan wyneb ei dduwioldeb Cristaidd ei hun. Dyna duedd Dorothy Sayers yn y ddrama-gyfres wamal honno, "The Man Born to be King."[132] Byrbwylltra diamynedd yn hytrach na chyfrwystra mileinig a awgrymir gan yr hanes tameidiog a geir yn yr Efengylau Cyfolwg. Ond y mae'n bosibl bod diferyn o wenwyn yn ei galon hefyd, digio wrth ogoniant yr Iesu fel Eneiniog ac fel Gwas a cheisio ei brofi.

Gwn fod rhyw gymaint o wenwyn ynof i.

Ni allaf edrych ar ddarlun o'r Croeshoeliad heb deimlo mai annheg oedd dewis Iesu o Nasaraeth yn hytrach na'r Brawd o Radd Isel i farw dros bechaduriaid y byd.

Hydref 9 (Dydd yr Arglwydd):

Y mae'n amlwg mai un peth yn unig sydd yn angenrheidiol i'm hiacháu. Rhaid imi ymgodymu â'm cyfaill yn unigrwydd y nos.

Pregethais am ei gariad, a gwybod yn fy nghalon fy hun fod y frwydr derfynol rhyngddo ef a mi i'w hymladd cyn hir.

Ymwelais â Phowys ac Adelheid ac ymddifyrru'n hyfryd yn eu cwmni. Bu Powys yn llosgi arogldarth o ran hwyl a Rolff a Thydain yn rhoi recordiau ar y gramoffôn – Euryl Coslett yn canu dwy dôn nobl "Hyder" a "Lausanne" ac yn ymostwng i lefel is i ganu truth anhygoel "Unwaith eto 'Nghymru annwyl." Ac wedyn cawsom gerddoriaeth fale Rosamunde Schubert, a phawb yn gwrando'n astud arni ac ar Faust Gounod.

* * * *

Wedi i'r hogiau fynd i'r gwely dyma Adelheid a Phowys yn mynegi syndod a hyd yn oed diflastod bod y Dyddlyfr hwn mor felancolaidd. Synnais i o glywed y fath gŵyn. Nid wyf yn bruddglwyfus wrth natur, ac y mae'n sicr gennyf nad oes dim pruddglwyf cuddiedig yn dod i'r amlwg yn y cyffesion hyn. Y mae cydnabod pechod ac edrych ar y caswir yn ei wyneb yn ddigon i lanw'r siriolaf â galar, ond hyd yn oed yn awr, wrth droedio'r *Via Purgativa*,[133] ac y mae'n rhaid i mi, beth bynnag am eraill, fynd ar hyd y ffordd honno mor drwyadl ag y bo modd – yr wyf yn cael profiadau cysurlon a dedwydd. Teimlaf fy mod yn llamu o ddyfnder i uchder ac o uchder i ddyfnder a'r ddau begwn eithaf yn ymbellhau'n gynyddol oddi wrth ei gilydd. Ond yr wyf yn teithio ymlaen hefyd ac nid yn aros yn fy unfan, gan droi a throsi'n ofer ac yn ddiamcan. Neu dyna yw fy ngobaith, sut bynnag.

Hydref 10 (Llun):

Mae lliwiau'r hydref yn troi pant a thwyn a chilfach yn hyfrydwch newydd i'r llygad a'r dychymyg.

Nid oes dim tristwch yn harddwch yr hydref. Marw i fyw, suddo i godi, tewi i ganu eto – mae'r cyfan yn rhan o'r wyrth nad oes neb ohonom yn ddigon diolchgar amdani.

Hydref 11 (Mawrth):

Y pechod hyllaf yw Cenfigen. Dadelfennir y pechod fel hyn yn *Yny lhyfyr hwnn:* gogan (sef anghlodfori arall yn ei absen), anghlod (goganu arall yn dwyllodrus yn ei absen), absenair (cyfarthgar ogan hustyngus yn absen arall), clusthustingas (cashusting dychymyg drwg i golledu arall o ddisgasedd arno), dybrydrwydd (gwrthwynebu clod arall am ei weithredoedd da), melltigo (bwrw dryg dyb yn erbyn gweithred dda), drygddychymyg (gyrru ar arall newydd ogan yn gelwyddog), digasedd (annynnu lle neu ddamwain dda i arall), anghyweirdeb (anniolch), cas chwerwder, annundeb (casáu arall, hyd na mynner bod yn un ag ef), gwatwar (cellweirus ddigrifwch i dremygu arall), cyhuddo, cas.

Archwiliais fy enaid eisoes gyda golwg ar rai o'r pethau hyn. Hwyrach y dylwn chwilio ymhellach i gael hyd i'r chwyn llechwraidd hynny, dybrydrwydd, melltigo ac anghyweirdeb – gwrthod cydnabod da mewn eraill, amau cymhellion eraill yn eu gweithredoedd daionus ac anniolchgarwch, sef anghofio cymwynas neu hyd yn oed bwrw bustl ar gymwynaswr. Onid dyma'r pethau salaf mewn bywyd?

Y mae'r pethau hyn yn perthyn yn agos iawn i'r Pechod yn erbyn yr Ysbryd Glân. Dyma'r Iesu yn mynd o amgylch gan wneuthur daioni a'i gaseion yn haeru ei fod yn iacháu nid trwy nerth Duw ond trwy nerth y Drwg – "mai trwy bennaeth y cythreuliaid yr oedd efe yn bwrw allan gythreuliaid."[134] A'r ateb: "Pa fodd y gall Satan fwrw allan Satan?" "Yn wir y dywedaf i chwi y maddeuir pob pechod i feibion dynion, a pha gabledd bynnag a gablant: eithr yr hwn a gablo yn erbyn yr Ysbryd Glân, ni chaiff faddeuant yn dragywydd, ond y mae'n euog o farn dragywydd." A'r rheswm: "Am iddynt ddywedyd y mae ysbryd aflan ganddo."[135]

Rhybudd sydd yma, nid collfarn, rhybudd rhag collfarn. Daw'r gollfarn eithaf ar y sawl a fetho weled daioni daioni a drygioni drygioni. Mae hyn yn gyflwr anhraethol waelach na chyflwr yr addolwr gwallgof a ebycho "Y Drwg, bydd imi y Da." Marwolaeth cydwybod a theyrngarwch a thosturi ac enaid, marwolaeth yr hunan yn sugnfor hunanaddoliaeth – dyna'r Pechod yn erbyn yr Ysbryd Glân – ac y mae hyd yn oed uffern yn llawer rhy fursennaidd i lyncu pydredd mor ddi-ben-draw.

Dyma'r gwacter na all Duw Ei Hunan ei lenwi. Dyma'r Pechod a ymwrthyd â Duw a Dyn a Diafol. Dyma'r Anfod nad yw'n bod.

Hydref 12 (Mercher):

Y Ffordd, y Gwirionedd a'r Bywyd, gâd imi ganfod a gwybod a bod; dyro imi gyrchu a chyrraedd a byw, yn awr a thros byth. Amen.

Hydref 13 (Iau):

Dyma gyfle i gynaeafu gyda'r Saint unwaith eto, saint o Fethodistiaid Calfinaidd y tro hyn yn un o'r cymoedd hyfryd-ytuhwnt-i-eiriau a ymwthia i gyfeiriad coron halogedig Mynydd Epynt. Sgwried Duw faw Moloch oddi ar wyneb teg Cymru ein gwlad!

Hydref 14 (Gwener):

Daeth Wil Fuller i'm gweld yn ddirybudd, a'i wraig hefyd, a dyma'r tro cyntaf imi eu gweld oddi ar imi ddychwelyd o America yn 1938. Erbyn hyn y mae'r hanner-Cymro alltud hwn bron mor Americanaidd ag unrhyw Ganadiad. Ond ar wahân i hynny, ni newidiodd ddim. A minnau, yn y cyfamser, a dderbyniais iau'r Crist – ac wele fi o hyd yn ceisio dysgu dwyn yr iau. "Cymerwch fy iau arnoch, a dysgwch gennyf: canys addfwyn ydwyf a gostyngedig o galon: a chwi a gewch orffwystra i'ch eneidiau: canys fy iau sydd esmwyth, a'm baich sydd ysgafn."[136]

Hydref 15 (Sadwrn):

Er mai cenfigen yw'r pechod mwyaf llysnafeddog y mae'n perthyn yn agos i gymhellion a ysgogodd lawer o'r rhai mwyaf ymhlith plant dynion: yr awydd am ragori, yr ysfa am enwogrwydd ac arwein-yddiaeth, y fyfïaeth gysegredig.

Anodd iawn imi ddirnad fy mhechod fy hun yn hyn o beth.

Proffwyd ydwyf. Gweddïaf ar i'r byd dderbyn y genadwri a roddwyd imi: gwirionedd, tangnefedd, rhyddid cyfrifol a brawdgarwch aberthol, a Chyfiawnder Achubol y Duw Byw a ogoneddodd ein bywyd â'i Bresenoldeb a'i Gariad ac a eilw ar i bobun dderbyn y Breintiau bytholddisglair a'r Fabolaeth ddinam yn yr Ysbryd. Ond llef un yn llefain yn yr anialwch yw fy llais. Gwrendy'r gynulleidfa fechan yn foesgar ac yn oddefgar ac yn ddof; ac yn fuan dyma'r addolwyr dyletswyddgar yn troi i gyfeiriad eu cinio neu eu swper, gan sgwrsio am y gwres neu'r diffyg yn y capel, neu'r rhyfeddodau diweddaraf ym myd sbort neu ffasiwn neu lofruddiaeth, neu ryw ddigwyddiad lleol – gan sgwrsio'n garedig ac yn dwymgalon yn ddigon aml, ond heb sylwi dim ar y bregeth ond, ar dro, i sôn, yn ffafriol neu'n anffafriol, am lais a dawn a phersonoliaeth y pregethwr.

Try'r miloedd a'r miliynau at y gau-broffwydi. Mae Capel Seion yn orlawn o bobl a ddaeth ynghyd i ryfeddu at rymuster y pregethwr adnabyddus o Loegr sydd yn derbyn llythyren yr

Ysgrythurau ac yn gwrthod eu Hysbryd ac yn dwrdio'n fustlaidd y crypto-baganiaid a fyn ddyrchafu'r Ysbryd uwchlaw'r llythyren. A heidia cerbydau ar hyd y rheilffordd a'r ffordd fawr gan gludo ugeiniau ac ugeiniau o Gymry i weld mabolgampau ysbrydol rhyw arena yn Llundain a chrynu o dan lach y digofaint proffwydol sydd yn osgoi pob sôn am gamwedd cymdeithasol ac am wleidyddiaeth ryfelgar – y math o foesoldeb sydd yn ystyried plentyn anghyfreithlon yn fwy o warth ar y ddynolryw na'r bom a ddisgynnodd ar Hiroshima.[137]

Nid cenfigen ond cyfiawnder sydd yn mynnu llefaru yn erbyn y ffug-efengyl fradwrus a all gystadlu mor llwyddiannus ag Elisabeth yr Ail a Dai Dower a Gilbert Harding am lawryfoedd cyhoeddus-rwydd yng Nghymru fach.[138]

Hydref 16 (Dydd yr Arglwydd):

Wele fi'n pregethu Crist a hwnnw wedi ei groeshoelio–a phawb, "wedi swperu", yn mynnu trafod carwriaeth y Dywysoges Margaret!

Beth yw crefydd ein gwlad?

Hydref 17 (Llun):

Nid cenfigen ond cyfiawnder a ymwrthyd ag awdurdod Cyhoeddusrwydd, Duw Pryfed yr ugeinfed ganrif. Gwn am gyd-weinidogion tlotach na mi, gwn am ambell broffwyd, am ambell ddiwygiwr, am ambell sant, a fo'n datgan y gwirionedd yn gyson ac yn deg o wythnos i wythnos am ychydig o bunnoedd a llai na hynny o ddiolchiadau; a chlywais dro'n ôl am ryw Gymro arwynebol a ymenwogodd yn Llundain fel darlledwr llithrig yn derbyn deugain punt mewn pentref glofaol yng Nghymru am un ddarlith wacsaw a siomodd hyd yn oed ei edmygwyr gwagfrydig.

Rhaid cyhoeddi, er iechyd meddyliol i'n cymdeithas, fod yr oes yn isel ei safon a'i chwaeth a'i moes a'i hangerdd a bod duwiau'r oes yn faw.

Hydref 18 (Mawrth):

Mentrodd ambell broffwyd o dro i dro gyhoeddi Gair Duw mewn ffair wagedd. Tasg gymharol hawdd oedd hyn pan oedd modd lleoli'r ffair mewn man arbennig a gwybod ei chynnal ar adeg arbennig o'r flwyddyn; ond erbyn hyn y mae'r ffair ymhobman a'i thwrw aflafar i'w glywed yn ddiball ar hyd yr amser. Ffair Wagedd ddi-ben-draw yw'r Byd bellach; y mae'r dyfeisiau newydd a'r dulliau newydd o adloniant a difyrrwch wedi sicrhau hynny.

Llef un yn llefain yn y ffair yw llef y gwirionedd erbyn hyn – nid yn yr anialwch. Hwyrach bod mwy o obaith i gerrig yr anialwch nag i galonnau dynionach y dydd.

Cefais hyd i obaith mwyn o dro i dro yn y geiriau mawr a geir yn Eseciel:

"Fel hyn y dywed yr Arglwydd Dduw: Casglaf chwi hefyd o fysg y bobloedd, a chynullaf chwi o'r gwledydd y'ch gwasgarwyd ynddynt, a rhoddaf ichwi dir Israel. A hwy a ddeuant yno, ac a symudant ei holl fryntni hi a'i holl ffieidd-dra allan ohoni hi. A rhoddaf iddynt un galon, ac ysbryd newydd a roddaf ynoch; tynnaf hefyd y galon garreg ymaith o'u cnawd hwynt, a rhoddaf iddynt galon gig: fel y rhodiant yn fy neddfau, ac y cadwont fy marnedigaethau, ac y gwnelont hwynt: a hwy a fyddant yn bobl i mi, a minnau a fyddaf Dduw iddynt hwy"[139]

Ond y mae calon garreg yn llawer llai anhydrin na chalon faw.

O Arglwydd y Gwirionedd, O Dduw'r Daioni Tragwyddol, O Sanctaidd Brydferth na all fflamau fy enaid byth ddyfod atat, maddau imi gynddaredd y tân sy'n llosgi ynof. Canys Dy Dân Di ydyw. Onid e, dinistria fi, y Tân Ysol a lysg dros byth.

Hydref 19 (Mercher):

Rhyw ddihangfa imi heddiw oedd mynd i annerch cymdeithas o wragedd mewn eglwys yn Sir Fynwy. Soniais wrthynt am rai o wragedd yr Efengylau. Hynod ddiddorol yw hanes y Gristiones trwy'r oesau. Yn y cymoedd glo, yn aml iawn, y wraig sy'n mynd i'r cwrdd tra bo ei gŵr yn mynd i'r clwb.

Hydref 20 (Iau):

Ofnaf nad wyf eto wedi wynebu'r cyhuddwr gyda golwg ar ddybrydrwydd a melltigo ac anghyweirdeb.

Tyrd ataf, y Dieithryn salw. Yr wyf yn dechrau dy garu di.

"Gwrthwynebu clod arall am ei weithredoedd da": clywais eraill yn gwneuthur hyn lawer gwaith, ac yn aml iawn, i ryw raddau, goddefais y camwri. I'r graddau hynny, yr wyf yn gyd-euog â'r dilornwyr. Ond pechadur goddefol yn hytrach na gweithredol ydwyf yn hyn o beth. Felly hefyd ynglŷn â "bwrw drygdyb yn erbyn gweithred dda". Gwelais yn fynych briodoli cymhellion annheilwng i gymwynaswyr yn ddi-sail, a'm pechod, weithiau, yw gwrando ar ensyniad di-ras heb ei wrthwynebu na'i wadu. Ond nid wyf yn cael pleser mewn drwgdybiaeth ddiachos: mae honno'n rhy debyg i wario arian mawr ar lyfr anghywir.

A wyf yn euog o anniolchgarwch? Ni chredaf fy mod yn euog o'r ffurfiau mwyaf amrwd ohono. Ni byddaf yn casáu cymwynaswr. Ni byddaf yn ceisio o fwriad ddatod rhwymau cyfeillgarwch a chydddeall. Ond mor hawdd yw anghofio. Gwn fod cyfeillion wedi dod ac wedi mynd. Cof gennyf yn awr am rywrai sydd wedi cyfoethogi fy mywyd â'u serch a'u chwerthin a'u gofidiau a'u gobeithion ac sydd erbyn hyn mor bell oddi wrthyf gan amlaf â Chroes y Deau. Tyfais allan o ambell berthynas annwyl, ac efallai bod brad mewn tyfu.

Galwaf eu henwau i'm cof.

O Dad, cofleidied Dy drugaredd fy nghyfeillion a'm cariadon i gyd. Perffeithia'r serchiadau a fu yn y Serch a fu ac y sydd ac a fydd hyd dragwyddoldeb maith.

Hydref 21 (Gwener):

Diolch am gwmnïaeth dda ac am achos glân!

Hydref 22 (Sadwrn):

Wrth ryfeddu at unrhyw orchestwaith o'r iawn ryw – cerdd, darlun, nofel, oratorio, adeilad, cerflun, ysgrif, ffraetheb, sonata, pregeth, epigram, stori lafar, ymresymiad, disgrifiad, drama – byddaf yn profi, y tu mewn i derfynau fy chwaeth, lawenydd a hyfrydwch mawr: nid y gorfoledd ingol, meddwol, cyffrous-hyd-at-golli-arnaf-fy-hunan, a brofais yn llanc ond rhyw ymddyrchafiad ac ymryddhad ysbrydol nad wyf yn iawn ddeall ei natur. Ond yn aml iawn, yn boenus o aml, y mae eiddigedd yn llechu yn nyfnderoedd y profiad: cenfigen Cain. Byddaf yn cenfigennu wrth edmygu. Po fwyaf yr edmygedd, dyfnaf yn y byd y genfigen. Nid wyf yn cyfeirio at y ffaith fy mod yn fwy beirniadus na chynt: ni ellir edmygedd iach heb feirniadaeth. Ond y mae myfïaeth, yn rhy aml yn suro – ac ar yr un pryd yn hogi – fy ngwerthfawrogiad. Nid yw hyn yn wir am fy ngwerthfawrogiad o gelfyddyd nad oes ynof ddim awydd am ei harfer fy hunan: pensaernïaeth er enghraifft. Ac yn rhyfedd iawn nid yw'n wir chwaith am y llawenydd a brofaf wrth glywed pregeth onest. Byddaf yn edmygu pregeth yn ddigenfigen. Un o ragorfreintiau fy mywyd yw addoli dan weinidogaeth myfyriwr ar fore Sadwrn, a hyfrydwch yw gweld amrywiaeth doniau'r Ysbryd Glân.[140]

* * * *

Euthum i annerch cyfarfod gwleidyddol heno ac wedyn ymwibio i'r dref y byddaf yn gweinidogaethu ynddi yfory. Byddai saint y pileri'n ystyried fy muchedd yn fydol dros ben.

Hydref 23 (Dydd yr Arglwydd):

Weithiau byddaf yn pregethu'n fwy ymladdgar nag arfer. Y mae brwydr drystiog yn mynd ymlaen rhwng uchelderau a dyfnderau'r hollfyd, ac y mae dafnau Gwaed ar y Llwybr Llaethog. Mae'n sicr y dylai pob pregeth fod yn rhan o'r frwydr honno.

Mae'r frwydr yn fy nghalon hefyd.

Ni ellir osgoi'r ddeuoliaeth rhwng da a drwg, ac ni ddylid ceisio. Hwyrach mai deuoliaeth y tu mewn i unoliaeth y cyfanfyd ydyw, a bod yn rhaid i Satan, fel yn Llyfr Job, roi i Dduw adroddiad go gyflawn o'i weithgarwch amrywiol. Ond y mae'r hen Gadben yn meddu ar ddigon o adnoddau ar gyfer y gweithgarwch hwnnw: adnoddau ac adnoddau.

Hydref 24 (Llun):

Bu rhywun yn ddiweddar yn fy llongyfarch ar gael fy ethol yn Llywydd y Byd a gofyn a yw'r Pab wedi gyrru nodyn ataf i ddymuno'n dda i'm goruchwyliaeth. Pwt bach gan ryw walch direidus yn y wasg sy'n gyfrifol am hyn: dyma'r wobr, neu'r gost, am ymgymryd â chadeiryddiaeth rhyw bwyllgor nad yw'n debyg o gwrdd ond unwaith yn y pedwar amser.

Dirmygais gyhoeddusrwydd erioed. Cofiaf am y drafferth a gafodd golygydd papur lleol i gael gennyf fanylion am ryw lwyddiant bach a ddaeth yn annisgwyl i'm rhan pan oeddwn yn hogyn ysgol.

Bûm yn euog lawer gwaith o freuddwydio am ryw fath o enwogrwydd – enwogrwydd heb ei geisio, rhywbeth hollol wahanol i'r cyhoeddusrwydd och-a-fi. Ni chwenychais weld fy enw mewn llythrennau breision yn y papur newydd na'i glywed a wefusau'r *profanum vulgus.*[141] Hiraethais yn hytrach am gyfeillgarwch Zarathwstra a Laotse, Euripides a Chatullus, Jeremia ac Origen, Dante a Dafydd ap Gwilym, Michelangelo a Morgan Llwyd, Pantycelyn a Beethoven, Dostoieffsci a Thagôr. Hiraethais am gyfeillgarwch Williams Parry, er nad wyf erioed wedi mentro ymweld ag ef nac wedi cwrdd ag ef o gwbl. Y mae'n debyg i hiraeth Yeats am gael ciniawa, wedi cyrraedd pen y daith, gyda Landor a chyda Donne.[142] Erbyn hyn, y mae'r hiraeth wedi mynd yn rhan o awydd angerddolach yn fy mhrofiad – yr awydd am eistedd gydag Abraham ac Isaac a Jacob yn Nheyrnas Dduw.

Ac eto gwn fy mod yn cenfigennu wrthynt oll. Yr wyf yn cenfigennu wrth Dduw!

Hydref 25 (Mawrth):

Grist Iesu, ymwêl â'th gyfaill hiraethus. Tyrd ataf, gyda'th chwerthiniad tyner a'th gyffyrddiad tosturiol. Tyrd i fwyta ac i ymgomio ac i gysgu yn fy nghartref. Llonna fy mywyd â'th rasusau glân. Cofleidia fi â'th wirionedd mwyn. Breinia fy nghnawd â'th gusan tangnefedd. Nid oes imi frawd ond Tydi – Tydi a'th frodyr! Tyrd ataf, tyrd ataf.

A daeth – am foment lesmeiriol – y llygaid brown, y graith, y wên, cynhesrwydd y gwaed ar groen ei wyneb a'r cariad gorlethol, gorchestol, gwych.

Hydref 26 (Mercher):

Mae Cwm Tarrell yn wyrth o geinder hydrefol: tyst huawdl i'r tân cudd a lysg o dan ein traed.[143]

Hydref 27 (Iau):

Ni byddaf yn eiddigeddus o enwogrwydd di-haeddiant. Nid yw hynny'n werth ei gael. Ni allaf ddeall paham yr aeth ambell artist i drafferth fawr i ennill enw iddo ei hunan trwy ddwyn gwaith artist arall. Ni allaf ddeall sut y gall llenor geisio clod ymhlith ei gyfoeswyr trwy ddilyn rhyw ffasiwn ddisylweddd. Gwegi yw clod heb haeddiant. Dyled waradwyddus yw unrhyw wobr nas rhoddir gan Dduw. Parch y byd, cymeradwyaeth y lliaws, anrhydeddau'r giwed eilunaddolgar – mae'r pethau hyn mor ogoneddus â ffortiwn a enillir yn y pwliau pêl-droed.

"Yn wir meddaf i chwi, y maent yn derbyn eu gwobr."[144] Nid oes gollfarn fwy ysigol.

O achos eu haeddiant, o achos eu teilyngod, ac nid o achos eu gwobrau, y cenfigennaf wrth y mawrion y mae enaid yn cydnabod eu mawredd.

Nid yr euogrwydd ond y gorchestwaith sydd yn peri bod hiraeth am fod yn debyg iddynt yn tagu fy enaid: ie, hyd yn oed gorchestwaith y Groes.

"Canys bydded ynoch y meddwl yma, yr hwn oedd hefyd yng Nghrist Iesu: yr hwn, ac efe yn ffurf Duw, ni thybiodd yn drais fod yn ogyfuwch â Duw; eithr efe a'i dibrisodd ei hun, gan gymryd arno agwedd gwas, ac a wnaed mewn cyffelybiaeth dynion: a'i gael mewn dull fel dyn, efe a'i darostyngodd ei hun, gan fod yn ufudd hyd angau, ie, angau y groes. Oherwydd paham, Duw a'i tra-dyrchafodd yntau, ac a roddes iddo enw yr hwn sydd goruwch pob enw; fel yn enw Iesu y plygai pob glin, o'r nefolion a'r daearolion a than-ddaearolion bethau, ac y cyffesai pob tafod fod Iesu Grist yn Arglwydd, er gogoniant Duw Dad."[145]

Yn y geiriau digyffelyb hyn y caf fy uffern a'm nef.

> "Y pellter oedd rhyngddynt oedd fawr:
> Fe'i llanwodd â'i haeddiant ei hun."[146]

Hydref 28 (Gwener):

Cefais giniawa heno nid gydag Abraham ac Isaac a Jacob, ac nid gyda Dewtero-Eseia a'r Psewdo-Dionusios chwaith, ond gyda rhai o ddarpar-farchogion ein bywyd cyhoeddus yng Nghymru a dau farchog urddawl hefyd. Byddai'r hanes yn atodiad diddorol i *Ym mêr fy Esgyrn* Mr. T.I. Ellis.

O am ganu'r gloch a gweld Arthur yn cyfodi!

Hydref 29 (Sadwrn):

Dyma ganu'n iach i bwyllgor neu gyngor y bûm yn gwasanaethu arno am fwy na chwe blynedd. Cefais gryn ddifyrrwch yn ei gynadleddau a dysgais lawer. Bu'n gyfle hefyd i ymgynghreirio dros ambell achos da. Y mae rhyw smicyn o hiraeth wrth gau'r llyfr wedi cyrraedd diwedd pennod ddiddorol.

Wrth deithio adref gwelais y Castell Coch ger Tongwynlais yn llesmeiriol o firain yn erbyn lliwiau'r Hydref. Yr oedd y cyfan bron yn amrwd o "ramantus" ond nid oeddwn mewn tymer feirniadus. Llawen fu gweddill y siwrnai. Dyma'r llawenydd a ddaw wedi darllen telyneg a wrthyd ollwng gafael ar y galon. Canai bronfraith oddi mewn imi.

Hydref 30 (Dydd yr Arglwydd):

Amheuthun ar ôl fy nheithiau yw cael pregethu yn y cylch a chysgu gartref neithiwr a heno.

* * * *

Trafodasom hynt a helynt cyfaill imi heno wedi'r cwrdd, myfi ac ychydig o gymdeithion. Un sydd bob amser yn anfodlon ar ei fyd ydyw, un sydd yn wastad yn chwennych rhywbeth gwell ac yn credu bod gwlad well yn wobr sicr i'r sawl a fo'n barod i newid ei daith. "Gweld man gwyn fan draw mae e' o hyd," meddai un ohonom.

"Man gwyn fan draw": nid oes dim sydd yn fwy nodweddiadol Gymreig. Hiraeth; "gobeithiaw a ddaw ydd wyf"; Caer Siddi, Annwn, Cantre'r Gwaelod, Afallon; "tros y môr mae 'nghariad innau"; "draw dros y don"; y Ganaan fry, tŷ fy Nhad, pomgranadau'r tir, bryniau Caersalem; y peregrini; ynys Enlli; darogan; coron yr ynys; coronau'r nef; dyrchafiad arall i Gymro; troi'n eog neu'n eryr; "gloywach nen"; llyncu Gwion Bach ac esgor ar Daliesin; B.A. (byth adre); "A ninnau'n ddihangol o'u cyrraedd, Yn nofio mewn cariad a hedd."

Yr hiraeth am ddihangfa, hiraeth y caethwas, fel y dengys caneuon ysbrydol Y Negro Americanaidd: ymhle y cawn ddianc rhag hwn?

Hydref 31 (Llun):

Un tro, pan oeddwn newydd ddechrau pregethu, rhoddais fraw i ambell Ymneilltuwr trwy gynnwys yn fy ngweddïau cyhoeddus, gyfieithiad o'r *Anima Christi:*[147]

Anima Christi, sanctifica me,
Corpus Christi, salva me.
Sanguis Christi, inebria me.
Aqua lateris Christi, lava me.
Splendor vultus Christi, illumina me . . .

Bu'r weddi hon yn y dyddiau hynny'n gymorth mawr i fywiogi fy serch at Grist. Dan ddylanwyd y math Cristgarol o ddefosiwn – ac y mae digon yn yr emynau Cymraeg – y troes yr *élan vital* annelwig yn Berson Byw. Deuthum i adnabod y Crist fel Cydymaith a chyfaill. Adnewyddwyd fy serch lawer gwaith trwy fyfyrio uwchben rhai o'r hen emynau Lladin.

Jesu, dulcis memoria,
Dans vera cordis gaudia;
Sed super. mel et omnia
Eius dulcis praesentia.

Jesu, dulcedo cordium,
Fons vivus, lumen mentium,
Excedens omne gaudium
Et omne desiderium.

Salutis humanae Sator,
Jesu voluptas cordium,
Orbis redempti Conditor,
Et casta lux amantium.

Amor Jesu dulcissime,
Quando cor nostrum visitas,
Pellis mentis caliginem,
Et nos reples dulcedine.

Iesu, Rex admirablilis
Et Triumphator nobilis,
Dulcedo ineffabilis,
Totus desirabilis.[148]

Cof gennyf imi pan oeddwn yn fyfyriwr diwinyddol, roi ysgytwad i wraig y llety, a honno'n Anglo-Gatholigwraig ymostyngar, trwy ganu "O quanta qualia" wrth ymfaddo.

Erbyn meddwl, rhan o waith yr Ysbryd Glân ar y ddaear ac yn y purdan yw cymodi Pedr Abelard a Bernard o Glairvaux.

PENNOD 14

"Syberwyd"

Tachwedd 1 (Mawrth):

Fel pob pregethwr y mae'n rhaid imi blygu fy mhen o dan ambell ffrwd o weniaith. "Syml", "diymhongar", "gostyngedig" – ond gwn mai fy mhechod pennaf i yw balchder, balchder cudd, balchder enaid – nid y coegni neu'r hunan-hyder arwynebol, nid balchder dawn a deall, ond y balchder sydd yn mynnu'r cyfanfyd fel llwyfan i ddrama aruthrol y Myfi mawreddog.

Gyda'r fath falchder yn meddiannu fy nghalon gallaf fforddio bod yn amyneddgar ac yn ostyngedig ac yn gymharol deg at bawb.

Tachwedd 2 (Mercher):

Cystal imi edrych ar Syberwyd neu Falchedd fel y rhoddir ei elfennau yn *Yny Lhyvyr hwnn:* ymfychaw, bocsachu, ymdrychafael, anostwng, drudannaeth, ymchwyddaw, cynhennu, annoddef, anufudd-dawd, tremyg, rhag ymgymryd, cellwair, geugrefydd, trallafariaeth, tra achub, clod orwag.

O'r rhain y mae anostwng, ymchwyddo, anufudd-dod a rhag ymgymryd, yn perthyn yn agos i'w gilydd – gwrthod parchu "uchafion" neu "henafion". Credaf fod rhyw barch yn ddyledus i'r hen am ei fod wedi byw'n hwy na'r ieuanc; y mae amlder dyddiau'n gofyn rhyw anrhydedd a rhyw dynerwch arbennig. Ond ni chredaf ddim ym Methwsela fel Iachawdwr y Byd. Y mae gormod o *amor temporis acti* ym meddwl yr hen inni ymddiried yn llwyr yn ei ddoethineb. Twpdra yw rhoddi'r llywodraeth yn nwylo'r hynafgwyr a gorfodi'r ieuainc i ymladd rhyfeloedd. Petai'r drefn fel arall byddai gwell gobaith inni roi terfyn ar ryfeloedd yn fuan. Am yr "uchafion", dylid parchu dawn ac athrylith ac argyhoeddiad a diwylliant a gwir fonedd, ond y mae llawer iawn o "uchafion" cydnabyddedig ein cymdeithas nad ydynt yn haeddu ond gronyn bychan o barch ar gyfrif y pethau hyn. Dylid parchu etifeddiaeth hefyd, yn bur sicr, – ond inni gofio bod . etifeddiaeth gwlad yn bwysicach nag etifeddiaeth arglwydd, bod craith y llafurwr yn fwy gogoneddus na chraith y milwr a bod olyniaeth y saint yn fwy apostolaidd o gryn dipyn nag olyniaeth yr esgobion.

Mor hawdd, wrth drafod fy mhechod fy hun, yw troi i sôn am bechodau'r oes a phechodau'r byd.

Rhaid imi wynebu'r eraill ar y rhestr.

Tachwedd 3 (Iau):

Y mae cynhennu ac anoddef yn perthyn yn agosach i Ddigasedd nag i Syberwyd.

Rhaid imi bledio'n euog o gryn nifer o'r lleill: ymfychaw (sef cael anhawster i oddef neb "yn gyfuwch nac yn gyfradd"); bocsachu ("cymeryd o ŵr fod eiddo y peth nid ydyw"), ymddyrchafael (ymragori gan dremygu eraill), cellwair ("afreolus ymgeiniaw drwy chwareus watwar"), tra achub ("trachwant i gael anrhydedd er clod tranghedig"), clod orwag (methu â rhoddi moliant i Dduw am gampau). Euog wyf hefyd o ddrudaniaeth, sef "hirdrigiad meddwl ar y drwg", ystyfnigrwydd mewn drygioni. Ar y llaw arall, ni theimlaf fy mod yn pechu trwy drallafariaeth (onid yw'r dyddlyfr hyn yn enghraifft o'r pechod), sef "gormod ollwng tra orwagion barablau"; na thrwy dremyg chwaith ond i'r graddau y mae tremyg yn gynwysedig mewn ymddyrchafael.

Y mae'n debyg bod gaugrefydd ("cuddio ei feiau a dangos campau heb eu bod") yn gyfystyr â rhagrith. Un o amcanion y dyddlyfr hwn yw ymlid pob rhagrith allan o'm buchedd. Ond gall rhagrith chwarae castiau hyd yn oed â chyffes agored.

Tachwedd 4 (Gwener):

Iesu Grist, y Meddyg da, dyro imi dy iechyd. Tywallt yn fy archollion olew dy drugaredd a gwin dy aberth. Gwna fi'n ddyn newydd ynot ti.

*   *   *   *

> "Er ei wyneb ar Wener,
> Er ei boen fawr ar y bêr."[149]

Tachwedd 5 (Sadwrn):

Bu Rhiwallon i ffwrdd ac anghofiodd McTavish am Guy Fawkes. Bydd yn rhaid inni Gymreigio'r ŵyl hon: Gŵyl y Ddraig Goch, efallai. Yn ei ffurf bresennol nid oes dim apêl yn y ffwlbri, na dim diben ond stŵr a fflach. Hwyrach bod y tân gwyllt yn symbol i rywrai, symbol o ddinistrio'r gelyn; a'r gelyn, yn ôl cymhellion cudd y sawl a fo'n bwrw i'r hwyl, yw'r Llywodraeth neu Guy Fawkes – y *status quo* neu'r gwrthryfelwyr yn erbyn y *status quo*. Ond y mae symboleiddio'r miri'n fwy pwrpasol na hyn. Dylai'r cymdeithasau Cymraeg a Chymreig feddiannu'r peth a'i wneud yn arwyddlun o dân y Ddraig a fyn ddymchwelyd ceyrydd gormes ac anghyfiawnder a chasineb.

Sut bynnag, cawsom noson dawel. Duw a gymodo rhwng Fawkes ac Iago[150] a'i seneddwyr yn awr a thros byth.

Tachwedd 6 (Dydd yr Arglwydd):

Mae Cwm Tarell bellach yn edrych fel petai wedi llosgi allan. Marwydos a chols sydd ymhobman, ond dyna brydferthwch. Ac y mae'n llawn addewid a chysur a thystiolaeth.

"Marw i fyw mae'r haf o hyd."[151] Trwy'r cyfan y mae bywyd yn llifo, a'r Arglwydd yn eistedd ar y llifeiriant.

Euthum yn y prynhawn i addoli gyda'r Bedyddwyr a blasu'r bregeth yn eiddgar. Hyfryd yw gweld cymeriad a chalon dyn yn gwireddu ei genadwri. A chystal â dim oedd clywed y gweinidog llywyddol yn gweddïo ar i Dduw roddi inni "Y Peth Byw."

Peth ynteu Person? Ond y Peth Byw, sut bynnag; a'r Person sydd yn fwy na neb na dim yn byw ynddo.

*   *   *   *

Wrth bregethu yn yr hwyr soniais am y gwahaniaeth rhwng Crëwr a Chread.

Creadur wyf. Dyna wirionedd y byddaf yn cael anhawster i'w ddeall ac i'w dderbyn.

Gallaf ddygymod â'r ffaith anghysurlawn mai pechadur ydwyf. Gellid dehongli hyn mewn dull cymharol gysurlawn a haeru mai heb orffen tyfu yr wyf, heb gyrraedd y nod – er bod y Cyhuddwr yn sibrwd wrthyf y funud hon mai gwywo ac nid tyfu yw fy hanes, efallai, ac nad wyf, ym mêr esgyrn fy enaid, hyd yn oed yn cyrchu at y nod. Ond os gallaf gydnabod yn weddol o rwydd fy mod yn bechadur y mae rhywbeth yn fy enaid sydd yn anfodlon cydnabod mai creadur wyf – nad oes gennyf ddim hawl i fyw ond yr hawl a roddodd Duw imi.

Ai un o blant Amser ydwyf, heb ddim adnabyddiaeth o Dragwyddoldeb? Ai Diddymdra yw'r Dirgelwch yr ehedodd fy einioes o'i grombil ac ai Diddymdra yw'r Dirgelwch a fydd, wedi imi ymddyrchafael tipyn, a bocsachu ac ymfychaw, yn llyncu'r einioes dros byth? Blodeuyn y maes, pryfetyn y llaid, yr hedyn pen-a-chynffon yn sudd y cyfrinleoedd – ai'r un yw eu hanes i gyd, rhyw gyffro rhwng mudandod a mudandod?

Pa beth yw Creadur?

Pa beth yw Crëwr?

"Canys cyfododd yr haul gyda gwres, a gwywodd y glaswelltyn, a'i flodeuyn a gwympodd, a thegwch ei bryd ef a gollodd . . ."[152]

Ai dyna i gyd?

Ond gwell imi ddiweddu. Mae'r dyddlyfr yn mynd yn rhy debyg i ryw bryddest o'r ganrif ddiwethaf, rhestr o gwestiynau yn null y Bardd Newydd a aeth bellach mor hen. Gwywo, cwympo, colli – dyna hanes barddoniaeth hefyd.

Tachwedd 7 (Llun):

Cefais de mewn palas, a thywysogaidd y croeso. Ni ddisgwylais erioed gael mynd i'r fath le na phrofi'r fath gymdeithas.

* * * *

Llefared Plutus . Pluto sydd â'r gair olaf.[153]

Gwelais un yn crynu dan orthrwm yr Arch-arteithiwr. Toddodd fy nghalon mewn tosturi.

* * * *

Gefeilliaid yw trasiedi a chomedi.

Pwy oedd y dyn cyntaf a welodd y Diafol yn y darlun "Salem"?[154] Un doniol a chyfrwys yw'r Gŵr Drwg. Ond Duw yw'r Chwarddwr Eithaf, Cyntaf ac Olaf.

Tachwedd 8 (Mawrth):

Profiad mawr heddiw oedd clywed anerchiad eithriadol o rymus ar ystyr y Sul i Gristionogion. Ni feddylais erioed y gallai neb bregethu ar y pwnc – hynny yw, cyflwyno mawredd yr Efengyl a'i her i'n hoes, a Barn a Gras y Goruchaf.

Heb gymdeithas yng Nghrist, cymdeithas addolgar ac ymroddgar, nid yw cadw dydd ond defod ffuantus. Un ateb yn unig sydd gan yr Eglwys i'r byd, sef ei bywyd hi; a bywyd yr Eglwys yw'r Deyrnas: Efengyl ac Iechyd ac Aberth, y Gwneuthurwr a'r Gweithredydd a'r Diddanydd.

* * * *

Clywais am helyntion wedi dychwelyd adref. "O bu a fu, och o'i fod", fel y dywedodd y bardd.[155]

Tachwedd 9 (Mercher):

Dyma daith unwaith eto i Sir Fynwy ac arwain addoliad mewn eglwys a fu'n deyrngar i'r Gymraeg ond sydd yn diffygio dan y baich. Yr Eglwys fu fy mhwnc, a'r balchder sydd yn difwyno cyfoeth a llwyddiant.

Rhyfedd yw'r gair Syberwyd. Gwnaethom ein gorau i roi sglein ar y gair "Superbia". Mae'r gair "superb" yn Saesneg yn enghraifft o'r un ymdrech. Mae'n bosibl bod yn "falch" ac yn "syber" mewn ystyr dda ac mewn ystyr ddrwg.

Tachwedd 10 (Iau):

Bûm yn gwasanaethu yn yr un lle – yn Gymraeg yn y prynhawn ac yn Saesneg yn y nos. Addoli ac aberthu, cysegru a charu, ein hadnabod ein hunain yn gyfryngau a Duw'n Gyfryngwr–nid oes ffordd ymwared arall.

* * * *

O Dduw fy Nhad, pâr imi fy adnabod fy hunan trwy D'adnabod Di.

Tachwedd 11 (Gwener):

Cymru a Thragwyddoldeb oedd pynciau mawr Ben Bowen, a chlywais mai Tragwyddoldeb oedd unig bwnc Moelwyn.[156]

Ai arswyd ai cysur sydd yn y gair inni? Cof gennyf am rai o'r emynau Almaeneg ar y pwnc:

> "O Ewigkeit, du Donnerwort,
> O Schwert, das durch die Seele bohrt".

ac,

> "O Ewigkeit, du Freudenwort,
> Das mich erquikket fort und fort"[157]

a'r hen emyn rhyfedd "O Ewigkeit, O Ewigkeit" sy'n sôn am y cylch perffaith, a'r Awron dragwyddol yn ganolbwynt iddo – a'r Dewis a'r Farn.[158]

Sut y mae wynebu Tragwyddoldeb? Fel Arglwydd neu fel Gwas? Wele'r Iesu yn ei dynerwch yn dyfod ataf. Gall ef fy ngorlethu heb fy nifodi, fy ngoresgyn heb fy lladd, fy meddiannu heb fy niraddio.

Tachwedd 12 (Sadwrn):

Ymhob tywydd teg y mae rhywrai sydd yn barod i ddweud bod yn rhaid gwneud iawn am y tegwch trwy ddioddef tywydd mawr yn nes ymlaen. Yr wyf yn adnabod un gŵr sydd yn arfer dweud, ar bob diwrnod heulog yn yr haf, "Bydd yn rhaid inni dalu am hyn yn nes ymlaen." Mae'r frawddeg yn fynegiant syml a chynhwysfawr o un athroniaeth am fywyd.

Mae elfen o wir yn yr athroniaeth. Rhaid talu am bob peth rywsut, rywbryd. Ond athroniaeth anghyflawn ac annigonol ydyw, er hynny. Gwell gennyf i'r ochr arall i'r darian, y *Carpe diem*.[159] "Digon i minnau degwch y munud."[160]

Mae'r munud presennol yn eithaf teg. Heddiw cyrhaeddais ben fy mlwydd unwaith eto, ac y mae serch fy anwyliaid yn boddi pob ymdeimlad mai "Amser a hêd," gan ddwyn blynyddoedd fy einioes oddi arnaf. Mae Anna a Tharanwen yn cadarnhau'r haeriad yng *Nghulhwch ac Olwen* mai rhodd Duw yw gwragedd – haeriad sydd yn crynhoi rhan bwysig o genadwri Cymru i Ewrop. Llawenhaf yn y plant hefyd, eiddgarwch a chywirdeb McTavish, synfyfyr a serchgarwch Flanagan, diniweidrwydd a thosturi Ap Siencyn – a'u cyfaill clên, Rhiwallon, ac Arfon mwyn, y drws nesaf. Boddhad i'm hysbryd hefyd yw meddwl am fy nghymdogion a'm cydweithwyr a'm cyfeillion, a'r cynhesrwydd sydd rhyngof a'r eneidiau ifainc nwyfus a roddwyd i'm gofal.

Cofiaf yr addewid i ddisgyblion yr Iesu: "tai a brodyr a chwiorydd a mamau a phlant a thiroedd, ynghyd ag erlidiau; ac yn y byd a ddaw, fywyd tragwyddol."

Ie, llawenydd yw cael byw. Ac eto y mae gennyf reswm i gredu bod cymylau tymhestlog yn cyd-grynhoi ar wybren fy mywyd. Yr wyf yn mwynhau – ond bydd yn rhaid imi dalu am hyn yn nes ymlaen.

Tachwedd 13 (Dydd yr Arglwydd):

Rhagluniaeth Duw, cyfrifoldeb dyn, y Dirwedd ysbrydol – rhagorfraint yw cael pregethu'r rhain.

Braint arall heddiw fu mwynhau ymddiddan ag ysgolhaig o Gristion, gweithiwr dyfal ac arddullydd arbennig, a chefais gyfle i werthfawrogi ei feddwl trefnus a chryno. Teimlwn, wrth wrando arno, ei fod yn ddyn cyflawn, a minnau mor anghyflawn, yn llawn ysfeydd a dyheadau a phosibiliadau heb eu cwblhau.

Gwn, wrth gwrs, fy mod yn dal i osgoi ystyried fy mhechodau gwaethaf.

Tachwedd 14 (Llun):

Ymwelais ag arddangosfa arluniaeth Cymdeithas Celfyddyd Abertawe a chael fy siomi. Yr arlunydd nodedig ynddi yw Colin Jones. Y mae dyfodol i hwn, gobeithio. "Symbol," "awyrgylch," "mynegiant" – dyma'r unig ffordd i gelfyddyd bellach. Rhaid priodi Caer Pedryfan a Byzantium.[161]

Yn yr hwyr euthum i gyfarfod o Gristionogion a lled-Gristionogion i drafod her y rhyfela nwcleaidd sydd yn bygwth y cenhedloedd. Yr oedd ychydig ohonom yn cynrychioli heddychiaeth Gristnogol ac eraill yn y pegwn arall yn credu y gall rhyfel a hyd yn oed y bom hydrogen fod yn erfyn duwiol. Yr oedd cefnogaeth bwysig i'r syniad bod rhyfel weithiau'n gyfiawn ond nad oes modd iddo fod yn gyfiawn yn y sefyllfa newydd a achoswyd gan y ffieidd-dra atomig. Nid oes gennyf ond dirmyg at ddwy ddadl a glywyd heno: y ddadl bod yn rhaid gwneuthur y bom hydrogen er mwyn gohirio ymdoriad y rhyfel nesaf ac felly sicrhau cyfnod o heddwch; o'r ddadl mai'r peth pwysig yw Pechod, nid y bom, ac felly bod yn rhaid inni "wynebu Pechod" yn hytrach nag ymdaflu i fudiad i ddileu'r bom neu i ddileu rhyfel. Cyflwynwyd y ddadl olaf yn null y ddiwinyddiaeth draddodiadol a hefyd (a'r gair "tyndra" yn cael ei ddefnyddio yn lle'r gair "pechod"!) yn null y ddyneiddiaeth secwlaraidd; ac y mae'r ddau ddull yn gwbl ffuantus.

Cefais cyn hyn syrffed ar ddiwinydda am Bechod er mwyn osgoi sôn am y pechodau y mae'n boenus i ddynion feddwl amdanynt. Clywais bregethwr yn dweud mai "Pechod gyda P fawr" yw'r unig broblem ddynol y dylid sôn amdani – a'r casgliad cudd oedd na ddylai'r pregethwr ymdrafferthu i gyffwrdd â chydwybod ei gynulleidfa trwy sôn am bechodau fel lladrad a lladd. Pa beth a ddywedai Amos am yr athrawiaeth ddofn hon?

Tachwedd 15 (Mawrth):

Nid wyf wedi sôn llawer am fy ngwaith yn y dyddlyfr hwn. Amhosibl manylu'n gyhoeddus am orfoleddau a gofidiau'r fugeiliaeth arbennig a ymddiriedwyd imi, ac i'r graddau hynny y mae'r cofnodion personol hyn yn gorfod bod yn unochrog ac yn gamarweiniol. Canys y mae fy ngwaith yn rhan bwysig o'm bywyd, ac y mae llawer o'm profiadau "ysbrydol" ynghlwm wrth y bywydau sydd yn cyffwrdd â'm bywyd i o ganlyniad i'r cyfrifoldeb a osodwyd arnaf.

Gorfodwyd fi heddiw i edrych yn syn ar y posibilrwydd y gall fy ngwaith fethu, a methu'n drychinebus.

Byddaf yn meddwl am fy ngwaith yn bennaf oll fel bugeiliaeth mewn cymdeithas o Gristionogion sydd yn ymbaratoi ar gyfer y cyfrifoldeb o arwain eu cyd-Gristionogion yn y weinidogaeth gyffredinol. Rhan o'r weinidogaeth yw fy ngwaith, a rhyw fath ar eglwys yw'r gymdeithas sydd yma – eglwys ysbeidiol a alwyd ynghyd at bwrpas arbennig. Gweinidog ydwyf, gwas: nid meistr. "Minister" ydwyf, nid "magister". Golyga hyn fy mod yn gwasanaethu brawdoliaeth, ac y dylai ein cyd-fyw fod yn wahanol i'r math o gymdeithas a geir mewn colegau secwlar.

O dipyn i beth bûm yn ceisio cymell y brodyr ar hyd y ffordd hon, heb ymgecru nac ymbleidio. Bu'n amlwg imi fod rhywrai'n methu

deall na'm dulliau na'm hamcanion, ond fy nheimlad hyd heddiw
yw ein bod ni'n symud i'r cyfeiriad iawn.

Eithr heddiw wele ffrwydrad, a'r cerbyd yn crynu drwyddo.

Tachwedd 16 (Mercher):

Dies irae ydyw ymhobman. Nid oes dianc rhag y picellau.

*O Arglwydd mwyn, tosturia wrthym. Tydi yw'r Gweinidog o'r
Hwn yr enwir yr holl weinidogaeth yn y nefoedd ac ar y ddaear.
Gweina arnom yn y cystudd hwn a hyd byth. Amen.*

Y mae llygedyn o obaith.

Tachwedd 17 (Iau):

Dyma anadlu'n rhydd unwaith eto, a Thaleia'n ceisio goglais
Melpomene.[162]

*   *   *   *

Y mae dyn yn cael digon o gyfle i astudio Syberwyd trwy graffu
ar ei gyfoeswyr. Ond fy anwiredd fy hunan yw fy mhwnc. Gwelaf
nad yw beirniadaeth yn tynnu dim oddi ar fy Malchder nac yn
ysgwyd dim ar fy Myfïaeth. Y mae rhywbeth ynof sydd yn mynnu
chwerthin am ben fy meirniaid. Myfi sydd yn iawn, hyd yn oed er
gwaethaf fy niffygion fy hun. Yr wyf yn barod i'w cydnabod hwy,
ond ymorchesta'r Myfi hyd yn oed yn y baw a'r brychni. Onid Myfi
yw Arwr yr Arfaeth?

Tachwedd 18 (Gwener):

Yr wyf wedi blino gormod heddiw i gofnodi dim, ond y mae'n
amlwg bod brwydrau newydd i'w hymladd cyn hir.

Tachwedd 19 (Sadwrn):

Bu'r dyddiau diwethaf yn dipyn o flinder, ond y mae'n sicr gennyf
heddiw y daw glendid allan o'r berw. Y mae'r afon yn ymarllwys yn
chwyrnach nag y dymunais, ond y mae'n llifo i'r cyfeiriad iawn.

*   *   *   *

Cof gennyf fy hen ddiddordeb ym mhwnc hunanlywodraeth mewn
addysg, sef hunanlywodraeth y disgyblion yn y gymdeithas

addysgol, yr ysgol neu'r coleg. Bu'n argyhoeddiad gennyf nad oes dim gwerth mewn disgyblaeth a orfodir ar blant o'r tu allan yn unig – nac ar bobl ifainc neu bobl mewn oed chwaith. Yr unig wir ddisgyblaeth – fel y dywedwyd droeon gan addysgwyr nad ydynt yn barod i fentro ar eu dysgeidiaeth eu hunain – yw ymddisgyblaeth. Mewn unrhyw gymdeithas golyga hyn gydymddisgyblaeth, cyd-fyw a chydrannu cyfrifoldeb a diddordeb a diwylliant. Dyna'r wir addysg, a'r rheswm paham nas ceir yn ein hysgolion yw bod y mwyafrif o rieni ac athrawon yn credu mai diben addysg yw hyfforddi plant yn y gelfyddyd o ennill cyfoeth a safle yn y byd. Llwyddiant yw'r nod iddynt hwy, y math o lwyddiant a arwyddir gan dystysgrif a mantolen fanteisiol yn y banc.

*　　*　　*　　*

Y mae athrofa Gristionogol yn rhoi cyfle i geisio'r wir addysg a'r wir ddisgyblaeth a'r wir gymdeithas.

Tachwedd 20 (Dydd yr Arglwydd):
Yr wyf yn rhy falch i anobeithio.

*　　*　　*　　*

Cefais fwynhad neithiwr a heddiw yng nghwmni gŵr darllengar a adwaenwn gynt, blaswr brwdfrydig ar lenyddiaeth Saesneg a chyfaill i John Cowper Powys a Huw Menai,[163] un parod iawn ei edmygedd o enwogion y papurau llenyddol a'r teledu. Temtir fi weithiau i haeru mai Powys yw'r unig Eingl-Gymro adnabyddus heddiw sydd yn haeddu ei ail-ddarllen; ond y mae fy lletywr yn haelach tuag at ei gyfoeswyr.

*　　*　　*　　*

Amser, Angau, Anfarwoldeb, Atgyfodiad: daeth rhyw bendro ysbrydol arnaf pan gefais gipolwg ar yr anferthychau hyn wrth bregethu heddiw. Teimlwn fel un a welai ddyfnderoedd o ben clogwyn tyraidd, serth, aruchel, a methu ymgynnal.

Eiddigeddaf wrth y Tragwyddol, a minnau'n ymlusgo ym mhydredd Hanes.

Tachwedd 21 (Llun):

Y mae rhywbeth yn fy ngorfodi i archwilio fy malchder, er bod fy enaid yn ymladd yn ffyrnig yn erbyn y fath boendod.

Fe mhechod tostaf i yw teimlo mai Myfi yw canolbwynt y cyfanfyd. Fy angen pennaf yw rhyw chwyldro Copernicaidd yn fy nghalon, rhyw brawf mai myfi sydd yn cylch-droi o gwmpas Duw ac nid Duw yn cylch-droi o'm cwmpas i.

Pa mor gyffredin yw'r pechod hwn?

Er mor feirniadus ydwyf y mae rhai y gallaf eu hedmygu'n ddiwarafun. Pan argyhoedder fi am ddawn neu athrylith rhywun, am werth rhyw gerdd, am odidowgrwydd rhyw araith, gallaf ganmol yn frwd ac yn ddiffuant. Yr wyf yn fodlon cydnabod haeddiant mewn eraill. Ond wrth gydnabod, wrth lefaru'r geiriau cynhesaf, byddaf yn clywed rhywun yn sibrwd wrthyf mai myfi yw'r Brenin a bod gair o glod o'm genau i yn werthfawrocach na banllefau'r byd.

Hwn yw fy nhrosedd creiddiol. Gwybûm hyn o'r dechrau yn fy nghalon. Dyna pam y dewisiais y ffugenw "Y Brawd o Radd Isel." Y mae'r enw yn fy nghlwyfo – nid oblegid ei fod yn fy ngosod yn isel ar y rhestr ond oblegid ei fod yn fy ngwneud i'n un ymhlith fy mrodyr.

Yr wyf yn barod i fod yn hael, yn dyner, yn glodforus, yn ostyngedig, yn wasanaethgar ar un amod – bod yr archangylion yn fy nghoroni'n ben.

Ymwrthodaf ag Aberth yr Arfaeth: "Eithr efe a'i dibrisiodd ei hun, gan gymeryd arno agwedd gwas, ac a wnaed mewn cyffelybiaeth dynion . . ."[164]

Hyn yr arswydaf rhagddo. Onid yr Uwchddyn ydwyf?

"Ymfychaw": methu gweld neb "yn gyfuwch nac yn gyfradd"; gwrthod ymwacáu; gwrthod ymddibrisio; gwrthod ymgnawdoli.

Gwn nad oes neb arall yn y byd sydd yn fodlon cydnabod fy uwchddyndod. Gwn hefyd fod y Goruchaf yn nirgelion Ei Ragluniaeth yn dysgu imi mai un ymhlith llawer ydwyf. Oni ddanfonwyd Taranwen ataf i ddysgu imi mai'r Brawd o Radd Isel yw'r disgrifiad cywiraf ohonof? Oni lusgwyd fi i'r weinidogaeth, y gwaith a ddirmygir fwyaf gan y bobl orau? Oni'm gorfodwyd i benlinio ger bron rhywrai sydd yn gaethweision wrth natur ond a ddyrchafwyd i fod yn bendefigion ymhlith y bobl? Oni'm rhwystrwyd gan fil o rwystrau rhag cyflawni'r gorchestion y'm hawdurdodwyd i'w cyflawni? Myfi. Prometheus, Melchisedec, Crishna, Lleu, Mab y Dyn.

Tachwedd 22 (Mawrth):

Onid bocsachwr ydwyf, y *poseur* mwyaf haerllug wedi Sarff Eden? A fu erioed lef *de profundis* mor gellweirus â'r dyddlyfr hwn? Onid yw'r malltod ymddyrchafael yn halogi pob llythyren?

Ac eto yr wyf yn rhoi eithaf sgwrfa i'n henaid gwinglyd a sgrechlyd. Odid y daw'r Brawd o Radd Isel allan o'r dŵr yn noethlymun ac yn lân.

Tachwedd 23 (Mercher):

Cofiaf y geiriau oer a ddywedodd fy nghyfaill Gerallt wrthyf am y dyddlyfr. "O'r dyfnder y llefais arnat!" meddai'n eironig, a'i ddirmyg fel cawod oer ar fy nghefn.

Tachwedd 24 (Iau):

Fy Mam, fy Mam, rhyfedais erioed at Dy lanweithdra. Gwn Dy fod wrthi'n hel llwch yr hollfyd ac yn sgwrio lloriau'r ddaear. Gwn dy fod hefyd yn golchi dillad Dy blant ac yn eu smwddio'n gelfydd ar gyfer y Sul. Diolch i Ti am ddŵr Dy drugaredd a sebon Dy wirionedd ar fy enaid crynedig. Golch fi, a byddaf wynnach na'r eira.

Tyrd ataf fy Mam. Yr wyf am weld Dy wyneb annwyl.

Tachwedd 25 (Gwener):

Cofiaf imi gael blas anghyffredin unwaith ar gân fach werinol gan O. Madog Williams yn nhafodiaith cymoedd diwydiannol Dwyrain Morgannwg, cân sydd yn disgrifio "Shän" y fam yn golchi corff ei chrwt mewn twbyn, yn sgwrio'r bychan yn boenus o drwyadl er mwyn ei wneud yn lân ac yn bert:

> "Rh'w ddarn o nef yw momant fel hon,
>   A Shän mor debyg i Dduw:
> Os oti 'ddi'n glawd, ond drychid ar Wil,
>   Ma 'i'n cä'l dicon o fodd i fyw.

Wy'i jyst a meddwl fod gita Duw
  R'w olwg y byd ar Shän,
Yn mind i shwd drafferth m'wn lle mor frwnt
  I gatw'r un bäch mor län."

Nid yn ddibwrpas y gelwir Ysbryd Duw yn "Ysbryd Glân" yn yr
iaith Gymraeg.

Yr Hollt

Tachwedd 26 (Sadwrn):

Rhaid cofnodi breuddwyd cyffrous ac arswydus anghenfil ffiaidd yn crechwenu ac yn ymaflyd ynof a minnau, wrth fy amddiffyn fy hun, yn ei guro'n wyllt. Dihunais mewn gofid.

*   *   *   *

Bu rhyw ludded yn fy mhoeni trwy'r dydd nes imi gychwyn ar fy nhaith gyda Rhiwallon. Cawsom de gyda'i ewythr a'i fodryb, a'r ymgom yn swynol ac yn barablus. Euthum wedyn i'r tŷ cwrdd a gweld hen gyfeillion, hen fyfyrwyr o'r Coleg, a chael croeso cyflawn yng nghartref caredigion. Rhyfedd fel y mae'r ysbryd yn ymagor mewn cyfeillach fel blodeuyn yn ymagor yn yr heulwen.

*   *   *   *

Ond yn awr, yn nhawelwch y nos, y mae fy ngofid yn ôl gyda mi. Yr anghenfil: pwy ydyw ond yr Ysbryd a'i tradyrchafodd ei hunan yn erbyn y Cariad ymddibrisiol? Yr Ysbryd Aflan, Arglwydd yr Affwys, Brenin y Baw!

Tachwedd 27 (Dydd yr Arglwydd):

Cynnes y croeso, mwyn y gwrandawiad, hyfryd y gymdeithas, – ond gwn fod yr hiraeth sydd yn fy nenu at Grist hefyd yn fy nghadw ymhell oddi wrtho.

Yr wyf am fod yn debyg i Dduw. Gwn fod llais Duw yn fy nghymell i fod yn debyg iddo; ond weithiau y mae llais yn deifio fy enaid ac yn dweud mai Duw ydwyf, Crëwr a Chynhaliwr a Cheidwad, ac y byddai'r hollfyd yn diflannu petawn yn gwrthod ei arddel.

"Byddwch megis duwiau, yn gwybod da a drwg," meddai'r sarff.[165]

"Byddwch chwi gan hynny yn berffaith fel y mae eich Tad yr hwn sydd yn y nefoedd yn berffaith," meddai Pregethwr y Mynydd.[166]

Yr agendor rhwng y ddau gyngor hyn yw'r hollt sydd yn fy nghalon.

Tachwedd 28 (Llun):

Cefais ychydig o ymgom gydag Eiddig Puw yn ddiweddar, brawd i Gardod. Dyma enghraifft o falchder yn troi'n goegni ac yn anallu ac yn ddryswch. Druan â'r dyn, a'i ymgais i ymddangos yn ffraeth ac yn glyfar, yn dreiddgar ac yn aeddfed, yn aeluchel ac yn ffroenuchel, a'i stranciau i gyd mor wan ac mor fethiannus.

Mae ei fustl yn ei dagu.

Tachwedd 29 (Mawrth):

Hiraethaf unwaith eto am gymdeithas yr Iesu, am rad ei gyffyrddiad, am ddiddanwch ei lais, am diriondeb cadarn ei wên. Y mae rhyw afon yn llifo rhyngom, rhyw fwlch yn ein gwahanu, rhyw hafn frawychus yn rhwystro'r hen anwyldeb.

Rhy wan yw fy nychymyg i'w synhwyro ym mwyneidd-dra a mawrhydi ei gnawd.

O am ei weld fel y gwnaeth Thomas gynt! O am ryfeddu ato a sibrwyd "Fy Arglwydd a'm Duw"![167] O am ei adnabod a'i anwylo, y Crist creithiog, y Duw-ddyn dioddefus!

Fy Nhad yr Hwn wyt yn y nefoedd ac yn llaid y ddaear hefyd, yr Hwn wyt yn trigo yn y Goleuni ni ellir dyfod ato ac yn gweithredu yn y goleuni sydd yn bendithio trychfilyn ac eryr a blaidd a dyn, yr Hwn a leferaist wrth y gwacter afluniaidd ac wrth galon Dy was, yr Hwn a dynnaist ffurf o ddiben, a bywyd o ffurf, a chariad o fywyd, a gogoniant o gariad, Tydi y Llifeiriant Digyfnewid, y Bod Byw, gwrando arnaf. Yr eiddot ydwyf. Iachâ waedlif fy enaid, cyfanna dor fy nghalon. Dyro im Dy Hedd, dyro im Dy Grist, dyro im Dy Nawnddydd. Bodda bob anwiredd yn y Gwirionedd fel y mae yng Nghrist Iesu. Dilea bob hunanaddoliaeth yn y Cyfeillgarwch na ŵyr na ffin na thrai. Er mwyn Ei Enw, Amen.

Tachwedd 30 (Mercher):

Ymdrechais i adnabod yr Iesu unwaith eto trwy gyfrwng y dychymyg synhwyrus.

Ceisiais fy ngorfodi fy hunan i sefyll yn ei ymyl. Ceisiais rolio'r canrifoedd a'r milltiroedd ynghyd â dryllio cadwyni amser a phellter. Ond er mor barod y cnawd, yr oedd yr ysbryd yn wan. Ymdrechais, ymwesgais, ymboenais, nes treisio fy enaid.

Daeth rhyw lesmair swrth drosof, rhyw farweidd-dra, rhyw drymgwsg ysbrydol A dyma lithro a suddo a disgyn nes teimlo fy nhraed ar lawr angharedig y diffeithwch. Yr oedd y craster a'r poethwynt yn ddifaol, ac ystâd angeuol Satan yn ymestyn yn ddidosturi ar bob llaw.

Gwelais ef o'r diwedd, y Crist, yr Iesu, Mab y Saer, Mab y Dyn. Yr oedd yn sefyll yn fyfyrgar ar bwys carreg fawr. Disgleiriai'r dicter dwyfol a'r tynerwch tragwyddol yn ei lygaid.

Clywais lais eiddgar yn dywedyd "Dilyn fi." Eithr nid llais yr Iesu ydoedd. Myfi oedd wedi llefaru, ac yr oedd yn gas gennyf fy llais fy hun.

*   *   *   *

Wele ni'n esgyn, a'r hollfyd yn bendro gwyllt, nes cyrraedd pen y mynydd. Edrychais, a gwelais yn rhyfeddol o eglur: lliwiau a ffurfiau ac ymddoleniadau, yn fywiocach ac yn finiocach na dim a brofais o'r blaen: tai a dinasoedd a gwareiddiadau'n dawnsio o'm hamgylch, hud a lledrith, gogoniannau diflanedig a fu ac a fydd, tyrau teg, cerbydau hedegog, mantelloedd ysgarlad ac euraid.

Edrychai'r Iesu'n dawel, a'i lygaid yn traethu trugaredd.

Clywais fy llais fy hunan unwaith eto, er bod sŵn y gwynt a thwrf y byd yn crochlefain yn fy nghlustiau. Cododd fy llais yn ysgrech felltennog a ymwibiai yma a thraw fel petai'n ceisio dianc o siambr y greadigaeth. A dyma a ddywedodd fy llais:

"Hyn oll a roddaf i ti, os syrthi i lawr a'm haddoli i."

Gwelais wên wyrthiol yr Iesu a chlywais ei ateb fel sibrwd yn fy nghalon:

"Ymaith, Satan; canys ysgrifennwyd, Yr Arglwydd dy Dduw a addoli, ac ef yn unig a wasanaethi."[168]

*   *   *   *

Yr wyf yn fy adnabod fy hunan. Yr wyf yn fy nghasáu fy hunan.

Rhagfyr 1 (Iau):

Dyma ddychwelyd o'r "bywyd mewnol" i'r "bywyd allanol" gyda naid trwy'r gwagle.

Diwrnod pwysig yw hwn. Chwifier y baneri.

Y Ffordd a'r Gwirionedd a'r Bywyd! Hyd yn oed ym mywyd coleg rhaid dewis ac adnabod a byw.

Rhagfyr 2 (Gwener):

Y mae doe fel breuddwyd, ac y mae mor bell ac mor gyffrous â brwydr Thermopylae.[169] Clywaf y taro a'r bloeddio; rhyfeddaf at yr ymgiprys a'r ymsythu; gwerthfawrogaf yr awydd am ogoneddu daioni ac am wireddu delfryd.

Ac ynof y mae brwydr arall. Pwy sydd â'r hawl arnaf? Ai'r Tragwyddol ai Myfi?

Collais ef unwaith eto, y Cyfannwr Drylliedig.

Anhygoel yw bod yr haul yn codi ac yn machlud ac olwynion amser yn troi.

Rhagfyr 3 (Sadwrn):

Collais y Nasaread ifanc, dewrgalon, cadarn i iacháu.

Ond y mae Presenoldeb o'm hamgylch: y Cyhuddwr yn amgau arnaf.

Teimlaf yn unig iawn heddiw, wedi fy ngwahanu'n druenus oddi wrth fy nghyd-ddynion. Teyrn crynedig ydwyf, ar fy ngorsedd euraid, a'm hamddiffynwyr yn gorwedd yn eu gwaed ar lawr y neuadd, a'm gelynion yn estyn eu breichiau i ymaflyd ynof.

Ac eto un Gelyn sydd, ac y mae fy myd yn llawn ohono.

*   *   *   *

Esmwyth fu'r siwrnai ar y trên a chynnes y croeso. Hawdd oedd agor fy nghalon i gyfeillion a mynd i'r gwely'n hwyr ond yn fodlonach o'r herwydd.

Eithr y mae un poethoffrwm yn barod, ac ni all neb ond Duw ei offrymu, ac ni all neb ond myfi ei offrymu.

PENNOD 16

Llygod

Rhagfyr 4 (Dydd yr Arglwydd):

Y priodfab yr Eneiniog, yr Atgyfodedig Claerwyn Llondirion yw Gwrthrych eithaf fy nhair pregeth heddiw.

Gwn fy mod i'n Ei garu a'm bod am Ei garu'n fwy. Mae hiraeth angerddol arnaf am ei gofleidio a'i anwylo. Croeso i'r seicdreiddwyr esbonio'r hiraeth yn eu ffordd eu hunain: rhyw, uchelgais, cymhlethdod. Gwn yn unig fod yr awydd anniwall arnaf.

*　　*　　*　　*

Dacw'r Troseddwr ar Ei groesbren. Gwelaf Ef yn aneglur o bell, cwdyn o gnawd coch, yn ymwthio'n druenus i'r golwg gyda ffaglau'r milwyr yn nhywyllwch mawr y byd. Dynesaf ato. Rhedaf. Ehedaf. Rhuthraf arno.

*　　*　　*　　*

Nid y Crist sydd ger fy mron, ond y Magna Mater,[170] y Cnawdolrwydd hollgofleidiol, yr Ordderchwraig dethog, gyfrwys ei chastiau, helaeth ei hadnoddau. Y mae fy mywyd yn aberth bodlon ac eiddgar ar ei hallor losg.

*　　*　　*　　*

Yn aml dyma'r thema mewn darluniau o demtiad y Sant Antwn: y Croeshoeliedig yn troi'n butain hudolus. Cof gennyf hefyd y profiad a gefais pan oeddwn yn llanc, gweld y Gwrthrych ar y Groes yn fam i'r holl genhedloedd ac ysgrifennu soned i fynegi'r rhyfeddod. Cyhoeddwyd y soned yng nghylchgrawn fy ngholeg. Cofiaf imi sôn am y cenhedloedd yn tyfu fel llygoden yn y groth.

*　　*　　*　　*

Colli'r Crist: dyna fy hanes unwaith eto.

197

Rhagfyr 5 (Llun):

Dyma ffarwelio'n fwyn â chyfeillion a throi tua thref.

Soniodd fy nghyfaill Powys fwy nag unwaith am yr amlygrwydd rhyfedd a roddir i'r llygoden mewn rhai o'r pethau a ysgrifennais.

Ymhob trasiedi, medd Aristoteles, y mae tosturi ac arswyd. Tosturiais weithiau wrth y llygoden fach a chwerthin wrth weld arswyd gwraig yn ei phresenoldeb; arswydais o gael cipdrem ar lygoden fawr yn llechu yn ei thwll digysur mewn gwal gerllaw fy nghartref a phrofais ingoedd tosturi yn wyneb yr elyniaeth ddigymrodedd tuag ati ymhlith dynion.

Yn yr hen fyd gelyn naturiol dyn oedd y neidr; erbyn heddiw y gelyn a ffieiddir fwyaf yw'r llygoden fawr.

Ceisiwyd damnio'r wiwer las hardd yn ein dyddiau ni trwy roi enw drygsawrus iddi, sef "llygoden fawr y coed." Ac er mai pechadures erchyll yw'r wiwer las (yn enwedig yng ngolwg yr anwylyn del, y wiwer goch) ni ellid gwell enghraifft o bropaganda diegwyddor ein hoes ni na'r llysenw mileinig hwn.

Y mae D.H. Lawrence yn parchu'r neidr fel un o arglwyddi bywyd, ond nid yw'r llygoden fawr iddo namyn yngawdoliad o'r drwg.

Pa ras rhyfedd sy'n fy ngyrru i gyfarch y llygoden fawr fel cymrawd arbennig yn nhryblith y cosmos?

Rhagfyr 6 (Mawrth):

Henffych well, gyfaill; henffych well, frenin y carthffosydd.

Rhagfyr 7 (Mercher):

Daw llu o feddyliau am ddyddiau olaf bywyd daearol yr Iesu i'm meddwl. Gwelaf ef yn sefyll yng nghyffiniau'r deml ac yn y stryd, a gwn mai myfi sydd yn ei holi a'i groesholi – am deyrnged i Gesar, am dynged y ddynolryw, am achau'r Eneiniog, ie, ac am orchmynion pwysicaf y gyfraith. Gwelaf Iesu'n estyn y bara a'r gwin, a gwn fy mod i'n gwlychu gydag ef yn ddysgl. Clywaf ei lais yn sôn am ddyfodiad Mab y Dyn yng nghymylau'r nef, a gwn fy mod i am boeri arno, a chuddo ei wyneb a'i gernodio a dywedyd, "Proffwyda." Clywaf yr erchgri dorcalonnus a gwawdiaf: "Eraill a waredodd, ei hun nis gall ei wared."[171]

Rhagfyr 8 (Iau):

"Disgynned Crist, Brenin yr Israel, yr awron oddi ar y groes, fel y gwelom ac y credom."[172] Ac eto:

"Efe a'i darostyngodd ei hun, gan fod yn ufudd hyd angau, ie, angau y groes. Oherwydd paham, Duw a'i tradyrchafodd yntau, ac a roddes iddo enw yr hwn sydd goruwch pob enw; fel yn enw Iesu y plygai pob glin, o'r nefolion a'r daearolion bethau; ac y cyffesai pob tafod fod Iesu Grist yn Arglwydd, er gogoniant Duw Dad."[173]

O Arglwydd Iesu, sarhâ fi â'th faddeuant, gwaradwydda fi â'th gariad, bydd yn Frawd dros byth i'r Brawd o Radd Isel. Er mwyn yr Enw hwnnw. Amen.

Rhagfyr 9 (Gwener):

Tramwyais y *Via Purgativa* a theimlaf fy mod yn dod i ben y daith honno. Ni wn a fydd teithiau eraill wedi hon – y *Via Illuminativa* a'r *Via Unitiva* y traethodd y cyfrinwyr amdanynt.[174] Ni holaf ddim.

Wele fi fel pererin yn nesáu yn yr hwyrnos at gell y meudwy. Petrusaf cyn agor y drws; ac agorir y drws imi. Efe sydd yn sefyll yno. Clywaf sŵn, a gweld yng ngolau'r gannwyll ddwy lygoden fawr yn diflannu trwy dwll yn y mur cerrig.

Ni allaf weld Ei wyneb yn eglur am fod y gannwyll y tu cefn iddo.

Dyma'i lais yn llefaru:

"Deuwch ataf i bawb ar y sydd yn flinderog ac yn llwythog, a mi a esmwythâf arnoch.

Cymerwch fy iau arnoch a dysgwch gennyf; canys addfwyn ydwyf, a gostyngedig o galon: a chwi a gewch orffwystra i'ch eneidiau: canys fy iau sydd esmwyth, a'm baich sydd ysgafn."[175]

Ofnaf fynd i mewn. Ofnaf y Cythraul, ofnaf y Cyhuddwr, ofnaf y Crist, ofnaf fi fy hunan.

PENNOD 17

Ecce Homo

Rhagfyr 10 (Sadwrn):

Nid wyf am edrych ar Ei Wedd eto. Gwell gennyf feddwl am ddoethion y ddynol ryw. Daeth Meistr y Gwybodusion heibio, y dadansoddwr digyffelyb, y disgyblydd digymar. Onid yw hwn yn arglwydd arno ei hunan ac yn arglwydd ar natur? A dyma ei gyfaill o'r dwyrain pell, y gwleidydd a'r cynghorwr, a'i drefn i bob peth a phob peth yn ei drefn. Rhyfeddaf atynt. Daw'r *Ecce Homo* i'm gwefusau.

Dacw'r Athronydd Wylofus a'r Athronydd Chwerthinus a'r ysbrydoedd sy'n ymgasglu o'u hamgylch. Y mae'r rhai acw yn troi yn y trobwll ac yn ceisio cadw eu hurddas ddynol trwy hunan-barch. Y mae'r rhai hyn yn sawru ac yn blasu ac yn synhwyro ac yn parchu'r llwch fel deunydd a oroesa bob anadl. Ac y mae lluoedd y ddwy blaid fel sêr y ffurfafen. *Ecce Homo*. Dirfodwyr a Dirweddwyr: yr wyf yn barod i ymuno â'r naill neu'r llall.

Heracleitos, Puthagoras, Gotama Bwdha a'r Derwyddon: dawnsia fy enaid rhwng ffantasmagoria a phandemoniwm. Epicwros, Coheleth, Omar Khayyam, Dafydd ap Gwilym, Baudelaire: yr wyf ar goll ymhlith y gerddi a'r llennyrch a'r gwestai. Lao-tse, Platon, Erigena, Morgan Llwyd, Ann Griffiths: ymdrecha fy nghalon o seren i seren. *Ecce Homo*. Ynof y mae daear a nef a'r rhod na flina byth.

Zarathwstra, Amos a Mohamed: holltir yr hollfyd. Achnaton, Hosea, Dante: cyfennir y cread. *Ecce Homo*. A phurir fy meddwl gan arswyd a thosturi.[176]

Iesu o Nasareth, y rabbi rhyfedd, y merthyr mawr. Coder y garreg, hollter y pren.[177] *Ecce Homo*. Tyrd ataf, f'anwylyd, â'th graith a'th wên.

Rhagfyr 11 (Dydd yr Arglwydd):

Pregethais yn y bore am y gwir Fawredd, Mawredd y Gwas Eneiniog. Bu cryndod ar fy enaid trwy'r dydd.

Bu'r dymestl eira'n ddi-drugaredd ac ofer fu fy ymgais i ddychwelyd adref heno. Llwyddais i gyrraedd y ganolfan gyfagos, ond nid oedd dim modd teithio ymlaen a bu'n rhaid troi 'nôl i groeso fy llety, a cherddais ryw ddwy filltir trwy'r eira a'r rhew cyn imi gael codiad mewn car.

Wedi'r profiad teimlaf yn ddibwys iawn, ac yn dost o fethiannus. Rhyw drychfilyn gwanllyd ydwyf, un ymhlith myrddiynau o ehediaid ac ymlusgiaid a throedyniaid, a gwichiaf fel llygoden pan glywyf ryfelwyr Amser yn sathru ac yn mathru uwch fy mhen. A minnau'n ymorchestu fel Duw a Gwneuthurwr a Gwaredwr!

Melys yw ymgynhesu yn y gwely ar noson mor rhewllyd a rhynllyd, a rhaid diolch am gael fy nonio mor helaeth â'r ddawn ymgynhesu. Ond dawn ydyw, nid priodoledd. Nid yn fy nerth fy hunan y gwnaf gymaint â hyn.

O Dduw, y Doniwr Mawr, maddau imi. Dymchwel yr Eilun Anferth a leinw deml fy muchedd. Tor ef yn deilchion. Llanw'r deml a phreswylia ynddi byth.

Rhagfyr 12 (Llun):

Cymerais y trên i ddianc o garchar yr eira.

Eithr nid oes ddianc o garchar fy anwiredd.

*   *   *   *

Tybed a oes iachadawdwriaeth yng nghell y Meudwy? Rhaid mentro i mewn.

*   *   *   *

Euthum i mewn yn frysiog i ganol yr ystafell lon a throi ac edrych yn chwilgar ar wyneb y Preswylydd. Yr oedd yn sefyll yn ffrâm y drws. Fy wyneb i fy hun oedd iddo. Canfûm yn sydyn nad drws oedd yno ond drych. Yr oeddwn yn edrych ar fy llun fy hunan, ac yr oedd y gŵr yn y drych yn dynwared fy holl ystumiau. Gwyddwn ei fod yn elyn imi. Cododd ffynnon o gynddaredd o'm hymysgaroedd ac euthum yn fygythiol ychydig o gamrau tuag ato. Daeth yntau'n fygylog tuag ataf innau.

Yr oedd ein dau wyneb yn agos iawn i'w gilydd. Gwelais yn bŵl fod rhyw bylni wedi dod dros ei lygaid. Llurguniwyd ei wedd gan ryw laswen hell. Dechreuodd riddfan a siglo. Gwelais y glafoerion yn cronni. Arswydais yn sydyn rhag ei nychdod a'i bydredd.

"Ti seliwr nifer, llawn o ddoethineb a chyflawn o degwch . . . Cerub eneiniog ydwyt yn gorchuddio . . . Perffaith oeddit yn dy ffyrdd er y dydd y'th grewyd, hyd oni chaed ynot anwiredd . . . Balchïodd dy galon yn dy degwch, llygraist dy ddoethineb o herwydd dy loywder . . ."[178]

* * * *

"Pa fodd y syrthiaist o'r nefoedd, Lusiffer, mab y wawrddydd! pa fodd y'th dorrwyd ti i lawr, yr hwn a wanheaist y cenhedloedd! Canys ti a ddywedaist yn dy galon. Mi a ddringaf i'r nefoedd: oddi ar sêr Duw y dyrchafaf fy ngorseddfa; a mi a eisteddaf ym mynydd y gynulleidfa, yn ystlysau y gogledd; dringaf yn uwch na'r cymylau; tebyg fyddaf i'r Goruchaf. Er hynny i uffern y'th ddisgynnir, i ystlysau y ffos."[179]

* * * *

Wedi imi eistedd ac ymlonyddu deëllais fy mod wedi cael hunllef ar ddihun.

Rhagfyr 13 (Mawrth):

"Arglwydd, yr unig-genedledig Fab Iesu Grist; Arglwydd Dduw, Oen Duw, Fab y Tad, yr hwn wyt yn dileu pechodau'r byd, trugarhâ wrthym. Ti yr hwn wyt yn dileu pechodau'r byd, trugarhâ wrthym., Ti yr hwn wyt yn dileu pechodau'r byd, derbyn ein gweddi. Ti yr hwn wyt yn eistedd ar ddeheulaw Duw Dad, trugarhâ wrthym.

Canys ti yn unig wyt sanctaidd, ti yn unig wyt Arglwydd, ti yn unig, Crist, gyda'r Ysbryd Glân, wyt oruchaf yng ngogoniant Duw Dad."[180]

Rhagfyr 14 (Mercher):

Clodforaf fawrion y ddaear, brenhinoedd a thywysogion yr hil, yr rhai a greodd ac a luniodd, a rhai a chwiliodd y gwir a'r rhai a ddatgelodd y cain a'r rhai a ben-syfrdanodd y byd â'u daioni, y rhai y tywynnodd trwyddynt leufer y Glân a'r Sanctaidd.

A yw'r rhain ymhlith y tywysogion a'r brenhinoedd a gyfarchodd
Lusiffer ym mro'r meirwon a dywedyd, "A wanhawyd tithau fel
ninnau? a aethost ti yn gyffelyb i ni? Disgynnwyd dy falchder i'r
bedd, a thrwst dy nablau: tanat y taenir pryf, pryfed hefyd a'th
doant?"[181]

O Arglwydd Pob Arucheledd, achub Dy saint.

Rhagfyr 15 (Iau):

Euthum ar daith i annerch cymdeithas o garedigion Cymru a'r
Gymraeg ar bwnc y Gristionogaeth yng Nghymru heddiw.
Amlygwyd digon o ysbryd cyd-ddeall. Y gamp yw cyfleu'r cyd-
ddeall mewn cydweithgarwch Ond teimlaf yn llawer mwy ffyddiog
wedi'r drafodaeth a'r ymgom gyda chyfeillion.

Rhagfyr 16 (Gwener):

Dyma'r pen tymor. Y mae trafferthion melys y dyddiau cyn y
Nadolig wedi dechrau eisoes.

Daw gwrthuni bendigaid yr Ymgnawdoliad i'm synnu unwaith
eto: y Gair Tragwyddol megis mellten yn syrthio o'r nef – o'i fodd
ac nid o'i anfodd.

Rhagfyr 17 (Sadwrn):

Teimlaf fel petawn i wedi bod yn edrychydd ar fy nghwymp fy hun.

Y mae dau gwymp: y Cwymp oddi wrth Ras a'r Cwymp oddi wrth
Fywyd. Y mae dwy farwolaeth: Marwolaeth y Corff a Marwolaeth
yr Enaid. Yr un yw'r Ail Gwymp a'r Ail Farwolaeth; a'r enw arall ar
y ddau yw'r Pechod yn erbyn yr Ysbryd Glân.

Gwelais, trwy gymorth y darfelydd synhwyrus, yr Ail Gwymp a'r
Ail Farwolaeth yn fy ngoddiweddyd. Fe'm gwelais fy hunan ymhlith
carthion gogoniant y ddaear. Gwn beth yw gwywo, edwino, pydru,
porthi'r pryf, ymollwng yn ddrewdod ac yn faw.

O am anadlu, am lamu, am fyw!

Awdur Bywyd, tyrd ataf. Yr Atgyfodiad Mawr, tywynna arnaf.

PENNOD 18

Y Mab

Rhagfyr 18 (Dydd yr Arglwydd):

Dywedais stori wrth y plant y bore yma am Dri Brenin Cwlen, a phregethais am y Doethion a'r Bugeiliaid ac, yn yr hwyr, am ystyr yr Ymgnawdoliad.

Mae'r cyfan yn ergyd i'm balchder, a chywilyddais ger bron Duw a dyn. Ond gyda'r cywilydd, dyma ryw brofiad newydd cyffrous yn rhoi rhyw lewyrch i'm hymadrodd yn y bore a rhyw bendantrwydd hyderus i'm cenadwri yn yr hwyr.

Ni wn sut i egluro'r profiad: rhyw synhwyro cyfanrwydd y cyfanfyd.

O dro i dro cyn hyn ymdeimlais â'r Presenoldeb wrth bregethu; ond hyd yn hyn bu'r Myfi hollbresennol yn ystumio ger Ei fron. Ond heddiw, rywsut, y Gair oedd yn ben. Preseb oedd y pulpud, a gweithdy, a theml, a goruwch-ystafell, a gorseddfainc. Gwelais y bugeiliaid, y gwerinwyr a'r gweithwyr: "y bobl a rodiasant mewn tywyllwch, a welsant oleuni mawr: y rhai sydd yn aros yn nhir cysgod angau, y llewyrchodd goleuni arnynt."[182] Dilynais bererindod y doethion, gwroniaid a theyrnedd y ddynoliaeth, y chwilwyr a'r llunwyr a'r uchelwyr: "cenhedloedd hefyd a rodiant at dy oleuni, a brenhinoedd at ddisgleirdeb dy gyfodiad."[183] Rhyfeddais at y lleufer annaearol a belydrai trwy geulad yr henfor a gweoedd y gwagle anghysbell. Canfûm unoliaeth yr amledd mawr, a gwyddwn mai yn yr Aberth yr oedd y llaweroedd yn un. A hyfrydwch oedd fy adnabod fy hunan fel ysmotyn o lwch yn y mwg a godai o allor y cread.

Dyna'r iachawdwriaeth: pob un yn eistedd yn ei le gydag Abraham ac Isaac a Jacob yn y wledd fawr; pob un yn mynd i'r fan a baratowyd iddo; pob un yn gweld ei fod yn rhan o batrwm yr Arfaeth, a bod patrwm yr Arfaeth yn rhan ohono ef. Diolch am y rhifyddeg ddwyfol: nid yn unig y mae'r rhanrif yn y cyfanrif ond y mae'r cyfanrif yn y rhanrif. Diolch am anianeg a seryddiaeth yr Hen

Ddihenydd: y mae'r Haul y tarddodd pob haul ohono yn cyfan-lewyrchu yn yr electron mwyaf penchwiban y damcaniaethwyd erioed yn ei gylch. Diolch am Gristoleg y Crist.

"Mi a groeshoeliwyd gyda Christ: eithr byw ydwyf; eto nid myfi ond Crist sydd yn byw ynof i."[184]

"Pa fodd y dywed yr ysgrifenyddion fod Crist yn fab Dafydd?"[185]

Rhagfyr 19 (Llun):

Wele'r teulu ynghanol holl firi a ffwdan y paratoi ar gyfer y Nadolig.

Bratiog eleni fu cadwraeth yr Adfent yn ein teulu ni. Ond o dro i dro canasom garolau o gwmpas y pedair cannwyll ar yr *Adventskranz*.[186] Mae chwilfrydedd a brwdaniaeth McTavish yn ymgryfhau, a hyd yn oed Flanagan freuddwydiol yn dangos arwyddion o eiddgarwch. Mae Ap Siencyn yn dechrau diwinydda am ddirgeledigaethau Siôn Corn, ond tawel yw ei fyfyrdod.

Cardiau, anrhegion, cofio oedran, newid meddwl, cymharu rhestrau, cyfnewid llyfr, addunedu dechrau'n gynt y flwyddyn nesaf – wele ni ynghanol yr helynt.

Sagrafen y cyd-fyw a'r cydrannu yw'r Nadolig i fugail ac i frenin, gwyrth y cydgeisio a'r cyd-dderbyn.

Mae'r plant yn gweld eisiau Rhiwallon sydd bellach yn ei gartref. Ond fe ddaw'n ôl.

Rhagfyr 20 (Mawrth):

Edrychais heno ar y plant ynghwsg yn eu gwelyau; y drindod blagus, annwyl. Ac wedyn yn fy myfyrdod mentro nid i gell y meudwy ond i ystabal y Plentyn.

Yr oedd yr holl rywogaethau ynddo a'r holl gydserau: y pysgodyn a'r hwrdd, Caer Gwydion a Chaer Arianrhod.[187] Plygai'r bugeiliaid a'r doethion o'i amgylch, a chwarelwyr a glowyr a ffermwyr o Gymru, a Fyrsil[188] a Raffael[189] a Mahatma Gandhi. Gwelais y cyrn ymhlith y cysgodion, a safai gwybedyn ar drwyn y Baban: teyrnged Beelsebwb i'w well.

Rhagfyr 21 (Mercher):

Nid wyf am ddweud wrth Dduw mai pryfetyn ydwyf. Y gwir ostyngeiddrwydd yw cydnabod Duw yng nghyfanrwydd gwaith Ei fysedd, a'n cydnabod ein hunain yn fodau a freintiwyd ganddo â bywyd a gwybod a chydwybod, yn llestri parch ac amarch, digofaint a thrugaredd, nes ymgyfarfod yn undeb ffydd a gwybodaeth Mab Duw.

Rhagfyr 22 (Iau):

Cyd-enwau a chyd-deitlau sydd i Iesu o Nasareth: Crist, Mab Duw, Mab y Dyn. Enwau ar Bobl yr Arglwydd ydynt. Nid i'n cau ni allan y rhoddwyd yr enwau hyn iddo, ond i'n casglu ni i mewn.

Ein Tad. Yn awr am y tro cyntaf yr wyf yn dysgu gweddïo'r geiriau hyn. Dywedir nad oedd y gair "ein" o flaen "Tad" yn ffurf wreiddiol ar y weddi ddigyffelyb; a chlywais ddiwinydd yn haeru bod yr Iesu'n dywedyd "Fy Nhad" ac "Eich Tad" yn aml, ond nad oes sôn amdano'n dywedyd "Ein Tad" a'i gydnabod ei hunan fel hyn yn frawd yn y teulu dynol a'r teulu dwyfol. Ond y mae fy enaid yn ymwrthod â'r ddadl yn llwyr. Oni weddïodd yr Iesu gyda'i ddisgyblion ac oni alwodd gyda hwy ar y Tad a'n gwnaeth ni'n frodyr a chwiorydd iddo ef ac i'n gilydd?

Ein Tad, yr hwn wyt yn y nefoedd. Sancteiddier Dy Enw. Deled Dy Deyrnas, gwneler Dy Ewyllys.

Abba Dad.

Nid oes gennyf eiriau imi fy hunan i weddïo heddiw. "Derbyniasoch Ysbryd mabwysiad, trwy yr hwn yr ydym yn llefain, Abba Dad."

"A'r un ffunud y mae yr Ysbryd hefyd yn cynorthwyo ein gwendid ni. Canys ni wyddom ni beth a weddïom, megis y dylem: eithr y mae yr Ysbryd ei hun yn erfyn trosom ni ag ocheneidiau anhraethadwy."

Rhagfyr 23 (Gwener):

Gwelais ddagrau Mair.

"Ein Mam yr hon wyt ar y ddaear."

Rhagfyr 24 (Sadwrn, a noswyl Nadolig, a phen blwydd McTavish):

Dyma diwrnod i'r Brenin, fel rhai o'r dyddiau a aeth heibio a rhai o'r dyddiau sydd yn dyfod; a rhaid diolch i'r Brenin am rannu ei freintiau brenhinol am un diwrnod â McTavish.

Bach ond lluniaidd yw'r Goeden Nadolig. Gyda mwy o ffwdan nag arfer llwyddais i'w chodi a'i haddurno, ac y mae i'w gweld yn bur ddel. Ar wahân i hon ac i ambell sbrigyn o uchelwydd a chelyn a ffynidwydd, ychydig o addurn sydd ar ein stafelloedd eleni. Mae McTavish wedi colli ei flas ar y papur lliw ac y mae Flanagan yn hollol ddidaro; a gwell gan Ap Siencyn chwarae â chloch bapur na gadael llonydd iddi.

Mae McTavish yn mwynhau ei anrhegion, ond rhagflas o'r Nadolig yw ei ben blwydd iddo ef. Cofiwn ddiwrnod ei eni. Dydd Sul oedd y diwrnod cyn y Nadolig y flwyddyn honno, ac yn yr eglwys y bûm yn weinidog iddi cynhaliwyd cymundeb am wyth o'r gloch y bore, ychydig o oriau wedi geni fy nghyntafanedig. Anochel oedd imi ddechrau'r oedfa trwy ddywedyd, "Bachgen a aned inni, mab a rodded inni."

Y Bachgennyn Byw, yn gwdyn coch ar liniau ei fam, a'i lef fel utgorn proffwydoliaeth, a'i ddwylo'n dwyn bendith y Duw goruwch y duwiau, a'i wendid yn oresgyniad anorchfygol yn dylifo dros y galon a thros y byd!

*   *   *   *

Ond dyna. Rhaid llenwi'r hosanau. Nid yw McTavish a Flanagan yn credu dim yn Siôn Corn; – oni bo ganddynt o hyd ryw syniad annelwig amdano fel bod bach symbolig hanner y ffordd rhwng eu tad a'r Tad Nefol. Eithr ni all dim byd siglo eu ffydd yn yr hosanau.

Rhagfyr 25 (Dydd yr Arglwydd a Gŵyl Ei Eni):

Cwdyn o gnawd coch ar liniau Mair a chwdyn o gnawd coch ynghrog rhwng y lladron; ymysgaroedd diymadferth y baban newydd ei eni ac ymysgaroedd diymadferth Mab Duw ar y Groes; y llef yn y stabal a'r llef o ben Calfaria; dagrau Mair wrth ei rwymo mewn cadachau a dagrau Mair wrth weled eraill yn rhwymo'r corff mewn llieiniau; y dodi yn y preseb a'r dodi yn y bedd; y bugeiliaid yn gwenu arno a'r pysgodwyr yn gorfoleddu yn afiaith ei atgyfodiad; y doethion yn anrhegu'r bywyd bach newydd a holl ddoethineb y byd yn ymgrymu ger bron y Dyn Newydd yng Nghrist Iesu –

O Anadl Ffroenau Mab Duw, anadla arnaf. Dyro imi nerth Ei Gariad a syberwyd Ei Ymdrech a'i Aberth. Llanw fy enaid a'm corff ag angerdd y Creu a gwewyr y Geni a buddugoliaeth yr aberth a syfrdandod y Cyfodi o Feirw. Anadla ynof, Anadl y Bywyd, yn awr a thros byth.

* * * *

Llawen yn wir fu'r Nadolig. Dyma'r plant yn gwagu'r hosanau ac yn llwytho ein gwely â'u trysorau. Hawdd oedd mynd â hwy i oedfa'r bore gan fod cyfaill caredig wedi rhoi menyg ag wynebau digrif arnynt. Gafaelgar oedd cenadwri'r pregethwr: yr addewid ymhob bywyd. A dyma anrheg sylweddol i bob un o'r plant wedi dychwelyd adref, a chinio blasus a chymedrol i bawb. Cawsom dipyn o gydweithio a thipyn o gydchwarae rhwng cinio a the ac wedyn ymdeithio i'r stafell eistedd i ganu carolau ger bron y goeden Nadolig a rhoi anrhegion i'r teulu i gyd. Rhaid oedd agor y parseli o Fünchen wedi hynny cyn imi fynd i gwrdd yr hwyr, gan adael Anna a Tharanwen i roi trefn ar anhrefn a hebrwng y plant i'w gwelyau. O'r hyfrydwch a'r llawenydd! Gwneler y ddaear gron yn gartref i deulu Duw Dad a Duw Fam.

Rhagfyr 26 (Llun):

Y mae bendith yn emynau a charolau'r Nadolig. "Adeste fideles" a "Quem pastores"; "Clywch lu'r nef" a "Thawel nos"; "Wele gwawriodd" ac "Wele Cawsom"; a llawer o bob gwlad, yn cydio'r ddaear wrth y nef a'r pagan wrth y sant a'r cartref wrth yr Orsedd Wen. Hoffaf yn fawr, "Pob seraff, pob sant", emyn â naws y carol arno. Dylai emynau a charolau'r Pasg fod yn gyfoethocach na rhai'r Nadolig, ond nid ydynt ddim. Teimlais lawer gwaith y dylem fawrhau'r Pasg yn hytrach na'r Nadolig, ond erbyn meddwl mae'r gwyliau i gyd yn un, ond inni gyfarch y Crist ynddynt oll. Ynghanol y gaeaf y daw'r Nadolig pryd y bydd angen yr haul arnom yn dostach nag erioed a phryd y bydd bywyd yn dechrau ymgynhesu. Druan â Christionogion yr Antipodes sy'n gorfod hongian o'r ddaear â'u pennau i lawr a dathlu'r Nadolig ynghanol yr haf!

Rhagfyr 27 (Mawrth):

Petai McTavish wedi'i eni'n ferch, "Monica Mair" fyddai'r enw arni. Petai ap Siencyn wedi'i eni'n ferch "Enid Katrinachen" fydda'i enw. Ym mha wynfyd y mae'r bodau bach hyn, tybed? Deuant allan i ganu gyda'r llu nefol bob Nadolig bellach.

Efallai y daw "Carys Iohanna" neu "Miriam Siân" i lonni rhyw Nadolig yn y dyfodol.

Rhagfyr 28 (Mercher):

Euthum at ddrws cell y Meudwy unwaith eto, a chlywais y Llais.

"Deuwch ataf i bawb a'r y sydd yn flinderog ac yn llwythog, a mi a esmwythâf arnoch. Cymerwch fy iau arnoch a dysgwch gennyf; canys addfwyn ydwyf, a gostyngedig o galon; a chwi a gewch orffwystra i'ch eneidiau. Canys fy iau sydd esmwyth a'm baich sydd ysgafn."

Gwelais Ef yng ngolau'r canhwyllau: Mab y Saer, Mab y Dyn, Mab Duw, y Mab Darogan. Gwelais y wên a'r graith a'r tynerwch eiddgar a'r croeso dihafal. Y llygaid y ffroenau y gwallt, y gwefusau – sut y gallaf draethu gogoniant Ei wedd? Yr ysgwyddau, y breichiau, y dwylo, ac anadl Ei agosrwydd – sut y gallaf sôn am wychder Ei bresenoldeb? Yr oedd llewyrch yr hanner tywyllwch yn fwy nag y gallwn ei ddal. Syrthiais o'i flaen a gorwedd â'm hwyneb yn fy nwylo, a chrynodd fy nghorff gan edifeirwch drylliedig a thraserch anniwall.

Daeth y cyffyrddiad a'r cyfarchiad a'r gorchymyn.

"Tangnefedd iti."

"Mab dyn, sef ar dy draed a mi a lefaraf wrthyt."

Codais, ac yr oedd fy nghell megis o'r blaen, a'r llyfrau ar y silffoedd a'r papurau ar y ddesg, ac anrhegion y Nadolig ar bob llaw, cardiau a chortynnau a phapur lapio. Ond nid oedd y parwydydd yn gwgu arnaf na'r cypyrddau'n bygwth syrthio ar fy mhen. Yr oedd rhyw ysgafnder meddal, mwyn ym mhopeth, a rhyw gynhesrwydd yn fy mynwes.

Rhagfyr 29 (Iau):

"Pob peth a roddwyd imi gan fy Nhad: ac nid edwyn neb y Mab ond y Tad; ac nid edwyn neb y Tad ond y Mab, a'r hwn yr ewyllysio y Mab ei ddatguddio iddo."

Bûm yn troedio ffordd y cydnabod – cydnabod bai a methiant a llygredd a hunan-addoliaeth. Yn awr, y mae'n rhaid troedio ffordd yr adnabod: Duw yn fy adnabod i a minnau'n adnabod Duw: adnabod Crist a Natur, yr Ysbryd a'r Saint, a'r enaid yn prifo yn yr Oll-yn-Oll.

Rhagfyr 30 (Gwener):

Gwell terfynu'r dyddlyfr gyda diwedd y flwyddyn. Cyrhaeddais y tro yn y ffordd. Efallai, wedi imi aeddfedu yn yr adnabyddiaeth, y bydd dyddlyfr arall yn fuddiol i mi ac i ambell gydbererin.

*   *   *   *

Emanwel: Duw gyda ni.

Rhagfyr 31 (Sadwrn):

Teithiais i gadw cyhoeddiad a threulio'r nos yn nghartref hen gyfeillion. Cawsom hwyrnos o ymgom a chwerthin a chyfnewid atgofion a chwynion difyr a sylwadau direidus. Mae ganddynt well dawn na mi at y pethau hyn, ond mwynheais y cyfan. Wele'r flwyddyn newydd yn curo fy nghefn cyn imi ymwthio rhwng llieiniau'r gwely.

O Gyhuddwr a Barnwr a Dienyddiwr Mwyn, cymer fi, dinoetha fi, fflangella fi. Corona fi â'th ddrain, hoelia fi ar Dy Groes, cladda fi yn Dy fedd. Rhyddhâ fi yn Dy Atgyfodiad. Anfon fi i'th Bobl. Cadw fi yn Dy Ras. Er mwyn Dy Enw. Amen.

*   *   *   *

Emanwel: Duw gyda ni.

Nodiadau

[1]Derbyniwyd y Brawd Lorens (Nicolas Herman, c.1605-91) i abaty'r Carmeliaid ym Mharis ym 1649 a bu'n gyfrifol yno am y gegin, gwaith yr oedd yn ei gasáu ond gwaith y ceisiai ei wneud yn llawen o gariad at Dduw. Plediai dros ymarfer presenoldeb Duw trwy weddi a myfyrdod gan ddefnyddio'r deall a'r dychymyg. Mae'n amlwg ei fod yn gryn ddylanwad ar Pennar oherwydd fel y gwelir yn *Cudd fy Meiau*, Chwefror 16 a mannau eraill, ceisiai yntau gryfhau ei ddefosiwn trwy ddychmygu manylion wyneb a chorff Iesu Grist. Fe all ei gyfeiriad ato greu camargraff. Yn ei lythyrau yr oedd Lorens yn ceisio cymhwyso ei ddysgeidiaeth at fywyd yn y gymdeithas yn y byd y tu allan yn ogystal ag yn y clwysty. Gw., Nicholas Herman, *The Practice of the Presence of God* (cyfieithiad D. Attwater, 1962), a hefyd (gol., Gordon Wakefield), *A Dictionary of Christian Spirituality* (SCM, 1983), s.n., 'Lawrence of the Resurrection'.

[2]Eseia 6.5.

[3]Gen. 32.26.

[4]I Cor. 11.25.

[5]Mat. 6.33.

[6]Eseia 6.8.

[7]Ioan 12.32.

[8]Rhuf. 4.25.

[9]II Cor. 2.16.

[10]Ioan 5.17.

[11]Salm 8.

[12]Mat. 3.9.

[13]O soned R. Williams Parry, 'Gadael Tir (2)', *Yr Haf a Cherddi Eraill* (Y Bala, 1956), 104.

[14]*Imitatio Christi* oedd teitl y llyfr adnabyddus a briodolir i Thomas à Kempis (c.1380-1471). Llawlyfr ydyw yn rhoi cyfarwyddyd ar y ffyrdd priodol i ddilyn Christ trwy ei ddynwared. Ceir llyfryddiaeth gyflawn wrth gwt yr erthygl 'Imitation of Christ, The' yn *The Oxford Dictionary of the Christian Church*. Cyhoeddwyd trosiad Huw Owen, *Dilyniad Crist*, yn Llundain ym 1684 a chafwyd argraffiadau pellach ohono gyda'r teitl *Pattrwm y Gwir Gristion* c.1730, 1736, 1737, c.1740, 1744, 1756?, c.1768, c.1763 a 1775. Am Huw Owen (1575?-1642), Gwenynog, Môn, gw., *Bywgraffiadur*. Cyhoeddwyd trosiad William Meyrick, *Pattrwm y Gwir Gristion*, yng Nghaer ym 1723 ac wedyn yn Amwythig ym 1752. Gw., Eiluned Rees, *Libri Walliae* (Llyfrgell Genedlaethol, 1987), I, 392-94. Gw., hefyd yr adargraffiad o gyfieithiad Meyrick , (gol. H. Elvet Lewis), *Pattrwm y Gwir Gristion* (Bangor, 1908).

[15]Mat. 20.22.

[16]Marc 9.19.

[17]II Cor. 3.17.

[18]Gal. 5.1.

[19]Iago 1.25.

[20]Rhuf. 8.21.

[21]W.J. Gruffydd, *Ynys yr Hud* (Wrecsam, 1930), 48.

[22]Mat. 12.50.

[23]Phil. 2.5.

[24]Mat. 4.3, 4.

[25]Rhuf. 8.26.

[26]Cyflwynwyd y mesur gan S.O. Davies a Chledwyn Hughes. Y mae darllen hanes y ddadl yn Nhŷ'r Cyffredin gan Goronwy O. Roberts yn *Y Cymro* (10 Mawrth 1955) yn help i ddeall pam yr oedd Pennar fel llawer o wladgarwyr eraill yn teimlo'n bryderus iawn ynglŷn â dyfodol Cymru yn y cyfnod hwn. Yr oedd Stephen Owen Davies (1886-1972) yn aelod seneddol Merthyr Tudful o 1934 hyd 1972, gw., yr erthygl goffa yn *The Times* (26 Chwefror 1972) a D. Ben Rees, *Cymry Adnabyddus 1952-72.* (Cyhoeddiadau Modern, 1978), 40.

Opereta boblogaidd gan Sigmund Romberg oedd y 'Desert Song' (1926). Gosodwyd y ddrama yn Anialwch Sahara. Am Romberg (1887-1951), Americanwr a aned yn Hwngari, gw. *Chambers Biographical Dictionary* (1990).

[27]Mat. 4.4.

[28]Luc 11.42.

[29]Mat. 23.23.

[30]Ioan 3.8.

[31]II Cor. 3.17.

[32]Gal. 5.1.

[33]'Pa le y mae'r gŵr doeth . . . Oni wnaeth Duw ddoethineb y byd hwn yn ffolineb?', I Cor. 1.30 yng nghyfieithiad Lladin y Fwlgat.

[34]Y Tad Damien (Joseph de Veuter, 1840-89) a fynnodd fynd i wasanaethu'r gwahangleifion oedd wedi'u corlannu ar Ynys Molokai, gw., *Oxford Dictionary of the Christian Church* am lyfryddiaeth.

[35]'Ein Cadarn dŵr yw ein Duw . . .' neu yn ôl cyfieithiad Lewis Edwards, 'Ein nerth a'n cadarn dŵr yw Duw . . .'

[36]'O'r dyfnder y llefais arnat . . .'

[37]'O ben llawn gwaed a dolur . . .' Rhydd-gyfieithiad yw'r emyn prydferth hwn gan Paulus Gerhardt (1607-76) o'r seithfed ran, 'Salve caput cruentatum', yn yr emyn a briodolir i Bernard o Glairvaux, 'Salve mundi salutare'. Y mae pob un o'r rhannau'n canolbwyntio ar aelodau o gorff Crist, ei draed, ei ddwylo, ei ystlys ac yn y blaen, a'r rhan olaf, yr un sydd o dan sylw yma, yn disgrifio ei ben. Gellir gweld pam yr oedd yr emyn yn apelio gymaint at Pennar o gofio ei bwyslais ar geisio dychmygu nodweddion corfforol y Gwaredwr. Mae'r cyfieithiad Saesneg gan J.W. Alexander, (1804-59), 'O sacred head! sore wounded, With grief and shame weighed down . . .' yn adnabyddus. A chysylltir y pennill yn anorfod â'r dôn hudolus o waith J.S. Bach yn ei *Ddioddefaint yn ôl St. Mathew.*

[38]'Os yw Duw o'm plaid, mi gerddaf . . .'

[39]'Dos allan fy nghalon a cheisia lawenydd . . .' Y mae sawl cyfieithad Saesneg fel y rhai gan Catherine Winkworth yn *Lyra Germanica* (1855) a G.R. Woodward yn *Legends of the Saints* (1898) – y ddau'n dechrau gyda'r un geiriau, 'Go forth, my heart, and seek delight . . .'

[40]Am Gerhardt (1607-76), gweinidog Lutheraidd ac emynydd mwyaf yr Almaen Brotestannaidd ar ôl Luther, gw., *Oxford Dictionary of the Christian Church*, a T.B. Hewitt, *Paul Gerhardt as a Hymnwriter and his Influence on English Hymnology* (Llundain, 1919); *Penguin Book of German Verse*, 115-119 am enghreifftiau o'i ddawn. Er ei fod yn Lutheriad digymrodedd yn ei ddiwinyddiaeth, yr oedd dylanwad cyfriniaeth Gatholig arno. Yn hyn o beth yr oedd ei gynnyrch at ddant Pennar.

[41]'Gweithio yw Gweddïo.'

[42]'chwantau'r cnawd'.

[43]Yr oedd tair Pelagia yn hanes cynnar yr Eglwys. Yr ail yw'r un y cyfeirir ati yma. Actores yn Antiochia oedd hon a gafodd dröedigaeth o dan ddylanwad St. Nonnus, esgob Edessa, ac a deithiodd i Jerwsalem gan wisgo dillad dyn. Bu'n byw yno mewn ogof ar Fynydd yr Olewydd gan ymarfer disgyblaeth asgetaidd lem. Cymysgwyd ei

stori hi â hanes y Pelagia gyntaf, merch bymtheng mlwydd oed yn Antiochia a neidiodd i'r môr tua 311 O.C. i ddiogelu ei morwyndod pan oedd milwyr yn ei bygwth. Ceir y chwedlau amdani yn H. Unserer, *Legenden der hl. Pelagia* (1879) a H. Delehaye, *Les Légendes hagiographiques* (1905), 222-234.

[44]Ioan 1.14.

[45]Am y mynachod a arferai asgetiaeth eithafol yn Syria a'r Aifft, gw., H. Chadwick, *The Early Church* (Penguin, 1967), 180. Rhydd Sozomen yn ei *Hanes Eglwysig*, VI, xxii-xxiv a xxviii-xxxiv sylw i lu ohonynt. Gw., hefyd yr erthygl ' Simeon Stylites, St., (390-459)' a 'Stylite' yn *Oxford Dictionary of the Christian Church*. Simeon (Symeon) oedd y cyntaf i dreulio ei oes ar ben colofn neu biler a threuliodd Daniel (409-93) 33 o flynyddoedd ar ben colofn y tu allan i Gaergystennin. Gw., sylwadau pellach Pennar o dan Mawrth 26.

[46]'etifeddiaeth andwyol'.

[47]Gen. 1.27-8.

[48]'delw Duw'.

[49]Mat. 27.40

[50]Ioan 17.21.

[51]Luc 4.6-7.

[52]Luc 4.8.

[53]Mat. 27.46.

[54]Marc 15.30, 31; Luc 23.39; Luc 23.37.

[55]Yn fersiwn Lladin Credo'r Apostolion (cyn 341O.C.) ceir y cymal, 'sub Pontio Pilato crucifixus, et sepultus' – 'a groeshoeliwyd o dan Pontius Pilat ac a gladdwyd'. Y mae'r cyfeiriad at Karl Barth, *Credo* (1935). Y mae'n trafod yr un pwynt hefyd yn *Dogmatics in Outline* (SCM, 1949), 117-118.

[56]Gen. 1.3.

[57]Ioan 12.24.

[58]I Cor. 15.36-39.

[59]I Cor. 15.42-3.

[60]Daw'r cwpled o emyn John Thomas, Rhaeadr Gwy, sy'n dechrau, "N ôl marw Brenin hedd . . .' Am Thomas (1730-1804), gweinidog gyda'r Annibynwyr, gw., *Bywgraffiadur* a'i hunangofiant, *Rhad Ras* (gol. J. Dyfnallt Owen), 1949).

[61]Am John Daniel Vernon Lewis (1879-1970), gw., (gol. Pennar Davies), *Athrawon ac Annibynwyr* (Abertawe, 1971), 79-88; athro yng Ngholeg Coffa, Aberhonddu 1935 a phrifathro 1950-52.

[62]Mat. 5.8.

[63]I Bren. 10.7 – geiriau Brenhines Seba wrth ryfeddu at gyfoeth Solomon.

[64]Dedfrydwyd Christ Rees i flwyddyn o garchar am wrthod ufuddhau i'r Ddeddf Consgripsiwn ac ymuno â'r Lluoedd Arfog. Yn union wedi'r dedfrydu ymladdodd dros Blaid Cymru yn etholaeth Gŵyr o'r carchar. Cafodd ei ryddhau ym mis Awst – gw., *Cymro* (12 Mai 1955) ac am y llythyr yn rhoi'r trefniadau i'w groesawu ar ôl ei ryddhau, *Cymro* (18 Awst 1955).

[65]Iago 5.16.

[66]Salm 90.8.

[67]Pregethwr neilltuol rymus oedd John Bradford (1510?-1555). Fe'i llosgwyd wrth y stanc yn Smithfield ar 30 Mehefin 1555 yn ystod yr erlid o dan Mari Tudur. Ei eiriau olaf wrth ei gyd-ddioddefydd, John Field, oedd, 'Be of good cheer, brother, for we shall have a merry supper with the Lord this night'. Wrth weld troseddwyr yn mynd i gael eu dienyddio y dywedodd, 'But for the grace of God, there goes John Bradford'. Rhoir ei hanes yn fanwl gan John Foxe yn ei *Acts and Monuments*; gw., hefyd *Dictionary of National Biography*.

[68]Luc 8.30.

[69]Rhuf. 7.24.

[70]Am Leopold von Sachar-Masoch (1835-95), y gŵr y rhoes ei enw y gair 'masochistaidd' inni, gw., *Collier's Encyclopedia* (1992), 20. 319 ac am Donatien Alphonse François, Marquis de Sade (1740-1814), y gŵr y rhoes ei enw y gair 'sadistaidd' inni, gw., ibid., 20. 323.

[71]Y *pericope adulterae* yw Ioan 8.1-11 – hanes y wraig a ddaliwyd mewn godineb.

[72]Yr oedd Cyfarfodydd Blynyddol Undeb yr Annibynwyr yn dechrau ar ddydd Llun, Mai 23, yn Aberystwyth. Yr wyf yn tybio mai'r 'gladiatoriaid' y cyfeirir atynt yn nes ymlaen oedd aelodau'r panel oedd yn ateb y cwestiynau yn y Seiat Holi yng nghyfarfod yr hwyr. Ceir ei hanes yn *Y Tyst* (2 Mehefin), 3. Yr aelodau oedd Gwilym Bowyer, Erastus Jones, Huw T. Edwards a B.A. Edwards. Ceir llythyr gan Caradog Roberts, Llanfair-ym-Muallt, yn *Y Tyst* (7 Gorffennaf), 7, ynglŷn â'r Seiat Holi. Nid yw mor rasol ei farn amdano â Phennar. Dywed 'Yr oedd y seiat bron yn gwbl ddi-fudd. Ni wnaeth na difyrru nac adeiladu'. Fore dydd Mercher yr oedd Pennar yn bresennol yn cyflwyno i'r gynhadledd W. Cyril Llewelyn, Rama, Treorci, un o'i fyfyrwyr oedd newydd gael ei ordeinio, *Tyst* (30 Mehefin), 4.

[73]Cyfeiriad at anerchiad y Llywydd, Y Parchg. R.J. Jones, gweinidog Minny Street, Caerdydd. Ei bwnc oedd 'Galwad yr Amserau' ac fe argraffwyd yr araith yn ei hyd yn *Y Tyst*. Am Robert John Jones (1886-1973), gw., *Blwyddiadur yr Annibynwyr* (1975), 174-5 a (gol. D. Ben Rees) *Herio'r Byd* (Cyhoeddiadau Modern, 1980), 86-92.

[74]'Y Saith Bechod Marwol'. Fe'i priodolir i fardd anhysbys, gw., (gol. Henry Lewis et al). *Cywyddau Iolo Goch ar Eraill* (1937), 97-99.

[75]Am 'Dr. Davies', gw., *Bywgraffiadur*, s.n., Davies, Ben (1840-1930).

[76]Usuriaeth yw 'ocr' a gwneud elw yw 'edwica', gw., *Iolo Goch ac Eraill*, 293-4.

[77]C.C. Martindale, *The Message of Fatima* (Llundain, 1950).

[78]Mat. 6.24-25.

[79]Goronwy Owen, 'Cywydd Hiraeth am Fôn'.

[80]I Cor. 15.58 – 16.1.

[81]O emyn Gwilym Cyfeiliog (William Williams, 1801-76), 'Caed trefn i faddau pechod...'

[82]John Morris Jones, *Caniadau John Morris Jones* (Rhydychen, 1907), 72, 73, 77.

[83]Un o gronfeydd Undeb yr Annibynwyr Cymraeg oedd y Drysorfa Gynorthwyol.

[84]Cynhyrchydd ffilmiau yn America oedd Cecil Blount de Mille (1881-1959), ffilmiau nodedig am olygfeydd yn cynnwys torfeydd enfawr ac 'effeithiau arbennig' syfrdanol, amryw ohonynt ar themâu Beiblaidd.

[85]Mat. 22.21.

[86]Mat. 6.19, 21.

[87]Luc 1.53; Luc 4.18; Luc 6.20, 21, 38.

[88]Emyn Gwyrosydd (Daniel James, 1847-1920), Abertawe.

[89]Luc 9.58.

[90]Emyn Ben Davies (1864-1937), gweinidog Pant-teg, Ystalyfera.

[91]Luc 18.29-30.

[92]Trefnodd Eglwys y Remonstrantiaid, Yr Iseldiroedd, gynhadledd ddiwinyddol o dan nawdd Cyngor Annibynwyr y Byd yn Chambon-sur-Lignon i'r gogledd o Aubenas yn ne Ffrainc. Ceir hanes manwl y gynhadledd yn *Y Tyst* (4, 11, 18, 25 Awst 1955).

[93]Ei ddau gyd-deithwyr oedd y Prifathro Gwilym Bowyer (1906-1965) ac Ebenezer Curig Davies (1895-1981), Ysgrifennydd Cyffredinol Undeb yr Annibynwyr Cymraeg. Gw., W. Eifion Powell, *Gwilym Bowyer* (Abertawe, 1968) a (gol. Huw Ethall), *Curig* (Abertawe, 1992). Fe'u penodwyd i gynrychioli Undeb yr Annibynwyr ym Mhwyllgor Gweinyddol yr Undeb, *Adroddiad o Weithrediadau'r Cyngor . . . am 1994*, 19.

[94]Dilynwyd y gynhadledd yn Le Chambon gan gyfarfod Cyngor Eglwysi Annibynnol y Byd yn y ganolfan ecwmenaidd yn Bossey, Y Swistir.

[95]'I Ti bo'r clod, O Atgyfodedig . . .'

[96]Mat. 27.46.

[97]Joel 2.25, 28.

[98]Ulrich (neu Huldrych) Zwingli (1484-1531) oedd arloeswr y Diwygiad Protestannaidd yn Zürich a'i olynydd yno oedd Johann Heinrich Bullinger (1504-75). Y 'Pedwar Mawr' y mae Pennar yn cyfeirio atynt oedd Edgar Faure, prifweinidog Ffrainc, Marshal Nikolai Bulganin, prifweinidog Rwsia, Syr Anthony Eden, prifweinidog y Deyrnas Gyfunol a'r Arlywydd Dwight Eisenhower, y Taleithiau Unedig. Yr oeddynt yn cyfarfod ar y diwrnod hwn yn y Palais des Nations, Genefa, i roi'r byd yn ei le.

[99]Bardd a meistr ar y stori fer yn y Swistir oedd Keller (1819-90). Ceir dwy gân ganddo yn (gol. Leonard Forster), *The Penguin Book of German Verse* (1957), 367-8.

[100]I Bren. 14.27.

[101]Ioan 19.23.

[102]Y ddwy gân y cyfeirir atynt yw 'Trindod' a 'Rhaid' yn T.H. Parry-Williams, *Cerddi* (Aberystwyth, 1931), 13, 14.

[103]'Wele'r Dyn'.

[104]Eff. 4.13.

[105]'O ddyfnder cyfoeth Duw, a'i ddoethineb a'i wybodaeth', Rhuf. 11.33.

[106]Cynhaliwyd y Pedwerydd Cyngor Ecwmenaidd yn 451 yn Chalcedon yn Asia Leiaf, bron gyferbyn â Chaergystennin. Ceir y 'Diffiniad' a luniodd i ddisgrifio'r berthynas rhwng y natur ddynol a'r natur ddwyfol yng Nghrist yn *Ffynonellau Hanes yr Eglwys*, 168-173. Yn y chweched ganrif y bu byw Leontius. Er ei fod yn ddiwinydd pwysig ac yn amddiffynnwr brwd i Ddiffiniad Chalcedon ni wyddys fawr ddim am ei yrfa.

[107]'caru', 'casáu'.

[108]Nofelydd a dramodydd yn Sweden oedd August Strindberg (1849-1912), gŵr ansad ei feddwl ac enwog ar gorn ei gasineb at ferched.

[109]Nofelydd a bardd Seisnig oedd David Herbert Lawrence (1885-1930). Yr oedd diddordeb cynyddol yn ei waith yn y pum degau. Cyrhaeddodd hwnnw ei benllanw gyda'r achos cyfreithiol yn erbyn ei nofel *Lady Chatterley's Lover* ym 1960 ar y tir mai pornograffi oedd. Fe'i cyhoeddwyd hi'n breifat yn Fflorens ym 1928 ond ni chyhoeddwyd mohoni ym Mhrydain tan 1961 a gwerthodd dros ddwy filiwn o gopïau mewn blwyddyn. Yr oedd gan Pennar gryn dipyn o feddwl o waith Lawrence.

[110]'Athanasius yn erbyn y byd'. Pan oedd Athanasius (c.296-373), esgob Alexandria, yn brwydro yn erbyn ymosodiadau dilynwyr Arius ar Gredo Nicea, 325, ymddangosai adeg ei drydedd alltudiaeth yn 356 fel petai pawb yn ei erbyn. Daeth y dywediad Lladin yn ddiweddarach i ddisgrifio unrhyw un sy'n ymladd brwydr unig.

[111]Cyfeiriad cynnil sydd yma at ddiwinyddiaeth y Gwyddel Ioan Scotus Erigena (c.810-c.876). Yr oedd ganddo ddiddordeb mawr ym mewnfodolaeth Duw yn ei gread. Yn wir deuai o fewn trwch y blewyn at gofleidio pantheistiaeth ac yr oedd oes ddiweddarach yn amheus iawn o'i uniongrededd. Yn ei waith mawr ar raniadau Natur, *De Divisione Naturae*, y mae'n trafod pedair gwedd ar 'Natur', gair sydd yn cofleidio popeth yn ei gyfundrefn ef. Duw yw'r 'Natur sy'n creu' – *Natura Creatrix* – yr hanfod uchaf sy'n tywallt egni i bopeth sydd. Yr oedd y meddyliwr hwn o ddiddordeb i Pennar oherwydd ei fod yntau, fel y gwelir yn *Cudd fy Meiau*, yn ymdeimlo â'r 'Presenoldeb', chwedl yntau, yn y byd naturiol o'i gwmpas, fel yn y paragraff hwn. Y drafodaeth gliriaf a welais hyd yn hyn ar ddiwinyddiaeth gymhleth Erigena yw'r bennod gan A.C. McGiffert yn *A History of Christian Thought I* (Llundain, 1950), 165-184, ond wrth gwrs ceir trafodaethau arno yn y llawlyfrau arferol ar hanes yr athrawiaeth.

[112]'W.N.P. Barbellion' oedd ffugenw Bruce Frederick Cummings (1889-1919),

dyddiadurwr a biolegydd ac awdur *The Journal of a Disappointed Man* (Llundain 1919, 1923, 1948). Gw., *Dictionary of National Biography*.

[113]'Phosphorous' yw 'llosnur'.

[114]Marc 6.3.

[115]Hammurabi, brenin Babilon o 1750 C.C. hyd tua 1708 C.C., enwog am ei gyfundrefn deddfau. Ceir copi ohonynt ar golofn yn y Louvre ym Mharis. Girolamo Savonarola (1452-98), Dominiciad a phrior San Marco yn Fflorens, proffwyd a diwygiwr. Henry Ford (1863-1947), gwneuthurwr ceir modur ac arloeswr masgynhyrchu.

[116]Henri Frédéric Amiel (1821-81), athronydd a llenor yn y Swistir, awdur *Fragments d'un journal intime* (1883).

[117]Luc 22.64; Ioan 18.23.

[118]Petalau yw 'fflurddail'.

[119]Yr awdur oedd Joseph von Eichendorff (1788-1857), uchelwr o Silesia. Teitl y delyneg yw 'Das zerbrochene Ringlein' – 'Torri'r Fodrwy'.
Dyma'r pennill cyntaf,

> In einem kühlen Grunde
> Da geht Mühlenrad,
> Mein' Liebste ist verschwunden,
> Die dort gewohnet hat.

Hynny yw, 'Mewn dyffryn oer try rhod y felin. Aeth fy nghariad a drigai yno i ffwrdd'. Yr oedd hi wedi addo bod yn ffyddlon i'r bardd a rhoddod fodrwy'n arwydd iddo. Ond torrodd ei haddewid a thorrodd y fodrwy'n ddwy. Hoffai'r bardd bellach fod yn gerddor yn mynd o dŷ i dŷ neu'n farchfilwr yn rhuthro i'r gad waedlyd ac yn gorwedd o gylch y tân tawel ar y maes yn y nos dywyll. Pan glyw rod y felin yn troi, ni ŵyr beth y mae ei eisiau. Yn bennaf dim, meddai, 'hoffwn farw – ac yna'n sydyn byddai'n ddistaw'. Ceir y testun Almaeneg yn hwylus yn (gol.) Leonard Forster, *The Penguin Book of German Verse* (1957), 315.
Ceir trosiad o ddwy o delynegion Eichendorff gan Pennar yn *Yr Awen Almaeneg* (Caerdydd, 1983), 69-70. Dywed amdano, 'Ymlynodd wrth draddodiad Pabyddol ei dras ac yn ei weithiau dychanol gallai gystwyo pob radicaliaeth wleidyddol . . . Ystyrir ef yn brif feistr y delyneg ramantaidd'. Y mae Dr. J. Gwyn Griffiths yn ychwanegu, 'Mae'r gerddoriaeth hefyd, gan Friedrich Glück, yn boblogaidd iawn, gw., Anne Diekmann, *Das grosse Liederbuch* (6ed arg. Zürich, 1975), 198'.
'fy chwaer Phyllis' – ffugenw yw 'Phyllis' yma.

[120]Ar y pwnc hwn, gw., Bobi Jones, 'Y Ddraig Goch' yn *Crist a Chenedlaetholdeb* (Pen-y-bont, 1994), 69-73 ac A.W. Wade-Evans, *The Emergence of England and Wales* (Caer-grawnt, 1959), 104.

[121]Diwinydd a phennaeth coleg yn Alexandria ac wedyn yng Nghesarea oedd Origen (c.185-c.254). Yr oedd yn un o ysgolheigion mwyaf yr Eglwys Fore a chredai y byddai pawb, hyd yn oed y Diafol, yn gadwedig yn y diwedd.

[122]'Lycanthropedd' yw'r gred a geir mewn hen chwedlau y gellid trawsffurfio pobl yn fleiddiaid. Jôc sydd gan Pennar yma, sef chwarae ar eiriau. 'Wolff' oedd enw teuluol ei briod a'r gair Almaeneg am flaidd yw 'Wolf'.

[123]Mat. 5.22.

[124]Hosea 2.2-3.

[125]'Na chyffwrdd â mi', Ioan 20.17.

[126]Y stori fer arobryn yn Eisteddfod Pwllheli oedd 'John Jones o'r Tu Hwnt i'r Afon' gan John Edwards, Llanfihangel Glyn Myfyr.

[127]Ioan 3.16.

[128]Cyfeiriad at gwpled y bardd Lladin Martial (c.40 O.C. – c.104 O.C.):

Non amo te, Sabidi, nec possum dicere quare:
Hoc tantum possum dicere, non amo te.

Ni'th garaf, Sabidius, ni allaf ddywedyd pam:
Ni allaf ond dywedyd, ni'th garaf.

Y mae cyfieithiad hwyliog Thomas Brown (1663-1704) yn adnabyddus:

I do not love thee, Doctor Fell,
The reason why I cannot tell;
But this alone I know full well,
I do not love thee, Dr. Fell.

Drannoeth yr oedd Pennar yn teithio i Lundain ar gyfer y Gymanfa Bregethu yno. Y noson honno, 24 Medi, yr oedd yn annerch yn y gyfeillach gyffredinol. Y pwnc oedd 'Yr Eglwys'. Ei gyd-bregethwyr oedd J. Alwyn Charles (1924-77) a D.J. Roberts (1910-96). Siaradodd y cyntaf yn y gyfeillach ar 'Gorff Crist' a'r ail ar 'Teml Sanctaidd' a Phennar ar 'Teulu Duw'.

[129]Llwy bren yw 'lletwad'. Hanner punt oedd 'chweugain', h.y. chwe ugain ceiniog mewn hen bres.

[130]Rhuf. 1.18.

[131]Rhuf. 9.22.

[132]Yr oedd Dorothy Leigh Sayers (1893-1957) yn fwyaf adnabyddus fel awdures nofelau ditectif. Ond nid oedd diwylliant Pennar (ar ei gyfaddefiad ei hun) yn cynnwys nofelau o'r fath!

[133]'Ffordd y Puro'.

[134]Mat. 9.34.

[135]Mat. 12.24-32.

[136]Mat. 11.28-30.

[137]Cyfeiriad chwyrn at ymgyrchoedd Billy Graham. Am ddisgrifiadau Graham ei hun o'i ymgyrchoedd yn Lloegr, gw., *Just as I am: the Autobiography of Billy Graham* (Zondervan, 1997), 210, 254. Fe'i clywais ef fy hun yn dweud yn un o'i gyfarfodydd yn Haringey nad oedd a wnelo â dim oedd yn digwydd yr ochr arall i'r ddinas yn Westminster. Ond fel y dengys yr hunangofiant, yn ddiweddarach yn ei yrfa fe ddaeth i gysylltiad agos iawn ag arlywyddion America.

[138]Paffiwr oedd Dai Dower. Yn *Y Cymro* (10 Mawrth 1955), ceir darlun ohono'n cusanu Nazzaro Gianelli ar ôl cipio pencampwriaeth pwysau plu Ewrop oddi arno. Yr oedd eisoes yn bencampwr Prydain a'r Ymerodraeth. Y darlledwr mwyaf adnabyddus yn y wlad ar y pryd oedd Gilbert Charles Harding (1907-1960), enwog am ei dymer afrywiog, gw., *Dictionary of National Biography*.

[139]Esec. 11.17.

[140]Cyfeiriad at y Dosbarth Pregethu yn y coleg, lle mae myfyrwyr yn pregethu o flaen eu hathrawon a'u cydfyfyrwyr ac yna'n gwrando beirniadaeth ar eu gwaith.

[141]'Y bobl gyffredin' neu'r 'werin datws' yn nhafodiaith Gwynedd.

[142]'Zarathustra (neu Zoroaster, c.628 – c.551 C.C.), proffwyd ym Mhersia a sefydlydd crefydd newydd; Laotze (neu Lao Zi, 6ed ganrif C.C.), sylfaenydd Taoistiaeth; Euripides (c.480 – 406 C.C.), dramodydd Groegaidd; Valerius Catullus c.82 – 54 C.C.), bardd Rhufeinig; Dante Alighieri (1265-1321), bardd Eidalaidd; Michelangelo Buonarroti (1475-1564), artist Eidalaidd; Fedor Mikhailovich Dostoievski (1821-61), nofelydd Rwsaidd; Rabindranath Tagore (1861-1941), athronydd Indiaidd; Walter Savage Landor (1775-1864), llenor Seisnig; John Donne (1572-1631),

Deon St. Paul's, Llundain, a bardd; William Butler Yeats (1865-1939), bardd Gwyddelig.

[143]Wrth deithio ar hyd yr A470 o Ferthyr i Aberhonddu, y mae afon Tarell yn rhedeg yn gyfochrog â'r ffordd ar y llaw dde. Y mae'n codi yn Llyn y Fan ym Mannau Brycheiniog ac yn rhedeg hyd Lyn Tarell i Wysg yn Llan-faes ger Aberhonddu. Gw., hefyd o dan 6 Tachwedd. Y mae gan Alun Llewelyn Williams fap o'r ardal ar dud. 121 yn *Crwydro Brycheiniog* (Llandybïe, 1964). Gw., hefyd R.J. Thomas, *Enwau Afonydd a Nentydd Cymru I* (Caerdydd, 1938), 101.

[144]Mat. 6.2.

[145]Phil. 2.5-11.

[146]O emyn John Williams (1728-1806), Sain Tathan, 'Pa feddwl, pa 'madrodd, pa ddawn...'

[147]Bu tueddd ambell tro i briodoli'r weddi 'Anima Christ' i Ignatius Loyola (1491 neu 1495-1556) ond yr oedd ar gael ymhell cyn ei ddyddiau ef, gw., *New Catholic Encyclopedia*, I. 544-5. Ceir cyfieithiad Pennar ohoni yn *Llyfr Gwasanaeth* (Undeb yr Annibynwyr, 1962), 166. Dyma fel y mae'n trosi'r geiriau a ddyfynnir yma:

Enaid Crist, sancteiddia fi.
Gorff Crist, achub fi.
Waed Crist, meddwa fi.
Ddwfr ystlys Crist, golch fi.
Ddisgleirdeb wynepryd Crist, goleua fi ...

Am englynion dwys Dafydd ap Gwilym ar y weddi, gw., 'Englynion yr Offeren' yn Thomas Parry, *Gwaith Dafydd ap Gwilym* (Caerdydd, 1952), 6-7. Gw., hefyd Brynley F. Roberts, 'Tri Chyfieithiad Cymraeg o'r Weddi 'Anima Christ' yn *Bulletin of the Board of Celtic Studies* XVI, 268-271.

[148]Dyma gyfieithiad T. Gwynn Jones o'r ddau bennill cyntaf yn *Llyfr Emynau y Methodistiaid Calfinaidd a Wesleaidd*, emyn 137.

Pêr fydd dy gofio, Iesu da,
A'r galon drist a lawenha;
Na'r mêl a'r mwynder o bob rhyw
Bod gyda Thi melysach yw.

Goleuni, pwyll, llawenydd bryd,
A ffynnon wyt i'r gwir i gyd;
Mwy wyt na phob boddhad dy Hun,
A mwy na holl ddymuniad dyn.

A dyma drosiad (hynod ryddieithol) o'r penillion eraill:

Awdur achubiaeth dynion,
Iesu hyfrydwch calonnau,
Lluniwr iachawdwriaeth byd,
A phur oleuni ei garedigion.

Cariad tra melys Iesu
Pan ymwêl â'n calon
A orchuddia dywyllwch meddwl
A'n llenwi â llawenydd.

Iesu, Frenin rhyfeddol
A Choncwerwr enwog,
Melyster anrhaethol,
I'w lwyr chwennych.

Gw., *Oxford Book of Medieval Latin Verse* (Oxford, 1959). Priodolir yr emyn fel arfer i Sant Bernard o Glairvaux (1091-1153) ond ni chredir hynny bellach. Yn sicr, y mae'n perthyn i'w gyfnod. Yn y fersiwn hynaf o'r emyn sydd ar gael a hynny mewn llaw-ysgrif yn Llyfrgell Bodley, Rhydychen, y mae dau bennill a deugain a dewisodd Pennar yma ddyfynnu penillion 1, 4, 11, 9 – ond daw ei drydydd pennill, 'Salutis humanae Sator' o ffynhonnell ddiweddarach fel y mae'n ymddangos yn y *Brefiari Rhufeinig*. Cyfieithwyd yr emyn, neu'n hytrach, ddetholiadau o'r penillion, i lu mawr o ieithoedd. Am yr holl fanylion, gw., yr erthygl faith ar yr emyn yn John Julian, *A Dictionary of Hymnology* (Llundain, 1907). Gw., hefyd y *New Catholic Encyclopedia*, VII 892 sy'n ei briodoli i fynach Sisteraidd anhysbys yn Lloegr tua diwedd y ddeuddegfed ganrif. Am driniaeth fanwl, gyda sylw arbennig i drosiad T. Gwynn Jones, a llyfryddiaeth lawn, gw. J.E. Caerwyn Williams, 'Emyn 371: Dulcis Jesu Memoria' yn *Traethodydd* (1977), 11-16. Ceir cyfieithiad Ab Ithel o rai o'r penillion yn *Emynau'r Eglwys*, rhif 439 ac yn *Casgliad Catholig o Emynau Cymraeg* (Rhosllannerchrugog, Y Cylch Catholig, 1959), rhif 8. Gw., hefyd John Thickens, *Emynau a'u Hawduriaid* (arg. newydd, gol. Gomer M. Roberts, 1961), 168.

'O quanta qualia sunt illa Sabbata. .', 'O'r fath rin sydd i'r Sabothau . .' Emyn y diwinydd Peter Abelard (1079-1142). Y rheswm tros sôn am ei gymodi ef a Bernard yw mai Bernard oedd yn bennaf cyfrifol am sicrhau condemniad Abelard am heresi.

[149]Daw'r cwpled o'r cywydd 'Y Saith Bechod Marwol, a Dioddefaint Crist', gw., (gol. Henry Lewis et al). *Cywyddau Iolo Goch ac Eraill* (Caerdydd, 1937), 98 Ystyrir yr awduraeth yn ansicr. 'Gwaywffon' neu 'bicell' yw bêr.

[150]Y brenin Iago I.

[151]O awdl 'Yr Haf' gan R. Williams Parry, gw., *Yr Haf a Cherddi Eraill* (Y Bala, 1956), 92. 150.

[152]Iago 1.11.

[153]Ystyr 'plutus' yw 'cyfoeth' a Pluto oedd duw'r isfyd ym mytholeg Rhufain.

[154]Peintiad poblogaidd Sydney Curnow Vosper (1866-1942).

[155]Diolch i Alan Llwyd am y wybodaeth mai Ieuan Deulwyn (*fl.* c.1450) oedd awdur y llinell. Gw., Ifor Williams, *Casgliad o Waith Ieuan Deulwyn* (Bangor, 1909), 97, 'Marwnad i Ddafydd Fychan o Linwent'. Ym mhlwyf Llanbister ym Maesyfed y mae Llinwent, gw., F.G. Payne, *Crwydro Sir Faesyfed* (Llandybïe, 1968), 65. Y mae Saunders Lewis yn dyfynnu'r llinell yn *Braslun o Hanes Llenyddiaeth Gymraeg*, 130, gan ei disgrifio fel y 'llinell lwythog hon o eiriau syml'.

[156]Am Ben Bowen (1878-1903), gw., *Bywgraffiadur* ac am John Gruffydd Moelwyn Hughes (1866-1944), gw., ibid., (Atodiad 1941-1950).

[157]
O dragwyddoldeb, ti air y daran,
O gleddyf sy'n trywanu'r enaid . . .

O dragwyddoldeb, ti air llawenydd,
A'm hadfywia yn fwy ac yn fwy . . .

Awdur yr emyn oedd Casper Heunisch (1620-90), gweinidog Lutheraidd. Cyhoeddodd yr emyn ym 1688, Ceir cyfieithiadau Saesneg ohono, fel un J.C. Jacobi (1670-1750), 'Eternity! delightful sound . . .' ac un Caroline Wilson (neé Fry, 1787-1846), 'Eternity! that word, that joyful word . . .'

[158]'O. dragwyddoldeb, O dragwyddoldeb . .' Emyn gan awdur anhysbys oedd mewn print erbyn 1623. Cafwyd sawl cyfieithiad Saesneg ohono. Am y manylion, gw., John Julian, op.cit., 828.

[159]'Cydia yn y diwrnod' neu, yn nhrosiad T. Gwynn Jones,

Rhodder dy gred ar heddiw,
Na chred drannoeth, annoeth yw.

[*Manion*, 115]

[160]R. Williams Parry, 'Yr Haf', *Yr Haf a Cherddi Eraill* (1956), 80 Geiriad y llinell yn y
gyfrol hon yw, 'Dygwch i minnau degwch y munud' ond yn *Awdlau Cadeiriol
Detholedig* (1930), 100, yr hyn a geir yw, 'Dygwch i minnau degwch y mynydd'.
[161]Gall 'pedryfan' olygu pedwar ban y byd' fel yn emyn Vernon Lewis, 'Mawl fo i'r
Arglwydd . . .' (806 yn *Y Caniedydd*) lle mae'n cyfarch Duw yn yr ail bennill fel,
'Penllywydd rhyfeddol pedryfan'. Ond yr hyn y mae Pennar yn cyfeirio ato yw 'Caer
Pedryfan' yn y gân 'Preiddeu Annwn' sy'n ymddangos yn *Llyfr Taliesin*. Y mae'n gân
ddiarhebol o anodd i'w hesbonio a'i chyfieithu. 'Y Gaer Bedair-Onglog' – 'Four-
Cornered Fortress' – yw cynnig R.S. Loomis. Beth bynnag, caer yn Annwn yw hi; nid
yr isfyd ac yn sicr nid uffern ond allfyd yw Annwn. Y byd lledrithiol neu hudol sydd
i'w gael yn yr achos hwn ar ynys y mae Arthur a'i farchogion yn ymosod arni. (gw., R.S.
Loomis, 'The Spoils of Annwn': an Early Welsh Poem' yn *Wales and the Arthurian
Legend,* Caerdydd, 1956 am broblemau astrus y cyfieithwyr). Ond gw., hefyd drafodaeth
ddiweddarach Marged Haycock. 'Preiddeu Annwn' and the Figure of Taliesin' yn *Studia
Celtica* (Cyf. XVIII-XIX: 1983-4), 52-78. Ceir ei sylwadau ar 'Pedryfan' ar dd. 68-9 a'i
throsiad hi yw 'four-turreted fort'. Byzantium yw Caergystennin, y ddinas fawreddog a
gododd Cystennin Fawr i fod yn brifddinas yr Ymerodraeth Ddwyreiniol. Nid yw ergyd
brawddeg Pennar yn eglur i mi. Dichon ei fod yn cyferbynu lledrith â ffurfioldeb, neu
baganiaeth â Christionogaeth.
[162]Y mae Goronwy Owen yn dechrau ei gywydd 'Bonedd a Chyneddfau'r Awen' gyda'r
cwpled hwn,

Bu gan Homer gerddber gynt
Awenyddau, naw oeddynt . . .

Dyma Pennar yn crybwyll dwy ohonynt. Awen trasiedi oedd Malpomene y Groegiaid a
Thalia oedd awen comedi.
[163]Am John Cowper Powys (1872-1963), nofelydd, gw., (gol.) Meic Stephens, *Cydymaith
Llenyddiaeth Cymru* (1997), 593-4 ac am Huw Menai, gw., ibid., 776, s.n., Williams,
Huw Owen (1888-1961).
[164]Phil. 2.7.
[165]Gen. 3.5.
[166]Mat. 5.13.
[167]Ioan 20.28.
[168]Mat. 4.9, 10.
[169]Thermopylae oedd y man lle bu i'r Groegiaid o dan arweiniad Leonidas, brenin Sparta,
wrthsefyll lluoedd y Persiaid am dridiau yn 480 C.C. Ceir yn hanes gan Herodotus, gw.,
Herodotus, *The Histories* (gol. A. de. Selincourt, Penguin Classics, 1965), 488-49.
[170]'Y Fam Fawr' – duwies ffrwythlonder yn nwyrain yr Ymerodraeth Rufeinig. Yr oedd
'Diana yr Effesiaid' gyda'i llu bronnau'n ymgorfforiad ohoni. 'Artemis yr Effesiaid'
sydd yn nhestun Groeg Actau 19.24-29 ac felly y mae'r Beibl Cymraeg Newydd yn
cyfieithu. Ond tybir nad oes gysylltiad, ond yr enw, rhyngddi ac Artemis y Groegiaid.
Sant Antwn (c251-356) oedd sylfaenydd mynachaeth feudwyol, gw., H. Queffebe,
Saint Anthony of the Desert (1954). Ysgrifennwyd ei fuchedd gan Athanasius, *Vita S.
Antonii,* tua 365 a bu hynny'n foddion i boblogeiddio'r delfryd mynachaidd yn y
Gorllewin.

[171]Mat. 27.42.
[172]Marc 12.32.
[173]Phil. 2.8-11.
[174]'Ffordd y Puro', 'Ffordd y Goleuo', 'Ffordd yr Uno'.
[175]Mat. 11.28-30.
[176]Enwyd rhai o'r rhain eisoes. Heracleitos (c.535-c.475), athronydd Groegaidd; Puthagoras (c.563 c.483), athronydd Groegaidd a dysgawdwr crefyddol; Bwdha (6ed ganrif C.C.), tywysog Indiaidd y bu ei ddysgeidiaeth yn sail i Fwdïaeth; Epicwros (361-270 C.C.), athronydd Groegaidd; y 'Pregethwr' oedd Coheleth, awdur y llyfr o'r enw yn yr Hen Destament; Omar Khayyam (?1048-?1122), bardd Persaidd a mathemategydd; Charles Baudelaire (1821-69), bardd Frengig; Akhenaton (1379-1362 C.C.), brenin yr Aifft a geisiodd sefydlu undduwiaeth.
[177]Aralleiriad yw hwn o ddywediad a briodolir i Iesu Grist yn yr *Efengyl yn ôl Thomas*, un o'r dogfennau a ddarganfuwyd tua 1945 yn Nag-Hamâdi yn yr Aifft. Copteg Sahidig yw ei hiaith a chyfieithiad, o bosibl, o wreiddiol Groeg a ysgrifennwyd, efallai, tua 140 O.C. Gw., (gol. Guillaumont et al.) *The Gospel according to Thomas* (Leiden a Llundain, 1959). Ffurf wreiddiol y dywediad yw, 'Holltwch y pren ac yr wyf yno: codwch y garreg ac fe ddewch o hyd imi yno'. Am oleuni pellach gw., sylwadau Dr. J. Gwyn Griffiths yn *Ffynonellau Hanes yr Eglwys* (1979), 39-44.
[178]Esec. 28.12-17.
[179]Eseia 14.12-15.
[180]Daw'r weddi hon o lyfr y Pabydd, John Hughes (1615-86), *Allwydd Paradwys* (1670) ac fe'i ceir mewn adargraffiad, 1929, 104-5). Fe'i ceir hefyd yn *Llyfr Gwasanaeth* (Undeb yr Annibynwyr, 1962), 151-2.
[181]Eseia 14.10-11.
[182]Mat. 4.16 ac Eseia 9.2.
[183]Eseia 60.3.
[184]Gal. 2.30.
[185]Marc 12.35.
[186]'Torch Adfent'. Y mae Käthe Bosse Griffiths yn ei disgrifio fel hyn, 'canghennau coeden Nadolig wedi eu plethu mewn cylch gyda phedair cannwyll arno'.
[187]Yn ôl *Geiriadur Prifysgol Cymru* dau enw ar y Llwybr Llaethog (The Milky Way) yw 'Caer Arianrhod' a 'Caer Gwydion'.
[188]Fyrsil (Publius Virgilius Maro, 70-19 C.C.), bardd Rhufeinig.
[189]Raffael (Raffaello Sanzio, 1483-1520), peintiwr a phensaer yn yr Eidal adeg y Dadeni.